瑞丹宸闕

闲　闲　慢　慢　行　故　宫

作家出版社
故宫出版社

寒布　著

寒布 本名贾立新，现任职于故宫博物院，副研究馆员，从事讲解导引工作二十余年。出版作品有《北京的世界遗产之故宫》《北京揽胜丛书之故宫》《寒布的诗》，另在《紫禁城》《故宫博物院院刊》刊有学术论文多篇，主编《清宫图典——建筑卷》。

紫禁城内的建福宫花园始建于乾隆七年（1742），重建于2005年。"玉壶冰"是花园里的一座转角楼，曾是乾隆皇帝的静处修习之地。

玉壶冰的楼体半掩在蜿蜒的假山之间，面向假山的东面和北面都做成了隔扇槛窗，因此观景的视野很是开阔。山体前植被丰富，古木有楸树、柏树、槐树，新栽有石榴、红枫、银杏、女贞花和金银木等。春夏之际，花木郁郁葱葱；秋来，落叶铺满石径；冬至，疏枝横斜，别是一番萧索的空寂。当日的乾隆皇帝曾于万几余暇之时，在玉壶冰消磨过许多岁月静好的时光，他曾在《赋得玉壶冰》中写道："十笏容文席，一窗含假山。望如增茗邈，积矣更屡颜。内外虚明彻，清新格调闲。冰光迎尺宅，得句孰能悭。"原来挂于玉壶冰室内的联对"奇石尽含千古秀，好花长占四时春"，也是他的御笔。玉壶冰心，正是乾隆皇帝的所期所望，此身虽历浊世红尘，唯愿此心始终纯粹而澄澈，永葆于玉壶之中。

玉壶冰楼上一隅是我的办公之地，现在正值深秋，从玉壶冰的东窗望出去，秋叶还繁盛着，正从暗绿转为红黄，枝上叶间有些不知名的鸟雀在鸣叫，时光静谧得仿佛凝固了一般。恍然意识到，这已经是我在这座宫城里的第三十个秋天。

紫禁城的四季当然各具风姿，不过我还是更偏爱它的秋天，美得沉静而又安然。无论是朝代的更迭，还是世事的变迁，都无法减损宫城壮丽的容颜，那些岁月的沧桑磨砺只是丰富了它的历史和积淀，使它的博大更为精深和沉厚。

曾经在玉壶冰写下许多关于秋天的诗句，这一首《秋天》是我最喜欢的，谨以此献给我最爱的这座宫城，也献给在这个秋天看到这本书的读者：

四季轮转

又到了最好的秋天

枝叶还繁盛着

或娇黄或红艳

果实还饱满着

或酸涩或甘甜

一切都完满得

没有些许的遗憾

天高　云淡

风轻　水软

正如当初

我们相望着彼此一般

不近　不远

无忧　无怨

寒布

辛丑季秋于玉壶冰

目 录　*CONTENTS*

壹

天子立宫 法象天地

紫禁城，是中国现存规模最大、保存最完整的古建筑群。它是中国最后两个封建王朝明代和清代的皇宫。从明至清共有二十四位皇帝在这里居住和生活。历经六百年的朝代更替，世事变迁，这座城中之城辉煌依旧，壮丽依旧。紫禁城以其规划严谨的整体布局，巍峨壮丽的宫殿建筑，主次分明的等级制度，灵活多变的空间组合形式，最完美地体现了中国传统文化的博大精深，是中国宫殿建筑艺术的最高成就和总结。

　　明代开国之君朱元璋，建都城于南京。朱元璋死后，其长孙朱允炆继皇帝位，是为建文帝。朱允炆即位后，为巩固其皇位，接受了大臣的"削藩"建议，先后将他的几位藩王叔父废为庶人。燕王朱棣是朱元璋的第四子，封地即在北平。拥重兵、守重地的朱棣是朱允炆的最大威胁，自然也在削藩之列。不肯就范且早怀异志的朱棣，于建文元年（1399）以"清君侧"为名起兵南下，建文四年（1402）攻占南京，夺取了皇位，是为永乐皇帝。朱棣即位后改北平为北京。

北京自辽金始即为京都之一，元朝又定为大都，历经数百年，已是一座各民族经济、文化大融合的繁荣都市。朱棣自封藩此地后，又苦心经营了二十多年，山川地理、人文民俗皆了若指掌。北京是他的"龙兴之地"，战略地位极为显要。尤其是北方故元残余势力的威胁，更使朱棣不能安居于南京。因此在即位初年，朱棣就有了迁都之念。永乐四年（1406），正式下诏营建紫禁城。命泰宁侯陈珪和工部侍郎吴中负责北京城和紫禁城的总体规划设计。主持营建的匠师有蒯祥、蔡信、陆祥、杨青等，全国各地的十万能工巧匠和一百多万夫役参与了此项营建工程。各种木料、石料、砖瓦料的备料工作一直持续了十年，现场施工才大规模地开始。永乐十八年（1420）紫禁城宫殿正式落成。永乐十九年（1421），朱棣将都城从南京迁至北京。

紫禁城是在元大都大内的基础上兴建的，并严格按照"左祖右社"的古代宫殿规制而设计。前面左侧设供奉祖先的太庙，皇帝颁诏天下之前，必先祭告祖先。右侧设社稷坛，以祀土神谷神。紫禁

明成祖朱棣

城的总体设计集中体现了中国传统的礼制观念，突出了帝王至高无上的绝对权威。紫禁城位于北京城的中心，宫城居中是继承了周代"择中"的思想。《吕氏春秋》载："择天下之中而立国，择国之中而立宫。"中央位置显赫，统领四方，以制万国。王者居中是礼制的需要。皇城不仅要满足居住生活的需要，更重要的是体现君主至高无上的威严。正如汉丞相萧何所言："且夫天子以四海为家，非壮丽无以重威。"[1]

紫禁城除自己的城垣体系之外，更有皇城和外城两重方城层层相围，形成"城中城"之势。一条贯穿紫禁城的中轴线，向南经端门、承天门（天安门）、大明门（大清门、中华门）至正阳门，直达外城的南门永定门，向北经万岁山（景山）、厚载门（地安门），延至钟鼓楼，全长近8公里，成为贯穿整个北京城的中轴线。为增加紫禁城肃穆深邃的庄严气氛，将紫禁城与正阳门的距离拉长达1.5公里之遥，其间沉稳的大明门、壮丽的承天门、内敛的端门，如层层序幕缓缓展开，引领着人们渐入佳境。这种循序递进的空间组合艺术，极富抑扬顿挫的韵律之美，一步步强化了紫禁城的神秘莫测。

中国古代建筑之宏伟，不以单体建筑的壮丽而彰显，而以群体组合的完善而著称。在紫禁城七十二万平方米的空间内，有近千座建筑，一百多座院落。每个院落都是封闭的内向空间，自成体系。它们以南北中轴线为中心，以多层次、多方位的院落分区和一系列富于韵律变化的空间，被井然有序地组合成一个有机的整体。最集中、最完整地体现了中国宫殿建筑的传统和精髓。巍峨的宫殿，庄严肃穆；疏朗的广庭，韵律天成。殿阁楼亭无一不别具匠心，飞檐斗拱

---

1 《史记·高祖本纪》。

宛若神工。城中层层方庭相接，对称严谨，主次分明。并以形制不同的门墙，区划出风格迥异的空间。用重重宫门隔断视线，以这种"隔则深，畅则浅"的布局方式，加强宫院的纵深感，以体现皇帝九重宫阙的神秘莫测。

中国宫殿模仿天象的传统远自秦汉始。依照古人对天文学的认知，紫微垣、太微垣、天市垣位居中天，三垣各自都有东西两藩星宿，围成墙垣的形式。紫微垣位于中天的中央，是天帝所居。皇帝自称为"天子"，居住的宫殿自然是紫微宫了。汉代的未央宫便别称为"紫微宫"，《晋书》中也有"紫微，大帝之座也，天子之常居也"的记载。"禁中""禁城"自古以来也都是皇宫的代称。用"紫禁"代称皇帝的宫殿，应该自唐代始。唐代白居易的诗中就有"朝从紫禁归，暮出青门去"之句。

紫禁城在整体布局上就取象于三垣。前朝法象天帝施政的太微垣，太微垣中有逐级上升的三组星宿，名"三台"，正与外朝太和、中和、保和三大殿下的三台相应。三垣中的天市垣，是天子聚众贸易之所，明朝在神武门外也设有内市，以应天市垣之意。皇帝居住的内廷，以乾清、交泰、坤宁后三宫为主体，辅之以东西六宫，共是十五座宫殿，正合紫微垣十五星之数。将皇宫比附天上的星座，是强调皇帝身为天子的不争的事实，以此来说明君权神授和皇权的至高无上。

风水学说是古代营建理论中，一个非常古老的理念，它包含了天文、地理、地质、水文、美术、哲学等一系列综合的理论与实践，从都城的规划设计，到陵寝的选址，无处不以它作为指导，紫禁城也是如此。从宏观上看，北京北依燕山，东临渤海，正如《大明一统志》所载述："京师，古幽蓟之地，左环沧海，右拥太行，北枕居庸，南襟河济，形胜甲于天下，诚所谓天府之国也。"就自身而言，紫禁城北面有以开挖南海和护城河的淤泥堆成的高达五十二米的万岁山（景山），犹如天然的卫护屏障。南部宫城前，有引护城河水而入的金水河，形成依山傍水之势。且紫禁城北部地平较南部高出一米多，北高南低，有利于日照排水，主要建筑朝向皆面南背北，冬季背风向阳，夏季逆风纳凉。

阴阳五行理论是风水学说的重要理论基础，阴阳为万物之纲纪。《黄帝内经》载"阴阳者，天地之道也"。一切事物皆为互相依存，互相对立的。比如日光的向背，方位的上下，数字的奇偶。五行在《周书·洪范》记载为水、火、木、金、土，后又发展为五行之说。如方位中的东、南、西、北、中五方，色彩中的青、黄、赤、白、黑五色，以及五音、五味、五谷等。五行相生相克，循环往复。从整体布局看，太庙在左，东方属木，主生化，是为祖先繁育之意。右设社稷坛，西方属金，主收，以应土神谷神，寓江山社稷之意。从具体规划上看，紫禁城分前朝后寝两大部分，前朝在南，南属火，主大，是施政的场所；后寝在北，北属水，主藏，是寝居之地。太子理事的文华殿、皇子居住的南三所都在东侧，用绿色的琉璃瓦顶，东，属木，从春，代表青少年的蓬勃生长。太后太妃们居住的慈宁宫、寿康宫、寿安宫都在西侧，西属金，从秋，有收储聚敛之意。从五色上看，紫禁城以红黄为主色调，红属火，主大，黄属土，土居中央，代表皇宫的至尊至大。

贰

高墙深池　固若金汤

　　紫禁城平面呈矩形，南北长960米，东西宽750米。周长3420米，占地72万平方米。紫禁城的城池包括城垣、城门楼、角楼、护城河和守卫的房舍，防御设施周密牢固。

　　城垣是禁城的主要防线。紫禁城的城垣，高约10米，底面宽8米多，顶面宽6米多。顶部外侧筑有砖砌的垛口。墙体中心用夯土垫实，外部用城砖包砌，因此异常坚固。城垣的外围，再环以宽52米、深6米的护城河，陡直的驳岸用条石垒砌，俗称筒子河。清代在护城河内侧东、西、北三面，建有守卫的围房700多间，警卫森严。

　　门是宫城中的一项重要设置，它是封闭的庭与庭之间的通道，不仅起到交通枢纽的作用，还有分隔各朝、禁卫安全的功能。天子之门，《诗经》中载有二门："乃立皋门，皋门有伉；乃立应门，应门将将。"《礼记》中记载，周天子宫室前有五门，即皋门、库门、雉门、应门、路门。后又在五门之外，加上城门、近郊门、远郊门、关门，形成天子九门之说。皋门，是王宫最外一重门；库门，是有藏于此之意；应门，是指治朝之门；雉门，有双观；路门，是路寝之门。

贰

高墙深池
固若金汤

防卫严密的城垣体系

　　紫禁城有四座城门，南为午门，北为神武门，东为东华门，西为西华门。四门均为红色城台，下为雕石须弥座，上建城门楼阁。城门的墩台，都用白灰、糯米、白矾作胶结材料，坚固非常。墩台的中间，用砖券砌出门洞。墩台的两侧，各有锯齿形礓磋式坡面的马道，转折而上。

　　明清，紫禁城四门皆有重兵守卫，戒备森严。清代，四门的守卫均由满族八旗中的镶黄旗、正黄旗、正白旗（上三旗）中的子弟充任。午门，设护军参领一员，左右阅门籍（出入凭证）护军两名，左右门护军校各二名、护军各十三名。东华门、西华门、神武门，护军参领各二名，阅门籍护军各二名，护军各十八名。四门城楼墩台两侧的马道栅栏，各设护军校一名，护军各九名。紫禁城外围，由八旗中的下五旗（镶白旗、镶红旗、正红旗、镶蓝旗、正蓝旗）护军轮流值宿，并且每晚均有巡更制度。《大清律例》中对擅入宫门的处罚相当严酷，规定："凡擅入紫禁城午门、东华门、西华门、神武门及禁苑者，各杖一百。擅入宫殿门，杖六十，徒一年。擅入御膳所及御在所者，绞监候……"

午
门

闲闲慢慢行故宫 | 高墙深池 固若金汤

午门

　　午门在四座城门中最为壮观。它是紫禁城的正门，居中向阳，位当子午，故称午门，平面呈"凹"字形，秉承了古代宫门双阙的遗意。它始建于明永乐十八年（1420），分别于嘉靖四十一年（1562）和顺治四年（1647）重修。

　　午门由城台和城楼上下两部分构成，东西北三面以13米高的城台相连，中间形成一个约9900平方米的方形广场。城台上正面城楼面阔九间，进深五间，黄琉璃瓦重檐庑殿顶，总高38米。正楼内设有宝座，左右设有钟鼓明廊。皇帝在太和殿举行大典时，鸣钟击鼓；祭祀坛庙，出午门时鸣钟；祭祀太庙时则击鼓。由左右明廊折出向南，是东西两观。东西两观的两端，各建重檐四角攒尖角亭一座，中间连以长廊，形如雁翅，俗称"雁翅楼"。正楼和四座角亭高下错落，左右映带，势若朱鸟展翅，故又称"五凤楼"。午门台观高筑，峙北面南，气势磅礴，足以威慑天下。

　　午门迎面开三门，左右掖门各一，形成"明三暗五"的局面。五个门洞各有用途。中间正门是皇帝出入的，明代皇帝的梓宫也由此门出；皇后大婚时乘凤辇由此门入宫；殿试时一甲的状元、榜眼、探花由此门而出。大臣由东门出入，宗室王公走西门。左右掖门平时不开。宫中举行重大典礼时文武百官齐集午门，由两掖门出入。科举殿试时，考生按会试中所中名次，单数走左掖门，双数走右掖门。其余如内大臣、侍卫等人，分别从东华门、西华门和神武门出入。明代永乐时期，每年农历正月十五上元灯节，午门城楼上张灯结彩，午门外悬灯千盏，平日戒备森严的午门广场，届时向臣民开放，皇帝亲临观灯，与民同庆并赏赐百官。皇帝还常常在午门赐食百官，立春日赐春饼，四月八日赐食不落夹 [1]，腊八日赐腊八粥。

颁朔之礼　　　　颁朔是将历法付予百姓，使知时令变化，不误农时。中国作为一个农业大国，颁布历书历来是一件重要的事。年始为正，月初为朔，一年的第一天称正朔，所以颁历也称颁朔。中国第一部统一的历法是由秦始皇颁布的《颛顼历》，在这部历书里，以十月为岁首，九月为岁末。汉武帝时改革历法称《太初历》，将一月改为岁首，并首次将二十四节气纳入历法。唐朝经学家孔颖达对颁朔的注释是："改正朔者，正谓年始，朔谓月初，言王者得政，示从我始，改故用新。"所以，颁朔之礼更重要的是体现天子受天命、颁正朔的革故鼎新，而臣民同奉正朔也是国家大一统的表现。明代历法称《大统历》，前期颁历是在十一月初一，嘉靖十九年（1540）后始定于十月初一颁历。清代所颁发历书称《时宪历》，后为避乾隆皇帝弘历名讳，改称《时宪书》。

每年十月初一，钦天监 [2] 官员将黄案设于午门外正中，上面的历书是进呈皇帝的，另设两案在御路两侧，上放颁给王公百官的历书。陈设完毕后，举中案由午门中门进入，钦天监监正、监副随行至太和门，在阶下陈设，行三跪九叩礼后，交授内务府掌仪司官，奉至乾清门进呈皇帝。当日，王公及文武百官齐集午门外，在鸿胪寺 [3] 官员宣读皇帝的诏书后，依次跪领历书。

给皇帝进御的时宪书与外间颁行的，材质款式都完全不同。用

---

1 明·刘若愚《明宫史·饮食好尚》："四月初八日，进不落夹。用苇叶方包糯米，长可三四寸，阔一寸，味与粽同也。"

2 钦天监，官署名，主掌观察天象，推算节气，制定历法。

3 鸿胪寺，官署名，主掌外宾、朝会仪节之事。鸿胪，本为大声传赞，引导仪节之意。

满文《时宪书》

白宣纸，印朱丝阑，楷书缮写，一页仅十日，三页成一月。乾隆皇帝归政后，宫里的时宪书仍用乾隆年号，但仅有一百帙，直到乾隆六十三年（1798）。

受俘宣威　　　明清两代，国家如遇战争，大军凯旋，皇帝要登上午门，接受"献俘礼"。届时，王公百官齐集，午门外设法驾卤簿，丹陛卤簿于午门外，设丹墀卤簿至端门北，设

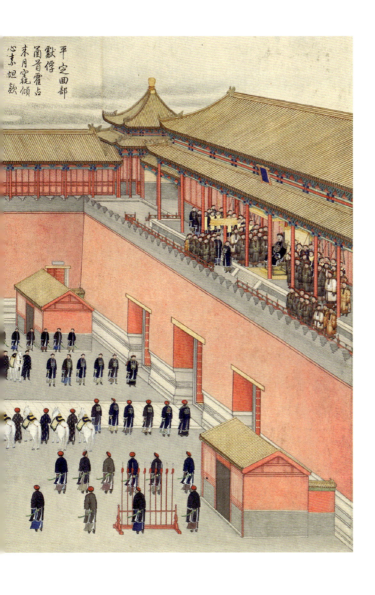

平定回部
獻俘
圉首霍占
末月寅跪傾
必未坦歉

乾隆二十五年（1760）
平定西域后的『献俘礼』

步辇、五辂、宝象于天安门外，设前部大乐¹于午门下，设金鼓铙歌大乐²于卤簿之南。在正楼檐下丹陛上设御座，午门楼鸣钟，皇帝身着礼服乘辇出宫至太和门，乐队奏金鼓铙歌大乐，登楼升座后，丹陛大乐奏庆平章。战俘在受俘前一日先押往太庙献祭，将校官将敌酋押至阙下，兵部奏称平定某地，所获俘囚，请旨。

在明代，皇帝一声："拿去！"左右臣子即高声接传："拿去！"依次是四人、八人、十六人、三十二人接传，最后是三百六十位将军齐声高喊，声如轰雷一般，据说数十里外的永定门都能听到，声势浩大，极具威慑力。不要说敌酋，连参加献俘礼的官员在此情势下，都难免为之色变。明代在午门举行过三次受俘礼，分别是万历十二年（1584）九月受云南缅俘，万历二十七年（1599）四月受倭俘，万历二十八年（1600）十二月受播州俘。

清代在午门共举行过六次受俘礼，分别是雍正二年（1724）闰四月，以讨平青海御午门楼受俘；乾隆二十年（1755）六月，以平定准噶尔叛乱御午门受俘；乾隆二十年十月，以敌酋达瓦齐押解进京受俘；乾隆二十五年（1760）正月，以平定大小和卓御午门受俘；乾隆四十一年（1776）四月，以平定大小金川御午门受俘；道光八年（1828）五月，以平定回疆御午门受俘。乾隆四十一年四月二十八，乾隆皇帝御午门城楼受俘。是日，"侍郎福康安，率押俘将校，以俘酋索诺木、莎罗奔冈达克、索诺木彭楚克、甲尔瓦沃杂尔、山塔尔萨木坦等并逆酋僧格桑臧函，豫俟于午门外。铙歌大乐、金鼓全作。上龙袍衮服，御午门楼。王公百官朝服侍班。侍郎福康安，率押俘将校三跪九叩。押逆酋索诺木等北向跪伏。置僧格桑臧函于

1、2 乐制名，为铙歌乐之一种，若卤簿乐与前部大乐并列陈设，则称金鼓铙歌大乐。

地。兵部堂官跪奏，平定两金川，生擒逆酋索诺木等，并获逆酋僧格桑首级，谨献阙下。命交刑部。刑部堂官跪领旨。押俘自天安门出。王公百官行庆贺礼。礼成"[1]。后索诺木、莎罗奔冈达克等被凌迟处死。当然也有对战俘特赦开释的，乾隆二十年（1755）十月，在平定准噶尔蒙古叛乱中俘获的首领达瓦齐被献于受俘礼上，乾隆皇帝见达瓦齐憨厚可悯，不仅特赦其罪，还封其为和硕亲王。在宝禅寺街为他设立王府，并将宗室诚隐郡王的孙女指与他为婚。达瓦齐面大若盆，身胖体膻，因为不习惯内地的燥热气候，经常在夏季于池中赶鹅戏水，以此为乐。乾隆皇帝却对他宠遇有加，还特别优容他充当御前侍卫。

廷杖之刑

午门还是明代皇帝对臣工实施廷杖之刑的地方，清代诸臣也在此接受皇帝的申饬。所谓廷杖之刑，就是用木棍惩戒敢于触犯天颜的逆臣。行刑的前一天，有关方面通知受刑官员，明日准备受刑。行刑时，由侍卫和太监将大臣绑赴午门外，先由军校杖打三下，作为开场。然后，分别"着实打"和"用心打"，上百名军士一边吆喝壮威，一边轮流执杖施刑。打完，再用厚布将人裹起，几个人一齐用力，将其抛起，掷到地上。被"着实打"的，一般非死即残，轻者也要半年才能伤愈；被"用心打"的，一般绝不会生还。

一些重大的案件，也会在这里会审，比较著名的有明代弘治年间的科举舞弊案（唐寅就牵连于此案），正德年间大太监刘瑾的贪腐谋逆案。

明代大规模的两次廷杖之刑，发生在正德和嘉靖年间。正德

---

1 《大清高宗纯皇帝实录》卷一〇七。

十四年（1519）三月，武宗朱厚照不顾群臣竭力反对，执意南巡。群臣纷纷上疏力谏，总体意思是：皇帝任用奸佞小人致使纲纪废弛腐坏，言路闭塞致伤圣治。盘游无度，原来的巡游就已经非常扰民，所以南方民众听说皇帝南巡都举家迁移躲避。劝导皇帝"惟圣人为能主静，惟君子为能慎动"[1]。现在江淮饥民都已经到了父子兄弟相食的地步，此时应该发内帑赈灾，与民休息，而不是巡游去增加他们的困窘；指出皇帝此举是"劳天下之力，竭四海之财，伤百姓之心"[2]。大臣们还深恐皇帝离京后，他所信任的权臣伺机妄为。劝说皇帝不要无缘无故地称自己为威武大将军，这是自轻自贱的行为。皇帝一直没有子嗣也令臣子忧心，建议皇帝领养宗室之子以使国本不致动摇。疏中还弹劾皇帝宠信的提督东厂江彬，认为"彬本行伍庸流，凶狠傲诞无人臣体，臣礼等。但见其有可诛之罪，不见其有可赏之功"[3]。江彬令满朝文武噤若寒蝉，已经人神共愤，天下大乱必自江彬开始，恳求皇帝将江彬刑之于法。武宗看完奏疏后非常愤怒，将敢于谏言的兵部主事黄华等六人下狱，兵部郎中孙凤、黄巩等十六人，吏部郎中张衍瑞等十四人，礼部郎中姜龙等十六人，刑部郎中陆俸等五十五人，还有翰林院修撰舒芬、编修崔桐等群臣一百零七人俱罚跪于午门前，每天从卯时跪到酉时。但连续跪了五天也没能让群臣屈服，于是气怒交加的皇帝动用了廷杖之刑，旨令这一百零七位大臣在午门受刑，每人各杖三十。因为执刑的正是群臣们弹劾的江彬，江彬借此大泄私愤，致使此次廷杖死伤惨重，当庭打死了十一人。

另一次更为惨烈的廷杖之刑发生在嘉靖年间。起因是正德十六年

1、2、3 《大明武宗毅皇帝实录》卷一七二。

（1521）明武宗朱厚照病死，由于武宗没有继承人，根据"兄终弟及"的祖制，以武宗的堂弟朱厚熜即皇帝位，是为嘉靖皇帝。嘉靖皇帝即位后，在为生父兴献王追封尊号的问题上，与群臣开始了一场长达三年之久的拉锯战。以内阁首辅杨廷和为代表的群臣，根据宗法大义坚定地维护武宗朱厚照的正统地位，让嘉靖皇帝称武宗的父亲孝宗为皇考，称自己的父亲为"皇叔父兴献大王"，母亲为"皇叔母兴献王妃"，嘉靖皇帝也坚定地拒绝接受。后其父封号又改称"兴献帝"，后改封"本生皇考恭穆献皇帝"，母亲封号改称"兴献太后"，后改封"本生圣母章圣皇太后"，嘉靖皇帝步步紧逼，朝臣一路妥协，直到嘉靖三年（1524）七月矛盾彻底激化。七月十二，嘉靖皇帝诏谕礼部，要在十六日为父母上册文、祭告天地宗庙，上生父尊号为"恭穆献皇帝"，生母尊号为"圣母章圣皇太后"。去掉"本生"二字，这就意味着嘉靖皇帝的父母不再仅仅是他生物学上的父母，而且是宗法礼制上实际的帝后了。一时间群臣哗然，早朝结束后，时任翰林院修撰的杨慎（首辅杨廷和之子）慷慨陈词："国家养士百五十年，仗节死义，正在今日。"[1] 随后二百多名臣子齐聚左顺门（协和门）哭谏，一时"声震阙廷"一直哭到中午也未能使皇帝就范，反而激起了皇帝的一腔怒火。血气方刚的嘉靖皇帝下令将五品以下官员一百三十四人下狱拷讯，四品以上官员八十六人停职待罪。七月二十，嘉靖皇帝谕令四品以上官员停俸，五品以下官员在午门杖责，当场打死了编修王思、给事中裴绍宗、御史胡琼等十六人，入狱、夺俸、充军、戍边、革职等官员达一百一十五人。廷杖后，持异议的官员都纷纷缄口，嘉靖皇帝在这场"大礼议"之争中取得了压倒性的胜利。

1 清·谷应泰《明史纪事本末》卷五十。

明世宗朱厚熜

神武门

神武门是紫禁城的北门，黄琉璃瓦重檐庑殿顶，面阔五间，进深三间。明称玄武门，清代，为避康熙皇帝玄烨的名讳，改称神武门。神武门设有钟鼓，用以起更报时。明代按"前朝后市"的宫阙制度，在门外设有内市，每月初四开市，届时商贾云集，珍奇荟萃，热闹非凡。皇后出宫行亲蚕礼、后妃去南苑及圆明园等御苑都经由神武门出入，清代选秀女，应选秀女也从神武门出入。

清代每三年一次的八旗遴选秀女例在御花园举行，届时秀女们齐集在神武门前，由太监引导从神武门旁门进入，至御花园的后门即顺贞门前候选。

八旗满洲、蒙古、汉军官员中十三岁至十六岁的女子，必须参加每三年一次的选秀，如果不经选秀私自嫁娶，自都统、参领、佐领及本人父母、族长都要受到连坐的惩处。挑选秀女经由户部主办，先期由各旗将适龄的女子造册呈报。到选秀的日期，秀女们乘坐骡车到神武门外，骡车的顺序也是先一天排好，最前面的是宫里后妃的戚属，其次是以前曾经被选中留了牌子，这次又复选的女子，最后才是这次新选送的秀女。初选时，一般是五六人一组，由首领太监负责，通过初选时，留下姓名牌，谓之留牌子。姓名牌上书录秀女父亲的姓名和官职，秀女的旗籍和年龄。初选选中的进入复试，测试女红，观察言辞行止。复选选中者再经皇帝或皇太后选定。所有未被选中送出宫的谓之撂牌子。选定的秀女除了作为皇帝的妃嫔外，有的还指给皇子、皇孙或者亲王、郡王。

内务府三旗选秀女也是在这里举行，和八旗秀女不同，是每年一次。八旗秀女是为皇帝选择妃嫔，或为近支王公和他们的子孙辈拴婚。内务府三旗秀女都是包衣出身，入宫后是服侍后妃的宫女。各个主位的宫女都有固定的名额配置：皇太后十二名，皇后十名，皇贵妃、贵妃八名，妃、嫔六名，贵人四名，常在三名，答应二名。

咸丰二年（1852）二月，一位十八岁已经超龄，且只有中人之姿的镶蓝旗的秀女经过层层选拔入宫，封号兰贵人。九年之后，她以圣母皇太后的身份登上了清末的政治舞台，开始了她长达四十八年之久的实际政权的执掌生涯，这位秀女就是慈禧皇太后。

嘉庆八年（1803）二月二十，由圆明园回宫的嘉庆皇帝进入神武门，按常规在此换乘小巧的肩舆进入内廷。此时，从神武门内西厢房山墙后冲出一名刺客，手持利刃，扑向皇帝。虽然当时跟随的御前大臣定亲王绵恩、固伦额驸亲王拉旺多尔济、御前侍卫扎克塔尔和珠尔杭阿、乾清门侍卫丹巴多尔济等随员众多，但显然在防卫森严的禁宫中突发这种状况仍然令人始料未及，慌乱之中护卫一边扈从着皇帝奔入内廷，一边抵御刺客。情急之下乾清门侍卫丹巴多尔济一把抱住刺客，被其连刺三刀，肠子都流出来了，后刺客被赶上来的众侍卫一拥而上制服擒获。

事后的审讯发现这起惊天大案背后的动机却是出奇的简单，既非谋逆也非党争。根据刺客陈德自己的交代，他只是因为被雇主辞退，失了生计而想一死了之。但默默无闻地死去又心有不甘，想来没有比刺驾更惊天动地的事情了，所以筹划了刺杀。因为他曾经在宫中膳房做过厨役，熟悉宫中路线，也知道皇帝进城后会在神武门内换乘软轿，因此一早即从东华门混入，沿着宫内的夹道到了神武门内西侧的厢房里潜伏下来，一直等到皇帝换轿这个可乘之机才冲出来。陈德自述，皇帝身边侍从众多，自己既然惊了驾，断无再活命的机会，一定会在乱刀之下轰轰烈烈痛快地死去。

从陈德整个计划的严谨程度以及面对讯问时从容不迫的态度来看，整个事件好像远没有那么简单，但有惊无险的嘉庆皇帝还是决定对此事不予深究，只下旨将陈德凌迟处死，并未牵连他人。

东华门

东华门面阔五间，进深三间，黄琉璃瓦重檐庑殿顶。门外立有下马碑，碑身镌刻有"至此下马"的满、蒙、汉、回、藏五种文字。清初，东华门只准内阁官员出入，乾隆三十六年（1771）规定，朝臣一二品以上，年及六十者，允许乘肩舆入东华门。由于清代大行皇帝、皇后、皇太后的梓宫都由东华门出，民间都称东华门为鬼门，东华门门钉和其他三座城门不同，为八路九颗，合之为阴数（偶数），这也和鬼门称谓的缘起有关。

崇祯十七年（1644）三月十八，李自成的农民起义军攻陷京城，崇祯皇帝走投无路之际，在绝望地手刃妃嫔、砍死公主之后，由东华门骑马而出，后至景山自缢而亡。后来流传说东华门是皇帝梓宫出入的宫门，所以崇祯皇帝一定要从东华门出宫，是抱定了赴死的决心。事实上，明代皇帝梓宫都是由午门出去入葬皇陵的。正德十六年（1521）三月十四，明武宗朱厚照病逝，九月入葬康陵。《明实录》记载他梓宫出宫情况："……梓宫由午门中门出，葬仪以次前行。太常寺先设香烛于太庙中，执事官先设褥位于香案前。梓宫至端门外少驻（待祭告祖先后）……礼官奏请灵驾进发。梓宫由承天门、大明门中门出。文武百官俱衰服送至德胜门土城外，不系执事及分送官祭毕还。沿途市巷军民人等遇梓宫至，皆跪伏举哀……"[1] 在城破国亡的最后时刻，崇祯皇帝是试图逃离京城的，只是未能成功，绝望之中来到景山自缢而亡。《明实录》里记载了他生命的最后时光："……上微服出自中南门，杂内侍数十人皆骑而持斧欲出东华门。内监守城施矢石相向，时成国公朱纯臣守齐化门，趋其第，阍人辞焉，上太息去，趋安定门，门坚不可启。天且曙，仍回南宫，散遣内员，携王承恩入内苑登万岁山之寿皇亭，俄而上崩，太监王承恩亦自缢从死焉。"[2]

清代顺治和康熙皇帝的梓宫在乾清宫停灵祭奠后，都由钦天监择吉日运至景山寿皇殿暂安，这个暂安之所称殡宫，之后再由殡宫运往陵寝入葬。乾隆十四年（1749），在景山北面正中重建寿皇殿，供奉先帝的画像和牌位，并在寿皇殿东建观德殿以供停灵祭奠。此后除雍正皇帝设殡宫于雍和宫永佑殿、道光皇帝设殡宫在圆明园大光明殿之外，其他皇帝都设殡宫在观德殿。皇帝的梓宫由东华门出至景山，王公大臣和文武百官都要在路旁左侧哀哭跪送，嗣皇帝要一路随棺步行至观德殿。康熙和同治皇帝即位时分别只有八岁和六岁，因此只步送梓宫出东华门，然后再乘肩舆至景山殡宫等候跪接。雍正皇帝去世后殡宫设在雍和宫，因路途较远，礼部奏请乾隆皇帝在东华门外乘辇去雍和宫，被乾隆皇帝驳回："礼部奏梓宫出东华门时，朕乘舆由别路先至雍和宫迎迓等语，朕在哀痛迫切之际，岂可乘舆由别路先行，当步行随梓宫后，送至雍和宫。"[3] 道光皇帝去世后，殡宫设在圆明园。时年二十岁的咸丰皇帝自恃年力正富，也不顾朝臣的奏请，坚持要随棺步行。无奈他素有腿疾，走到地安门

---

1 《大明世宗肃皇帝实录》卷五。

2 《崇祯实录》卷十七。

3 《大清高宗纯皇帝圣训》。

就无法坚持，改乘肩舆先至圆明园大宫门外跪迎等候。

清代乾隆时期的大学士刘统勋上朝，到东华门，轿夫忽然感到轿子微微倾斜，忙掀开轿帘探视，发现人已故去。乾隆皇帝闻讯，急命尚书福隆安带药赶来施救，但已经太迟了。乾隆皇帝亲去府邸吊唁，见其家中俭素至极，非常悲痛，回至乾清门，流泪向众大臣道："朕失一股肱，如统勋乃不愧真宰相！"命入贤良祠，赠太傅，谥号"文正"。[1]

西华门

西华门与东华门形制相同，面阔五间，进深三间，黄琉璃瓦重檐庑殿顶，门外也立有下马碑。西华门匾额原为满、蒙、汉三种文字，后减为满、汉两种，辛亥革命后只留下了铜质汉字。门楼上原来存放阅兵所用的棉甲及盔甲。西华门西向正对的是皇家御苑的西苑门（即今天中南海东门），清代帝后游幸西苑（中南海、北海），以及西郊诸园，大多由此门出入。

乾隆十六年（1751）十一月二十五，是乾隆母亲崇庆皇太后六旬圣寿，自西华门至西直门外之高梁桥十余里地，沿途张灯结彩，彩棚乐戏每数十步一设，北调南腔，舞衫歌扇，后部未歇，前部又迎。其间点缀的景物，都是罕见奇巧的。有以颜色鲜丽的色绢做山岳状，锡箔为波涛纹的；有大如房屋的寿桃；有广东进献的翡翠亭，三丈多高，二丈多宽，用孔雀尾做瓦顶；有湖北进献的黄鹤楼，重檐三层，

1 《清史稿·列传八十九》。

崇庆皇太后
六旬圣寿点景

墙壁都用玻璃砖砌成，阳光下辉煌夺目；有浙江进献的镜湖亭，中间是一个直径二丈的大圆镜，嵌在藻井之上，四周则砌数万只小圆镜，如镜墙一般，人在其中，可化身千万。可谓歌不尽的盛世，看不完的繁华。然而一百多年以后，另一位太后由西华门出宫，确是极尽狼狈和仓皇。光绪二十六年（1900），八国联军入侵北京，慈禧太后带着光绪皇帝，着便服，乘骡车，由此门张皇而出。真是盛景霓裳曲未尽，又闻末世哀音来。

　　大臣们平日上朝多经由西华门进入，入宫的杂役也都由此门出入，所以西华门比别处城门警戒任务要繁重得多，也因此多有事故和摩擦。嘉庆五年（1800）九月，吏部尚书、太子少保、上书房总师傅朱珪的轿夫与西华门守卫发生冲突。起因是轿夫王五、王六等在门口酗酒打架，值班护军富顺上来劝解管束，王五竟然抢过护军的枪杆撅断，借酒撒疯地敲断护军值房的窗棂，并伙同王六殴打富顺致伤。嘉庆皇帝震怒，事后首犯王五判斩监候，从犯王六、刘三枷号一个月遣徒，郑六、陈四、刘二也和其他从犯一起在城门枷号示众。而朱珪因未尽到约束之责也被交部严处，本拟将其降二级调用，但在此期间，又被曝出夏天的时候，工部尚书彭元瑞在禁城内坠马跌伤，朱珪将自己的轿子唤进来抬出了彭元瑞，虽然是为了救人，但也是违制之举。因此数罪并罚，将朱珪降三级留用、革去太子少保之职，还撤去了他户部三库的管理事务。这还是看在朱珪平素为人一贯持躬正直、砥节清廉的分上。要知道朱珪还是嘉庆皇帝做皇子时的老师，却仅仅因为对下人约束不力而导致如此严厉的处罚，可见在皇帝眼中，门禁关防的事体何等重要。

东南角楼

角楼

　　紫禁城城墙四角，各有一座三重檐十字脊、四面显山、四出抱厦的角楼，曲折多角，玲珑秀丽。角楼坐落在 10 米高的城台之上，从地面至角楼宝顶总高 27.5 米。角楼中央是一个三开间的方形亭楼，有重檐三层，七十二条脊，由多个歇山式组成复合式屋顶，覆黄琉璃瓦。上层檐为纵横相交四面显山的歇山顶，正脊交叉处置铜鎏金宝顶。二层檐四面各加一歇山式抱厦，四角各出一条垂脊。中部为方亭式，面阔进深各三间，每面 8.73 米，四面明间各加抱厦一间。

　　角楼模仿的是宋画中的黄鹤楼和滕王阁，造型别致，结构精巧。檐角起翘、纵横交错、优美多姿。角楼与紫禁城四门城楼遥相呼应，是登临瞭望的防御性建筑。

武英殿	文华殿	体仁阁与弘义阁	保和殿	中和殿	太和殿	三大殿	太和门		左辅右弼	太和保和
87	77	74	69	63	54	51	43		76	43

外朝，是明清两代皇帝举行典礼和朝会的地方，以坐落在紫禁城中轴线上的太和、中和、保和三大殿为主体，东西辅之以文华殿和武英殿。外朝的建筑气势宏伟、外形壮丽，充分显示出唯天子独尊的威武气魄。

午门之北，即是外朝区域。太和门与其肃然相对。午门和太和门之间的广场，占地有两万六千多平方米。蜿蜒如玉带般的金水河自西向东穿越广庭，河上的五座汉白玉石桥，如雨后飞虹与内金水河纵横交织在一起，汉白玉石的钩栏穿插其间，使严谨肃穆的庭院充满灵动之感。

金水河全长近 2100 米，经地安门东步梁桥引入，由紫禁城西北角城墙下护城河涵洞流入，向南流经武英殿前，转而经由太和门广场西面的熙和门旁的涵洞穿过，气势磅礴地出现在太和门广场，此时的河道宽 7.7 米，在中心点也即主桥处更宽达 11.8 米，然后收窄蜿蜒着从广场东面的协和门旁穿出。内金水河的源头，源自京西玉泉山，西方属金，金生丽水，所以称金水河。

金水河与紫禁城北面的景山不仅构成了古代传统的"背山面

水""负阴抱阳"的最佳风水模式，同时它也承担着重要的消防与泄洪功能，紫禁城排水设施完善，地下排水暗沟纵横交错，最终流向都是金水河。遇见火情，金水河也是灭火的水源。

太和保和

至尊至崇

太和门

太和门是三大殿的正门，明初称奉天门，嘉靖时改称皇极门，清称太和门。它坐落在 3.44 米的白石须弥座上，高 23.8 米，面阔九间，进深四间，黄琉璃瓦重檐歇山顶，建筑面积 1300 多平方米。是紫禁城内最宏伟高大的宫门。太和门的左右有昭德门和贞度门，同东西两翼的协和门、熙和门与午门用连排的庑房相接，围成一个矩形的广场。

金水河

太和门前陈设有四只青铜鼎和一对青铜狮，都铸造于明代。紫禁城里共有七对铜狮，其余六对分别在乾清门、养心门、长春门、宁寿门、养性门和存性门，这六对皆为铜鎏金质地。太和门这对青铜狮体魄最为宏大，铸造最为精工。

在铜狮的后侧方，东边是一个汉白玉石亭，西边是一个汉白玉石匮。石亭和石匮在位置上东西对称严谨，体量上却一高一低差异极大。石亭通高3.5米，最下面是两层的基础石，石上的须弥座上是一座单开间的庑殿顶小屋，南北方向中间通透，东西方向门扇是关闭的。石亭南面还有两层踏跺，可供人拾级而上。石匮通高只有1.27米，体积约1立方米。匮脚装饰有卷云纹，上面有宝盝顶盖，盖上有蟠龙纽，这个造型使它看上去很像一个装玉玺的匣子。关于石亭和石匮的用途，在嘉庆时期就已经不明所以了。嘉庆皇帝有一次祭天归来，经过太和门，好像忽然注意到它们的存在，就问随行的大臣它们的用途。但是谁也不知道，于是召来博学的南书房翰林问询，结果也无人知晓。翰林们赶紧去查找典籍试图找到答案，也未见明确记载。只是纪晓岚的《阅微草堂笔记》中曾提及过石匮，说一位工部官员当时负责督造三大殿工程，曾与工匠一起打开过这个石匮，发现里面有很多已经朽烂的谷物，所以纪晓岚就此推断这是个嘉量，但显然这个推理非常牵强。后来有学者研究认为，石匮应该是放册宝的地方，石亭放诏书。但是在明清两代的宫廷史上都没有出现过使用它们的记载，也许仅仅就是一个陈设的礼器罢了。

明代，太和门是皇帝"御门听政"的地方，也经常于此赐宴群臣。清代顺治和康熙前期也御太和门听政，康熙后期，御门听政移至乾清门举行。

光绪十四年（1888）十二月二十五深夜，紫禁城太和门西侧的贞度门突起大火，延烧太和门化为废墟，此时距光绪皇帝的大婚典礼（光绪十五年正月二十七）只有短短的三十二天时间了，重建是无论如何都来不及的，钦天监择定的婚期又不宜更易，但在帝后大婚仪程里，这是一道必经之门，皇后的凤辇需从正阳门开始，经由大清门、天安门、端门、午门、太和门至太和殿举行典礼。天才的慈禧太后居然想出一个扎彩门的主意，诏令京城的扎彩匠人日夜赶工，竟然在婚期之前搭出一座足以乱真的太和门，门额威重，琉瓦仿佛，从檐角的小兽到梁枋的彩画都惟妙惟肖，据说连经常在内廷出入行走的官员一时间都难辨真假。

光绪十五年（1889）正月二十七，大婚典礼如期举行，这是中国历史上最后一个帝王的婚礼，也是极尽铺张和华丽的。十八岁的光绪皇帝与年长他三岁的表姐叶赫那拉氏大婚典礼在太和殿礼成，这位皇后就是隆裕。此后，两个人历经了将近二十年的婚姻生活，却一直形同陌路。他们的婚姻像极了这座彩扎的大门，看上去既富丽华美又繁复精致，然而终究是镜花水月，一场虚热闹罢了。

午门与太和门之间东西各有二十二间庑房，东庑房为稽查钦奉上谕事件处、内阁诰敕房和内阁，中间为协和门（明称会极门）。西庑房为翻书房、起居注馆和膳库房，中间为熙和门（明称归极门）。

内阁明代始设，是明代的权力中枢机构。清将立国初期设立的内三院（国史、秘书、弘文）仿明制改称内阁，满文称为"多尔吉衙门"，另设翰林院，满文称"笔帖黑衙门"。内阁负责赞襄庶政，办理章疏。但自清雍正十年（1732）军机处设立后，内阁权力极大地被削弱，甚至沦为了"外廷"。当时宫中可称为"内廷"的有五个——御前大臣、军机大臣、南书房、上书房和内务府总管，这个"内廷"就是和内阁的"外廷"相对而言。清朝内阁设正一品大学士满、汉各一人，从一品协办大学士满、汉各一人，从二品学士满六人、汉四人。每一大学士均兼殿阁头衔，如文华殿大学士、文渊阁大学士等，乾隆时期确立为三殿三阁，即保和殿、文华殿、武英殿、文渊阁、东阁和体仁阁大学士。内阁还设中书若干人，职级为从七品，负责典章法令编修撰拟、记载、翻译、缮写等工作。中书编制在雍正三年（1725）有满洲七十人、蒙古十六人、汉军八人，还有专职负责缮写的帖写中书满洲四十人、蒙古六人。

内阁中书职级虽低，但因常驻内廷，奉旨书谕，接触核心机密，令其他同僚朝官不敢小觑，又因班底庞大，人浮于事，公务闲适，所以人皆称羡。时清人孙紫静曾作《中书乐》十二阕，刻画中书职业生涯写实又生动，流传甚广："夜半喜开颜。想中书，真美官，说与世人休轻看。选遍长安，问遍朝班，大小衙门都让咱。趁无眠，略述几件，妙处正堪传。""衙门正四间。琉璃瓦，别有天，抬头便是金銮殿。白石栏杆，朱漆门帘，磨砖到处都铺遍。钉铜环，参天楅扇，高丽纸糊颜。""中书在里间。桌儿大，凳子宽，竖柜巍巍门后站。土炕拐弯，火盆滚圆，顽石砚台长尺半。到更阑，还将烛点，粘在半头砖。""宰相是堂官。受知遇，非等闲，勤劳时把中书赞。查明本单，搭完草签，包好本皮挨次散。偶然间，事出罕见，档子大家翻。""辛勤只半天。注红本，写真签，先生高叫齐忙乱。午后坐班，档子细填，腹饿竞陪学士饭。礼貌咱，张长李短，侧坐且闲谈。""来到午门前。摆牙喇，每次盘，口中者者连声唤。内阁哈番，现在票签，放行不用腰牌验。转个弯，新那三院，一直往东边。""三朝才一班。起五更，敢惮烦，宰相尚无班可换。笔在靴边，墨在腰间，火房纸匠听呼唤。牌子传，宿该今晚，公被好安眠。""见多还数咱。通部本，信手翻，天下事情都晓遍。折票改签，启奏上传，皇家规矩谁能见？这期间，新闻无限，不肯向人言。""朝贺免随班。鹭鹚补，何用穿，职名不系鸿胪官。内直几年，堂上垂怜，敕书大字随人便。老积年，西厅一转，典籍便成仙。""名列缙绅编。翰林后，詹事前，印满中间一大段。也入内帘，也把诏颁，试差各省寻常点。出长安，银瓜黄伞，簇拥小京官。""写帖不拘牵。最燥脾，侍生谦，亚卿以上方称晚。辈有后先，揖尚右边，规矩不异翰林院。拜堂官，经年一遍，投个淡红全。""实授要周年。与台中，同一般，逍遥试俸何曾算？职掌既闲，眼界又宽，从容安稳熬升转。这样官，说来希罕，闻者恐垂涎。"

翻书房是清代负责满、汉文字互译的机构，由满族军机大臣兼领主管。设翻译官四十人，负责翻译谕旨、御论、起居注、册祝文字等。清末金湘生所著《粟香二笔》载有一则翻书房趣事。翻书房有位译者号称清书第一，当时恭亲王奕䜣和醇亲王奕譞就请他题写折扇。写完呈进至南书房，两位王爷展开观看，开头是"黑狗"两字，很是诧异，就向在侧的左都御史童华（字薇研）说："古来文字，从未有黑狗二字起首者。"童华应声答道："当是《前赤壁赋》耳。"二王再续读下文，果然是。《前赤壁赋》开篇为"壬戌之秋……"，但是满文没有"壬戌"，所以以壬（壬水，天干第九位）为"黑"，以戌（地支第十一位，对应生肖狗）为"狗"。

起居注馆在熙和门南，由翰林、詹事官充任，负责记录皇帝的起居日行、言辞诏谕等各项活动。记注官都兼任日讲官，为皇帝讲读经史，开惑解疑。清代张英及其长子张廷瓒、次子张廷玉都曾相继任文华殿大学士和保和殿大学士，也先后充任起居注官，一时门楣光耀，再无他氏可以比肩。张英也深以为傲，曾寄诗给其子张廷玉写道："承恩早岁玉京游，汝正悬弧一岁周。三十二年文陛上，从前两世立螭头。"起居注文，每月汇成一册，封储在特制的柜中，年终将十二册合并上交内阁归档收储。乾隆时期的起居注官钱大昕曾有诗记叙："时政年年注起居，编成常届岁将除。寻常卷帙休标拟，此是人间第一书。""纪月编年例发凡，卷分廿四秘瑶函。一言一动无虚美，特许儒臣手自缄。"

三大殿

太和门内的广场有三万多平方米，是紫禁城最大的广庭。中间是一条以青石铺墁的御路，遇有大典，御路两旁设铜制品级山，从正一品到正从九品。大臣按品级排列东西两侧。御路两边有以白色方石嵌入地面的仪仗墩，北窄南宽，呈八字形排列，举行大典时仪仗队持伞、盖、斧、钺等站立其上。

三大殿占地面积八万五千平方米，以宏伟的规模、威严的气势、富丽的装修成为紫禁城最突出的建筑群。太和殿与保和殿都是矩形平面，中间置以形制较小的亭式建筑——中和殿，避免了都是矩形的单调呆板，形成了马鞍形、高低错落的曲线。

紫禁城的中心建筑三大殿，就坐落在高 8.13 米的三层高台之上，巍峨的三大殿因为三台的衬托而更加辉煌壮丽。三台由三层重叠的须弥座构成，每层须弥座之上横卧地袱，上立望柱，柱头雕有龙凤，柱间安装栏板，栏板中雕有荷叶净瓶。在望柱下伸出圆雕的螭首，螭首唇间有小孔，为排水之用。三台的螭首共有 1142 个，在雨天，三台千龙吐水的景象，蔚为壮观。

三台的台阶上，陈设着十八尊大铜鼎，明嘉靖时期铸造。铜鼎

太和门广场 \ 上
中和殿与保和殿 \ 下

❖ ❖
铜 日
龟 晷
＼ ＼
上 下

在典礼时点燃松柏枝与檀香枝，以其缭绕的烟雾来增加典礼的庄严性和神秘感。丹陛上陈设有日晷、嘉量、铜龟、铜鹤。日晷是古代的计时器，石座上斜放圆盘，盘上刻有时刻，中间立铜针与盘面垂直，利用太阳的投影与地球自转的原理，显示阴影指出的时刻。嘉量是象征性的标准量器，由斛、斗、升、合、龠五部分组成，它与日晷东西相对，是皇权的代表和象征。龟鹤是长寿吉祥的动物，寓意江山永固、万寿无疆。

三台平面呈"土"字形，前后各有三座石阶并列。中间的石阶是用石雕铺成的御路，保和殿后的云龙纹石雕御路，用一整块艾叶青石雕刻而成，重 250 多吨，长 16.57 米，宽 3.07 米，厚 1.7 米，是紫禁城最大的一块御路石雕。

广场的东西两厢是两座对称的楼阁，肇建时称文楼、武楼，嘉靖四十一年（1562）更名文昭阁、武成阁，清称体仁阁、弘义阁。两阁都建于砖石台基之上，面阔九间，进深三间，黄琉璃瓦庑殿顶。石阑干为二十四节气望柱，御路为流云雕饰，梁枋饰龙草和玺彩画。庭院的四角各置有一座方形重檐歇山顶的崇楼，两旁廊庑相接，围成一个封闭的院落。

太和殿

太和殿，明初称奉天殿，后改称皇极殿，清称太和殿。太和殿是紫禁城面积最大、等级最高的宫殿，明代初建时面阔九间，进深五间，所用木材均为金丝楠木。清康熙三十四年（1695）重建时，改面阔为十一间，进深仍为五间。面积 2377 平方米，通高 35.05 米。《礼记》中载，礼，有以多为贵，有以太（大）为贵，有以高为贵，有以文为贵。太和殿正是全面体现了传统的君王至高至贵的礼制思想。无论从上至下还是由内而外，太和殿均采用最高级的做法。屋顶是黄琉璃瓦重檐庑殿顶，金龙和玺彩画。正脊两端各有一只重约 4.3 吨的琉璃大吻，檐角的小兽除龙、凤、狮子、天马、海马、狻猊、押鱼、獬豸、斗牛之外，另加一个行什，成为古建中唯一有十个小兽的孤例。太和殿的门窗也极为华丽，正面七间和背面正中三间满装六抹大隔扇，接榫处有镌刻着精巧花纹的鎏金铜叶加固，门的裙板上浮雕有金龙图案，金碧辉煌。室内地面用二尺二寸见方的金砖铺墁，这种质地细腻的方砖，敲之有玉磬之声，断之无孔，工艺极为精湛。

太和殿殿内空间高敞开阔。殿内正中，雕镂金漆的宝座坐落在正中的须弥座式平台上，平台为楠木制作，外罩金漆，雕刻有精美的仰覆莲花纹，并嵌有大量的宝石。宝座正中上方是乾隆皇帝御笔额匾"建极绥猷"。"建极"与"绥猷"都出自《尚书》："皇建其有极"，"克绥厥猷惟后"，意为建立中正的最高标准就能达到长治久安。两边的联对为："帝命式于九围，兹惟艰哉，奈何弗敬；天心佑夫一德，永言保之，遹求厥宁。"[1] 平台正面有三道台阶，供皇帝升座时使用，台阶之间的香几上设香炉。平台上陈设有香筒、宝象、甪端、仙鹤，皇帝升殿时，香炉、香筒内焚香，殿内缭绕的烟雾，似云蒸霞蔚，如入仙境一般。殿内七十二根巨大的檐柱支撑起屋顶，檐柱高 12.7 米，直径 1.06 米。宝座周围有六根沥粉贴金大柱，金柱底部，塑有海水江涯，在层层浪花里，一条金龙扶摇直上，龙首东西相望，神采飞扬，气势磅礴，好似在捍卫着神圣的宝座。宝座上方的天花中央，巨大的蟠龙

1　三大殿原匾额联对皆为乾隆皇帝御笔，现为 2002 年根据档案记载复制而成。

藻井穹然高起，如伞如盖。"藻"，是水中的植物，代表水，"井"是天文上所称的"东井"，为储水之所。因此藻井有克火之意。藻井上圆下方，由三部分组成。下层是方井，直径约6米；中层是八角井，满布云龙雕饰；上层是圆井，中心顶部为圆形盖板，三层通高1.8米。顶心穹隆圆顶内，一条盘卧的巨龙，俯首下视，口衔宝珠。龙口所衔的宝珠称"轩辕镜"，是外涂水银的空心玻璃球。"轩辕"一词取自轩辕星，此星为轩辕皇帝之神，轩辕镜高悬皇帝的宝座上方，代表皇帝自己是始祖黄帝以来的正宗法祖。

太和殿东西两壁，各有一对紫檀雕龙大柜。高达3.7米，宽2.18米，深0.8米。紫檀柜分上下两部分，上雕姿态各异的降龙、升龙、戏珠游龙。图案生动，雕工奇绝，是清乾隆年间制作的。明代的太和殿中有类似的雕龙柜八件，相传储三代鼎彝。所谓鼎彝，是指古代宗庙中的祭器。朝代更替之际，皇帝将前朝的鼎彝封存，藏于国中，寓意天下一统。自从禹铸九鼎以象九州，九鼎遂成为象征国家的传国之宝。商灭夏，成汤迁九鼎于商邑，周灭商，武王迁九鼎于洛邑。东周时礼崩乐坏，宗室衰微。周定王元年（前606），楚庄王伐戎来到洛邑，公然在周天子脚下进行军事演习，有武力挑衅之意。此时周弱楚强，周定王无奈，只好派大夫王孙满前去慰劳楚庄王的士兵。楚庄王志得意满，问起周鼎的尺寸重量，有夺鼎取而代之的意思。王孙满慷慨陈词道："周德虽衰，天命未改，鼎之轻重，未可问也。"[1]由此，"问鼎"成为夺取皇位政权的代名词。明太祖朱元璋的大将军徐达攻下元大都后，将其库府的鼎彝金石等分批运往首都南京。永乐皇帝迁都后，又将这批鼎彝金石运回北京，以标志"定鼎"北京。

---

1 东周·左丘明《左传·宣公三年》。

太和殿是明清皇帝举行朝政大典的地方。皇帝登极、帝后大婚、册立皇后、命将出征以及每年的元旦、冬至、万寿三大节，都要在这里举行隆重的庆典。

明清两代在太和殿举行典礼时，卤簿仪仗要一直陈设到午门外。皇帝的仪仗称为卤簿。其制度累代相沿，每有增补，以唐、宋时期最盛。宋神宗时，皇帝的大驾卤簿，用人多至二万二千二百多名。清朝卤簿，承袭明制，虽有所削减，但康熙朝时也用三千多人。清朝前期，卤簿制度有所变化，至乾隆初年才规定下来。据《大清会典》规定：皇帝的仪仗称卤簿，皇后、皇太后称仪驾，皇贵妃、贵妃的称仪仗，妃、嫔的称采仗。皇帝卤簿有四种，即大驾卤簿、法驾卤簿、銮驾卤簿和骑驾卤簿。皇帝大祀圜丘、祈谷、祈雨，午门外设大驾卤簿；祭祀方泽、太庙、社稷坛、日坛、月坛、历代帝王庙等，午门外设法驾卤簿；皇帝御驾亲征，陈设骑驾卤簿；行幸皇城用銮驾卤簿。

元旦、冬至、万寿称为宫中的三大节，元旦是一年之始，冬至为一阳之始，万寿是皇帝的生日，为一君之始。所以在明清两代，三大节的庆典都很隆重。明代的元旦大典甚至要经过预先的演习。前一天，在奉天殿和广场上准备好御案、乐器、卤簿等。元旦当日天亮以前，锦衣卫、教坊司、礼仪司、钦天监的官员及纠仪御史、鸣赞官（司仪）、传制官、宣表官要事先进入岗位。日出前三刻捶一鼓，文武百官齐集午门外站立等候。捶二鼓，礼部官员引导百官，分别从左右掖门进入，在奉天殿广场上按品级序立。皇帝身着礼服乘舆出宫时，午门鸣钟鼓。先至华盖殿升座，接受执事官员的参拜。捶三鼓，中和韶乐奏《圣安之曲》，皇帝到奉天殿升座，乐止后，阶下三鸣鞭（一种丝制的长鞭），接着奏丹陛大乐，文武百官行四拜礼。大乐停止后、进表、宣表、致词。致词官跪于丹陛正中致词："兹遇三阳开泰，万物咸新，恭惟皇帝陛下膺乾纳祜，

太和殿天花（上）
太和殿内的藻井
和髹金漆屏风（下）

奉天永昌。"丹陛大乐奏《朝天子》，百官们再一次行四拜礼，大乐止。最后官员将笏板插在腰间，鞠躬，三舞蹈，跪，然后是所有在场的人员一起山呼万岁、万岁、万万岁。百官起立，拿出笏板，再俯伏行四拜礼。最后中和韶乐奏《安定之曲》，皇帝降座回华盖殿，整个典礼结束。清承明制，只是取消了笏板、三舞蹈和山呼万岁，代之以三跪九叩礼。

　　明代和清前期的殿试也在此举行，清乾隆五十四年（1789）始改在保和殿。而宣布登第进士名次的典礼——传胪之制则一直是在太和殿举行。在传胪当日，陈设卤簿仪仗于太和殿前，设中和韶乐于殿檐下，丹陛大乐于太和门内，彩亭、仪仗、鼓吹等一直排列到午门外。王公以下官员朝服按品级序立，大学士和礼部尚书各一人在太和殿东檐下，宣制官在东廊下乐队的南边，均面西。传胪官们在丹陛西阶，均面东。内阁官员将皇榜陈设于太和殿内东案上。在午门外等候的贡士们，由鸿胪寺官带领至太和殿丹墀前，按名次奇数在东、偶数在西排列。一切就绪，礼部官员至乾清门奏请皇帝乘辇出宫。皇帝登上太和殿宝座，此时中和韶乐奏隆平之章，乐止后，阶下三鸣鞭，丹陛大乐奏庆平之章。先由鸣赞官引领读卷及执事的官员行三跪九叩礼，然后大学士进殿将皇榜捧出授予礼部尚书，陈设在丹陛的桌案上。此时丹陛大乐再次奏响，贡士们在序班官引领下就拜位，重新列队跪听宣制：某年月日，测试天下贡士。第一甲赐进士及第，第二甲赐进士出身，第三甲赐同进士出身。然后传胪官唱名，次第接传至丹墀下，由序班官引领，第一甲第一名（状元）某人，引出至御路东侧跪，第二名（榜眼）某人，引出至御路西侧跪，第三名（探花）某人，引出再至御路东侧跪，前三名皆连唱三次。再唱第二甲某等若干名、第三甲某等若干名，仅唱一次，不引出班。随后进士们在礼乐声中行三跪九叩礼，礼毕乐止，礼部将皇榜置于云盘，张黄盖，由十人前引出太和门中门，状元、榜眼、探花随出，其他进士依名次奇偶数，奇数出昭德门，偶数出贞度门。最后，阶下再三鸣鞭，中和韶乐奏显平之章，典礼结束，皇帝乘舆还宫。

清初殿试在四月底或五月初，自乾隆二十六年（1761）始定于四月二十一殿试，二十五传胪。传胪前一日，阅卷官要将前十名卷子进呈，由皇帝钦定一甲三人（状元、榜眼、探花）及二甲前七人，并按名传见这十人，称之为"小传胪"。但古时通信不便，众多贡士们散居京师各处，或会馆或旅舍，所以就有应召未到而惜与状元失之交臂的。乾隆三十四年（1769）己丑科殿试，钦定的一甲第一名潘奕隽和第三名季学锦，殿试后结伴游西山去了，错过了小传胪，结果二人一个丢了状元，一个丢了探花，双双贬居三甲最后两名。但潘奕隽对此倒是极为豁达："状元三年一个，失何足惜，游山之兴，一发断不可遏也。"一时被传为美谈。潘奕隽后以同进士出身授内阁中书职，时内阁大学士刘统勋曾指他笑与同僚说："是天子呼来不上船者。"

中和殿

中和殿，明初称华盖殿，华盖是古星名，属紫微垣，嘉靖时改称中极殿。清称中和殿，殿名取自《礼记·中庸》："中也者，天下之本也；和也者，天下之达道也。"中和殿平面像一座正方形的亭子，深广各三间，四面满设门窗，以利采光。黄琉璃瓦四角攒尖顶，顶为铜胎鎏金，梁枋饰金龙和玺彩画。中和殿面积仅有五百八十多平方米，小巧端庄，点缀在庄严宏伟的太和殿与保和殿之间，平添了一抹轻灵秀丽之感。

殿内额匾为"允执厥中"，语出《尚书·大禹谟》："人心惟危，道心惟微，惟精惟一，允执厥中。"联对为"时乘六龙以御天，所其无逸；用敷五福而锡极，彰厥有常"。明代和清代前期，皇帝在中和殿召对臣工，赐宴亲王。明清两代，举行典礼前，皇帝先御中和殿，接受内阁、礼部官员的行礼。凡亲耕、祭祀方泽、太庙、社稷之前，皇帝在此阅视写有祭文的祝版。清代的皇室谱系——玉牒，每十年撰修一次，修成后在这里进呈给皇帝御览。

崇祯十四年（1641）秋天，在中和殿曾举行过一次别致风雅的宴会。崇祯皇帝召十三位臣子入宴，每人一席，用金莲花酒杯，杯大如瓶，直径就有四寸，杯托若莲瓣状。每人席前置花瓶两只，内插莲花。还有光禄寺八名官员专司行酒之职，宴会规格之高、之私密亲厚，皆属罕见。

清初顺治皇帝曾以保和殿为寝宫居住过十年之久，因此也常在中和殿赐宴臣子和侍卫。顺治八年（1651）八月，平西王吴三桂来京贺皇帝大婚之喜，顺治皇帝即在中和殿设宴款待。

清初名臣魏裔介官至保和殿大学士，太子太傅，顺治十四年（1657），他四十一岁即升任左都御史（从一品），顺治皇帝将他召至中和殿对他说："朕擢卿非有人荐达。"[1] 意思是自己欣赏他才提拔的。魏裔介由此更加感奋，上书条陈时事无不畅所欲言，也因此更得顺治皇帝倚重，常召他来谈论史鉴得失。顺治皇帝有次称赞唐太宗为明君英主，魏裔介则持不同意见，认为唐太宗晚年因为失去了魏徵这样的良臣在旁苦苦进谏，所以穷尽了国家的兵力去攻打高丽，留下了遗憾和悔恨。顺治皇帝深以为然，点头称是。

祭祀典礼中，祭天、祈谷和祈雨为最高等级，要在太和殿阅示

---

1 清·杨钟羲《雪桥诗话余集》。

祝版，其他祭祀前阅示祝版都是在中和殿。祝版为一朱漆木板，高九寸，宽一尺二寸，用于粘贴祭祀的祝文，由工部承造。祭天、祈谷、祈雨用纯青纸，祭地用黄纸黄边，祭祀日坛用纯红纸，祭祀太庙、社稷坛、月坛、先农坛、历代帝王庙、先师庙、关帝庙、城隍庙等用白纸黄边，贤良祠、昭忠祠、奖忠祠、褒忠祠等用白纸。阅示祝版仪式都是在黎明时分，预先要由钦天监预报日出时刻，以便在日出之前进行。皇帝由寝宫乘肩舆至中和殿升御座。掌管祭祀的太常寺官员手捧黄包袱里的祝版进入，由太常寺卿将祝版恭放在中和殿黄案上，赞礼官将拜垫为皇帝铺设好，请皇帝阅视。皇帝下御座阅视祝文后，在拜垫上行一跪三拜礼。礼成后，太常寺官员将祝版送至祭祀的坛庙。

每年仲春，皇帝要去南城的先农坛行耕耤礼，以示心系稼穑，以表重农之意。耕耤礼前一天，在中和殿阅视祝版和亲耕使用的农具，还有要播撒的种子。第二天皇帝至先农坛行耕耤礼，由户部尚书执耒耜（犁），顺天府尹执鞭，跪进皇帝，皇帝扶耒耜三推，顺天府丞捧装种子的青箱，户部侍郎播种，耆老们随之覆土。演耕完毕，将耒耜和鞭交户部尚书及顺天府尹。皇帝到观耕台坐下观礼，王公以下按班序立。然后，由王公等继续演耕，王公五推，九卿九推，府尹官属执青箱播种，耆老们随之覆土。道光皇帝有一次去先农坛亲耕，快结束时，驾犁车的老牛突然脱了辕轭跑掉了，道光皇帝一笑了之，也并未追责。

玉牒以努尔哈赤的父亲塔克世为本支，称为宗室，入黄册；以塔克世的叔伯兄弟为旁支，称为觉罗，入红册。玉牒以帝系、列祖子孙、列祖女孙三个系统记载皇族繁衍的情况。生者朱笔书写，死者墨笔书写。各记有宗支、房次、封职、姓名、生卒年月日时、母

皇太极朝服像

族姓氏、婚嫁时间、配偶姓氏等。修玉牒前先开设玉牒馆，由宗人府宗令、宗正充任总裁官。顺治、康熙两朝所修玉牒，只有满文文本。雍正元年（1723），增设了汉主事二人，此后玉牒始为满、汉两种文本。玉牒柜由工部承造，宽四尺，长三尺九寸；箱子宽三尺一寸，长一尺九寸。柜子原始高三尺七寸，箱子高六寸，后根据修成玉牒的数量来增高，一般每届依成式增高六寸。箱柜都是杉木材质，黄漆柜子两个，箱子四个；朱漆柜子两个，箱子六个。

玉牒修成后，要举行隆重的恭呈御览仪式。先期，礼部、鸿胪寺官按玉牒卷数设案于中和殿，工部官设彩亭于玉牒馆。届时，王公们朝服齐集太和门外，文武百官朝服集午门外。总裁官、王公、纂修官等在玉牒馆，先将玉牒正副本陈列于彩亭，行三跪九叩礼。行礼后由銮仪卫张黄盖、龙旗、御仗、乐队引领护送至皇宫。总裁以下骑马随行，到天安门外下马；王公至午门外下马。声势浩大的仪仗队伍先在午门接受百官的跪迎，后至太和门接受王公们的跪接。至太和殿阶下，纂修官捧玉牒经由太和殿中门入，到中和殿将玉牒陈放在黄案上；总裁以下官员由太和殿东门入，到中和殿前丹陛上，再一起重行三跪九叩礼，行礼后，总裁官至黄案前将玉牒展开。一切就绪，礼部官员奏请皇帝驾临。皇帝先至中和殿黄案左侧，面西而立，待礼部尚书奏请阅视玉牒，皇帝至中案，面北而立，阅视完毕后，礼成，皇帝还宫。玉牒修成后于皇史宬、宗人府和盛京各收藏一部。

玉牒自顺治十八年（1661）开始，每十年编续一次，在清代共纂修二十六次，民国后到1921年又纂修两次。1921年，逊清皇室最后一次修订的宗室玉牒达到七千页，仅清代宗室记录在册的男性就有十余万人，是世界上最大的一份家族谱系。

中和殿的东西庑房，收储皇帝未付刊刻的朱批奏折。清代的奏折制度始于康熙皇帝，奏折属机密文书，递送过程都是直抵宫中，由内奏事处呈进御览，皇帝朱批后再发回具奏者本人。由于奏折内都是君臣往来的民生政要甚至是体己秘语，所以在康熙后期就有了收缴朱批奏折的制度，只是执行并不严格。雍正皇帝即位后下旨严格完善了此项收缴制度："谕总理事务王大臣、军前将军，各省督抚，将军、提镇等处，所有皇考朱批谕旨，俱著敬谨封固进呈。若抄写、存留、隐匿、焚弃，日后发觉，断不宽宥，定行从重治罪。京师满汉大臣官员，凡一切事件有皇考朱批谕旨亦俱著敬谨封固进呈。目今若不查取，日后倘有不肖之徒捏造行事并无证据，于皇考圣治大有关系。嗣后朕亲批密旨亦著缴进，不可抄写留存。"[1]所有朱批奏折，每年年底都要统一回缴。由于奏折上很多都是君臣之间的私房话，比较随意，有时是一些真情流露的性情之语，流散在外难保不落人口实成为别有用心的把柄，因此对于私藏朱批奏折的惩处非常严厉。雍正元年（1723）正月，苏州织造李煦被查处抄家，因李煦的母亲是康熙皇帝的乳母，所以康熙皇帝与李煦的关系相当亲密。在抄检其家时检出君臣二人往来奏折有六百余件，成为他的另一条罪状。不仅藏匿，包庇也是重罪。雍正六年（1728），都统伯四格因未查验参奏贝勒苏努（努尔哈赤四世孙）隐匿奏折而被处斩监候并牵连继任马尔萨。雍正六年十二月起居注载："……又刑部等衙门议原任镶红旗满洲都统伯四格将苏努隐圣祖朱批折子不行查参，接任都统马尔萨自署马群总管回时并不查参，显系庇党营私，均应拟斩监候秋后处决……"后来查出马尔萨实属冤枉，遂予以赦免。

保和殿

　　保和殿，明初称谨身殿，后称建极殿，清称保和殿。面阔九间，进深五间。黄琉璃瓦重檐歇山顶，金龙和玺彩画。殿内额匾为"皇建有极"，语出自《尚书·洪范》"皇建其有极"。皇，大也；极，中也。意为君王建立政事要有中道，而这个中道即是天下的最高准则。联对为"祖训昭垂，我后嗣子孙，尚克钦承有永；天心降鉴，惟万方臣庶，当思容保无疆"。保和殿采用了"减柱造"法式，将殿内前面的六根大柱减去，使殿内的空间豁然开朗。

　　明代，皇帝举行典礼前在谨身殿更换礼服。皇帝的实录和圣训修成后，恭进御览的典礼在此举行。除夕和正月十五在这里宴请外藩王和蒙古王公。宴会结束后，执事人员可以任取糕饼果酒，谓之"抢宴"。公主出嫁也在此宴请驸马。乾隆五十四年（1789），原来在太和殿举行的殿试改在保和殿举行。

　　殿试是科举的最高一级考试，是国家选拔官员的一种重要形式。明清每三年举行一次。一个童生要经过县试、府试、院试取得生员资格，经乡试中举人，再经会试得取贡生，最后参加殿试。殿试的考题由皇帝钦点的读卷大臣先拟，再进呈皇帝御览钦定，由读卷大臣捧至内阁，密行刊刻，内阁外有护军统领带领护军校守卫。先期，鸿胪寺官员设黄案于保和殿内东旁和殿外丹陛正中，光禄寺安排试桌于殿内，将贡士名次贴在试桌上。殿试之日，考题由内阁官员捧至殿内黄案上，礼部、鸿胪寺官引贡士由午门两掖门入，至保和殿前。读卷执事官于丹陛两旁排立，内阁大学士将试题捧出，礼部官员跪受，放于殿外的黄案上。读卷执事官员与诸贡士行三跪九叩礼，然后贡士跪接试题。鸿胪寺官带领贡士各赴试桌对策，以日落时为

保和殿内景

限。殿试结束后，在太和殿东侧的中左门弥封试卷，放入箱中，交由收掌官送阅卷大臣公阅。阅卷完毕，阅卷大臣拟定前十名的卷子，于四月二十四黎明进呈皇帝钦定，由皇帝亲自审阅并钦点名次。读卷大臣将原卷捧出至红本房，前三卷填写一甲第几名，后七卷填写二甲第几名。

　　一般皇帝钦点的名次都和读卷官初拟的名次相同，但也有不尽一致的。乾隆二十六年（1761）辛巳恩科，江苏籍赵翼（字云崧，官至四品兵备道）本列第一、陕西籍王杰列第三名。乾隆皇帝觉得陕西还从未出过状元，遂将二人名次互换，钦点王杰为状元，赵翼为探花。并跟诸臣子解释道："赵翼文自佳，然江浙多状元，无足异，陕西则本朝尚未有，即与一状元，亦不为过耳。"[1] 确实，据清代博明《西斋偶得》记载，清初至乾隆三十六年（1771），共殿试五十一科，其中三十二名状元都是江苏的。据说王杰中状元后，有山东籍学士很不服气，认为选拔有失公允，便出对联挑衅王杰："孔子圣，孟子贤，自古文章出齐鲁。"王杰当即对答道："文王昭，武王穆，而今道统在西秦。"由此大家再无异辞。王杰入朝后也不负乾隆皇帝所望，忠清劲直，老成端谨，官至内阁大学士、上书房总师傅，教导当时尚为皇子的嘉庆帝极为严格。嘉庆皇帝即位后也对其深为倚重，王杰去世后，嘉庆皇帝追赠其为太子太师，谥号文端，祀于北京贤良祠。

　　王杰中状元得益于他的籍贯，还有一位状元的取得完全是因为名字起得好。光绪三十年（1904）甲辰科是清代最后一场殿试，时光绪皇帝已遭慈禧太后软禁，所以钦定名次之事由慈禧太后主持。

1　清·钱泳《履园丛话》。

当时拟定的一甲第一名是广东的朱汝珍，直隶河间的刘春霖位列第二。因连年大旱，慈禧见其名字即心生欢喜，认为是上天欲降甘霖的吉兆，遂将二人名次置换，定刘春霖为状元，朱汝珍为榜眼。

清代殿试，正科加上恩科共举行过一百一十二次，却出过一百一十四名状元。因为清初科举，顺治九年（1652）的壬辰科和十二年（1655）的乙未科曾实行满汉分榜制，所以这两科都有满汉两个状元。后改为满汉同榜，但满人终究无法和汉人的文化底蕴和实力相抗衡，因此在之后的二百余年间，状元、榜眼、探花这三个光宗耀祖的头衔皆被汉人取得。然而，同治四年（1865）乙丑科的状元却破例被旗人崇绮夺去，引起朝野轰动。殿试结束后，前十名的考卷照例交由皇帝钦点，但当时同治皇帝只有十岁，一切都由慈禧、慈安两宫太后做主。因为试卷在送至御前时都是弥封的，等两宫太后拆开弥封一看，发现名列第一的崇绮竟是个旗人。事情有些麻烦，因为二百多年来还没有点过满人的状元。据说在太后们犹豫时，小皇帝则把前三名的卷子卷起来，丢进一个大筒，闭着眼睛摸了三次，结果都是崇绮，小皇帝于是嚷着要点崇绮的状元。太后们怕此事处理不当会引发矛盾，就让读卷大臣和军机大臣将卷子拿下去商议。商议的结果是只论文字，无分旗汉。太后们见众议如此，遂定了崇绮的状元。崇绮后来还成了同治皇帝的老丈人，这位状元公身兼国丈，官至盛京将军、户部尚书、赐三等承恩公，名重一时。

殿试之后还有朝考，第一名谓之朝元。朝考于传胪后三日在保和殿举行，主要考试奏论、诗、赋等。朝考后授官职，一等用为庶吉士，次等分别用为主事、中书和知县。一甲进士的考卷弥封，不经阅卷大臣直接交由皇帝亲阅。一般朝考会由皇帝亲自拟定一道考题，乾隆五十八年（1793），乾隆皇帝本来拟定的朝考题目是《稽古》，结果写的时候误作《积古》，也难怪，此时的乾隆皇帝已经八十二岁高龄，可是他还是写下了《笔误识过》进行自我修省："昨朝考之题于三月即拟定亲书封识，清晨连封发交监视王大臣以试诸士，可谓谨密之极矣。乃今日阅卷诸臣定等呈览视之，其疏题则积古也，积古不见于经文，乃憬然而悟曰：'本拟稽古而予笔误稽为积'。监试诸臣见不及此而未请旨，是诸士子之误，皆予一人之误也。夫试题一字之误亦何关要，然使政之是非、人之生死亦如此误书乎？且予误而无人敢言，则诸事业胜其弊将不可胜言矣。书以自责用戒，后此朱笔之慎也。予更思之稽古固出于典谟，但稽者考也，稽在人而古在古，犹有彼此之分焉。至积则聚也，稽而聚古于心，施于言行播为政治，而非徒资博雅之为不亦宜乎，诸士子并未言及此，是以申而论之，然总类饰非文过之辞，益重吾过而已耳。"[1]

朝廷对大臣的例行考试也在保和殿举行。大考分四等，如果列入三等，即可被降职或罚俸，列入四等就有被罢职的危险。故相传有翰林怕大考之说，并有嘲讽诗写道："金顶朝珠褂子貂，神仙终日乐逍遥。忽闻大考魂俱掉，任是神仙也不饶。"

清初，保和殿还是皇帝的寝宫。顺治和康熙皇帝都曾经住在这里。顺治元年（1644）九月，六岁的顺治皇帝与母亲孝庄太后住进了紫禁城里的乾清宫。但乾清宫此时也已非常衰败，所以在顺治二年（1645）五月开始修葺保和殿，以预备顺治皇帝居住。顺治三年（1646）十二月，保和殿整修完工，改名位育宫，"位育"语出《中庸》："致中和，天地位焉，万物育焉。"当年，不到十岁的小皇帝搬进此宫，一住就是十年。顺治八年（1651）八月，十四岁的顺

---

1 《清高宗御制文三集》卷十四之《笔误识过》。

治皇帝大婚，就以此为洞房。顺治十三年（1656）七月，乾清宫重建完工，顺治皇帝才从位育宫移居乾清宫。据《清世祖实录》中载，顺治皇帝大婚时，皇太后（孝庄）乘辇出宫，从协和门进入到达金水桥前，凤辇经由中间御路到太和门，顺治皇帝步行至太和门迎接，伴迎皇太后从太和殿穿过到达位育宫。明清两代，除去帝后大婚典礼，在三大殿出现女性身影的记载，这是唯一的一次。

康熙皇帝即位后也在保和殿居住了八年之久，并改殿名为清宁宫。当时的三藩、河务、漕运是最让少年皇帝忧心的事情，他将三事的大略书于纸上，悬于清宁宫的宫柱上，以期日夜警醒之意。康熙八年（1669）因维修太和殿，康熙皇帝搬到了武英殿暂居，一年后回到乾清宫定居。

体仁阁与弘义阁

体仁阁在清代曾举行过博学鸿词科。清代前期，一些满腹经纶的博学鸿儒以明朝的遗民自居，拒绝参加科举考试，不愿为清廷效力。康熙皇帝鉴于此，特开博学鸿词科，让各地举荐人才，汇集到京师。皇帝在体仁阁亲赐御宴，然后临轩命题。康熙十八年（1679）的首次博学鸿词科，全国各地的一百三十一名学者到京应试，康熙皇帝亲擢五十人，都授予翰林，入明史馆修《明史》。

体仁阁在乾隆以后作为缎库使用，属内务府广储司管理。收储纱、绸、缎、锦等上用布匹。据《钦定总管内务府现行则例·广储司》载：乾隆十七年，约计一年需用上用妆缎一百余匹，官用妆缎二三十匹，俱由织造承办。三十一年，苏州织造办解布匹二三万匹，山西省潞安府高平、长治二县每年交送各色大潞绸一百匹，小潞绸三百匹，由工部转送缎库。由于库存量年有累积，布料又不耐久，所以定期还要清减库存。比如《清雍正十二年十二月总管内务府和硕亲王等折》：缎库所贮之高丽布三万匹，奏准交于买卖人马成龙领卖，领买价银两万二千八百八十余两。《清乾隆三十一年十二月总管内务府折》：缎库除存留贮库颜色鲜明之龙蟒妆片、闪倭缎、纱、绸、绫等项六万四千一百七十七匹以备应用外，其有风渍、落色、糙旧之龙蟒妆片、闪倭缎、纱、宫绸、宁绸及绫、纺、丝、杭细、葛布、手帕等项二万一百七十二匹件，照乾隆十六年变价之例，令商人估值银六万七千一百九十四两四钱。赏限四年，按照市平交纳广储司银库。折后清单还附有细目：缎最高者上用龙缎，每匹银二十四两，最低者彭缎，每匹银三两。纱最高者龙纱，每匹银十五两，最低者硬纱，每匹银一两五钱。绸最高者宫绸，每匹银十五两，最低者绵绸，每匹银七钱。其绫、罗、锦、纺、丝、杭细、葛等，每匹高则银数两，低则银数钱。

体仁阁还储有太后、皇后、贵妃受封的册印。嘉庆皇帝将前任皇帝的甲胄也供奉在这里，以昭示后世子孙勿忘武备。有清太宗皇太极的绣蓝云缎甲胄一份；世祖顺治皇帝的珊瑚镀金玲珑棉甲一副，东珠金累丝胄一顶；圣祖康熙皇帝的东珠金刚石金累丝棉甲一副，东珠金累丝胄一顶；世宗雍正皇帝的珍珠宝石棉甲一副，碧珽玒宝石胄一顶；高宗乾隆皇帝的东珠金累丝甲胄一份。

体仁阁之南的庑房为武备院四库：甲库、毡库、北鞍库和南鞍库。甲库收储盔甲、刀枪、旗帜等，毡库收储弓箭、鞋靴、毡条等，北鞍库收储皇帝御用鞍辔、伞盖、帐房、凉棚等，南鞍库收储官用的鞍辔、各类动物毛皮、雨缨等物项。

弘义阁在清代是皇家的银库，收存有金、银、珠宝、玉器、松石、玛瑙、金银器皿等。据乾隆四十二年（1777）五月的《内务府奏销档》载：清查银库黄册，实存头等金至六成金七项，重一万九千零三十五两一钱六分。不计成色并自成螺形生金二项，重五百八十六两八钱。银一百二十九万八千五百七十三两三钱四厘。匣内头等东珠至五等无光黑东珠等，共五万三千七百九十一颗。大小珍珠共十三万五千四百十一颗，各色大小碧珽玜四万二千三百二十六块。

清朝大臣孙嘉淦以耿介直谏而出名，历经康熙、雍正、乾隆三朝，官至工部尚书、协办大学士。《啸亭杂录》上载，孙嘉淦任国子监祭酒时，有一次向雍正皇帝推荐一位教习，皇帝不想任用，孙嘉淦力争。雍正皇帝生气地把御笔扔给他说："汝书保状来！"他拿起笔就真要写，旁边有大学士赶紧制止他："汝敢动用御笔耶？"孙嘉淦反应过来，慌忙奉笔叩头谢罪。气头上的皇帝命人将其绑缚下狱，拟斩。后来消了气，又对左右说："孙嘉淦太戆，然不爱钱，可银库上行走。"遂将其放出，发往银库上效力。当时总理户部的是果亲王允礼，他认为孙嘉淦被降职到银库服事，一定心怀愤懑，又听说他喜沽名钓誉，因此有一日到银库突袭检查。他进入银库，看到孙嘉淦伛偻着身子搬运、称量、记账一丝不苟。果亲王又命将他称量收入的银子重新称兑，无丝毫盈绌。后果亲王向皇帝汇报此事，皇帝也深敬之，复起任河东盐政。

| 左辅右弼 |
文华武英

三大殿的左辅右弼是文华殿与武英殿，两组建筑都是由门、配殿、廊庑组成的矩形院落。

文华殿

文华殿区四周环以红墙，前殿文华殿与后殿主敬殿建于工字形台基之上。前有露台直通文华门。露台和御路均高 1.5 米，灰砖砌成，上铺条石。文华殿前原有藏书的文渊阁，明末时殿阁都毁于火。康熙二十二年（1683），依旧制重建文华殿，二十四年（1685）建传心殿，乾隆三十九年（1774）在文华殿北建文渊阁。

文华门面阔五间，开三门，基座以灰砖砌成，上铺条石，黄琉璃瓦歇山顶。文华殿面阔五间，进深三间，黄琉璃瓦歇山顶，金龙和玺彩画。后殿主敬殿与文华殿规制相同，只是进深稍浅。东配殿为本仁殿，西配殿为集义殿。

文华殿在明代初建时本是为太子准备的，供太子读书以及即位前习学政务，所以用的是绿色的琉璃瓦顶，嘉靖重修时改用黄色琉璃瓦，并作为皇帝举行经筵的地方。明清两代的经筵都在春秋两季举行，由大学士、尚书等充任讲官，讲解四书五经等儒家典籍。大臣进讲后，皇帝赐茶赐宴，故称经筵。

明代的万历皇帝九岁登基，此后十年间，在母亲慈圣皇太后的督促和首辅张居正的监督下，除了临朝听政，每天都要到文华殿听讲读书。张居正为小皇帝拟定了上朝与日讲的日程表，每月逢三、六、九上朝，其余是日讲，就是上课。除大寒大暑等特殊天气，日讲一概不能停止。在他的《日讲仪注八条》里，我们可以看到小皇帝的课程安排：每日晨起早饭后即赴文华殿，第一节课是先读《大学》十遍，次读《尚书》十遍，讲官各随进讲，讲毕退出。课间休息时，阅读司礼监呈上的各衙门章奏，不明白的随时召唤在厢房等候为皇帝解读的官员进内咨询。第二节课是正字课，小皇帝须工工整整写字若干幅，由正字官指点，接受他们的指正。第三节课是讲读《资治通鉴》，借鉴君主统治经验，探求历代王朝兴衰。三节课上完，已是中午，用罢午膳，皇帝起驾还宫，一天的日讲结束。就是上朝没有日讲，小皇帝也仍须温习经书或习字。除了日讲，还有春秋两季的经筵。春讲自二月十二日始至五月初二止，逢二进行；秋讲，自八月十二日始至十月初二止，共十五次。经筵主要讲解"四书"和"五经"。万历皇帝的母亲李太后对其管束极为严格，每逢经筵日讲之后，总要求他对自己复述一遍，如遇到要求背诵他却没能背下的，就要受到训斥，甚至会罚跪惩戒。

也许是前期的教育太过严苛，不给小皇帝喘息的机会，造成万历皇帝后期极大的反弹和逆反。他亲政后，从万历十七年（1589）直到万历四十八年（1620）去世，创下了三十年不出宫门、不上朝、不接见大臣、不祭祀宗庙、不批示奏章、不听经筵讲座的历史纪录。在此期间仅有两次出现在群臣面前，一次是万历二十四年（1596）八月为仁圣懿安皇太后（穆宗的陈皇后）上谥号，另一次是万历二十八年（1600）十二月御午门城楼受俘。

实录载万历皇帝："天表严重，广颡丰颐，龙行虎视，目光四射，指顾生威。"[1]而且虽然年纪小但非常有主见。他刚即位时，辅臣来报说文华殿角门柱础上忽现"天下太平"字迹，而且擦之不掉，以为祥瑞请他去临视。一般九岁的孩童正是天真烂漫之际，见此祥瑞该做欢欣鼓舞状，而他却并不高兴，很冷静地说："此伪也，从来天书之伪善惑人主也。"[2]对于经筵必讲的《贞观政要》他也持不同意见，认为唐太宗胁父弑兄，家法不正；又指人皆称颂的贤臣魏徵

1、2 《大明神宗显皇帝实录》卷一。

是先事李密，再事太子建成，后事太宗，事仇忘君，是非忠非贤之辈。

文华殿在明代还是皇帝修省之地，嘉靖十六年（1537）在此建木质小屋一座，名省愆居，以木为通透之基，离地三尺有余。若国家发生各种灾难，皇帝居此陋室进行自我反省。

清沿明制在文华殿举行经筵，但履行仪式更为严谨。康熙皇帝不仅是经筵忠实的践行者，同时还将太子的日讲也设在了文华殿。康熙时太子允礽六岁即在父皇为其修建的太子宫毓庆宫读书，从十四岁开始每日到文华殿读书听讲。康熙皇帝为其钦定讲官五人，并特召江宁巡抚都御史汤斌回京，授礼部尚书负责教习太子。据《曝书杂记》中的汤斌记述："皇太子自六岁读书，至今八载，未尝间断一日。字画端楷，在欧虞之间，每张俱经上朱笔圈点，改正后判曰。每月一册，每年一匣。今出阁之后，每早上亲背书，背书罢，上御门听政，皇太子即出讲书，即至上前，问所讲大义，其讲即用上日讲原文，不烦更作。自古来帝王教太子之勤，未有如今日者也。"胤礽的生母孝诚仁皇后生他时难产而死，她是康熙皇帝的第一任皇后，结发之妻，与康熙感情很好。胤礽一岁半即被册立为太子，在他的身上寄托着康熙皇帝对发妻深深的追念。在胤礽的成长时期，康熙皇帝可以说倾尽了精力和心血来培养，而最后，胤礽还是辜负了父皇的厚望，这也可以理解当康熙皇帝做出废太子的决定时，何以伏地痛哭，在群臣面前大失仪态了。

文华殿后为文渊阁，仿浙江宁波天一阁，为典藏《四库全书》而建，是宫中最大的藏书处。从外观上看，文渊阁是两层，但里面是三层，在上层楼板下的空间，以回廊的形式又加了一层。面阔五间，加上西头的楼梯间，共六间，进深三间，底层前后均出廊檐。前檐两山各有券门，门上覆绿色琉璃垂花门罩。阁的台基用城砖垒砌，上铺

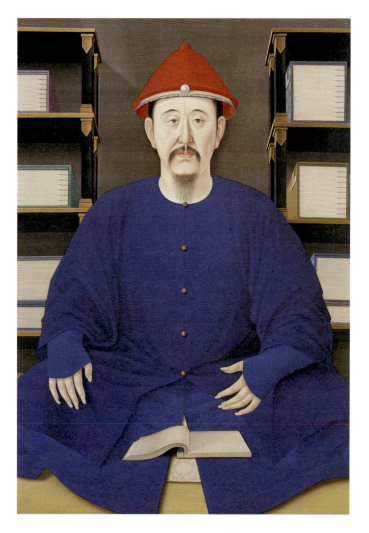

康熙帝读书像

条石，两山平直的清水墙面磨砖对缝。屋顶为黑琉璃瓦歇山顶，绿琉璃瓦剪边，正脊以绿琉璃为海水状，紫琉璃为游龙，间以白琉璃为波浪纹。整个文渊阁的装修以黑、绿两色为主，黑色属水，以寓克火之意。

文渊阁前有一方水池，上跨石拱桥，雕栏玉砌。阁后是一脉青石叠山，绵延起伏，洞壑相连。围绕文渊阁的台基，散点着湖石。院中苍郁的松柏，清幽的池水，雄浑的叠山，营造出一派深邃幽静的园林氛围。

《四库全书》是中国古代最大的一部丛书，分经部、史部、子部、集部，故名"四库"。自乾隆三十八年（1773）开始，至乾隆四十七年（1782），历时九年完成了第一部，后又抄录六部，于乾隆五十七年（1792）全部完成。分储于紫禁城的文渊阁、圆明园的文源阁、热河的文津阁、盛京的文溯阁、镇江金山的文淙阁、扬州的文汇阁和杭州的文澜阁。全书共计七万九千三百卷，三万六千册，六千七百五十函，约九亿九千七百万字。《四库全书》以丝绢作封面，经部用黄色，史部用红色，子部用蓝色，集部用灰色，每部以香楠木两片上下夹之，分贮于楠木书匣中。

清代经筵礼成后，在文华殿东西配殿赐茶赐宴，文渊阁建成后，阁内赐茶成为定例。乾隆四十七年，《四库全书》第一部缮录完成入藏文渊阁，是年二月初二，已逾古稀的乾隆皇帝深以此功绩为喜，特在文渊阁赐宴总裁、总纂、总校、分校等纂修官员，并颁赐如意、笔墨纸砚等物。

《四库全书》的正总裁官和珅以贪腐而著称，被称为大清朝第一贪官，嘉庆皇帝即位后以擅权、贪污、违制等二十项大罪赐其自尽，家产被查抄入官。在乾隆时期，和珅是权倾朝野、最为炙手可热的

人物。从和珅辉煌的任职履历可以看出，乾隆皇帝对他是多么宠幸和倚赖。和珅（1750—1799），原名善保，字致斋。满洲正红旗人，钮祜禄氏。咸安宫官学生出身，乾隆三十四年（1769）承袭三等轻车都尉世职（十九岁）。乾隆三十七年（1772）授上虞备用处侍卫，后为銮仪卫侍卫（二十二岁）。乾隆四十年（1775）为乾清门御前侍卫，兼副都统（二十五岁）。次年正月，升为户部侍郎（二十六岁），三月升军机大臣，四月兼内务府大臣，八月调任镶黄旗副都统，十一月充国史馆副总裁（正一品），十二月后总管内务府三旗官兵事宜，赐紫禁城骑马，全家抬旗入正黄旗旗籍。乾隆四十二年（1777）六月调任户部左侍郎兼吏部右侍郎，十月兼步军统领（二十七岁）。乾隆四十三年（1778）春，兼任崇文门税务总管、行营事务总管，补镶蓝旗满洲都统，六月后授正白旗都统、领侍卫内大臣（二十八岁）。乾隆四十五年（1780）三月授户部尚书、御前大臣、正白旗领侍卫内大臣和议政王大臣（三十岁）。同年十月，任《四库全书》正总裁官，兼任理藩院尚书。乾隆四十六年（1781），兼署兵部尚书、管理户部三库、方略馆总裁（三十一岁）。乾隆四十七年（1782）充经筵讲官，加太子太保，钦定《日下旧闻考》总裁（三十二岁）。乾隆四十八年（1783）充国史馆总裁官、文渊阁提举阁事、清字经馆总裁（三十三岁）。乾隆四十九年（1784）七月，授轻车都尉世职，协办大学士、吏部尚书兼管户部，九月授一等男，同时兼任正白旗、镶蓝旗都统（三十四岁）。乾隆五十一年（1786）七月授文华殿大学士，兼管户部（三十六岁）。乾隆五十三年（1788）因镇压台湾林爽文起义有功获封三等忠襄伯（三十八岁）。乾隆五十四年（1789）至乾隆五十八年（1793）里，又陆续兼任庶吉士馆教习、石经馆总裁、翰林院掌院学士，主管太医院和御药房。嘉庆三年（1798）正月充

大學士三等忠襄伯和珅
承訓書諭藎邁清漢旁
年軍書惟明且劭平蓬
拉爾六賚特戎賜尋勵
忠竟成圇翰

和珅

赞襄机务大臣，兼管吏、户、刑三大部部务。身兼数职的和珅不仅是乾隆皇帝的体己臣子，还是儿女亲家，乾隆四十五年（1780）四月，乾隆皇帝将最心爱的小女儿和孝固伦公主指配给了和珅的长子丰绅殷德。据说有一次乾隆皇帝带着尚未出嫁的和孝固伦公主同和珅一起逛同乐园的买卖街，小公主看上了一袭红色的夹衫，要价二十多两金子，乾隆皇帝不给女儿买，而是笑指着和珅说，可以向你丈人要，和珅赶紧出钱买下红衣送给了公主。

和珅见宠于乾隆皇帝，据说始于他做銮仪卫侍卫时。当时他和众侍卫扈从皇帝御辇而行，在轿中的乾隆皇帝正阅读奏报，看到一名在押犯逃脱，他非常生气地自语道："虎兕出于柙！"众侍卫听后面面相觑，不知皇帝是什么意思。和珅就说："爷谓典守者不能辞其责也。""虎兕出于柙，龟玉毁于椟中，是谁之过与？"语出《论语》，意思是老虎和犀牛从笼子里跑出来，龟甲（占卜用）和玉器（祭祀用）在匣子里毁坏，这是谁的过错呢？本意即指是监守者的责任，乾隆皇帝引用这句话就是认为看守的人没有尽到职责。乾隆皇帝发现这个年轻的侍卫，不但白皙英俊，而且谈吐修养不俗，四书五经皆通达，由此对其升擢不断。和珅自身的修为也颇为全面，他精通满、汉、蒙、藏四种文字，奉旨书谕都皆称皇帝之意。由于常伴皇帝左右，他对乾隆皇帝的脾气秉性、爱好习惯都非常熟悉，尤其在乾隆皇帝晚年，口齿表达有时不够清晰，连嘉庆皇帝都不知道父皇在说些什么，还需要和珅在侧为其"翻译"。乾隆皇帝喜欢吟诗作赋，和珅在这方面悟性禀赋也颇佳，曾有《嘉乐堂诗集》传世。嘉庆四年（1799）正月初三，八十九岁高龄的乾隆皇帝在养心殿寿终正寝。正月十三和珅即被下狱，两天后是元宵节，和珅在狱中写下《上元夜狱中对月两首》诗："夜色明如许，嗟令困不伸。百年原是梦，廿载枉劳

神。室暗难挨晓，墙高不见春。星辰环冷月，缧绁泣孤臣。对景伤前事，怀才误此身。余生料无几，空负九重仁。""今夕是何夕，元宵又一春。可怜此月夜，分外照愁人。思与更俱永，恩随节共新。圣明幽隐烛，缧绁有孤臣。"词句哀而不怨，只有深深的宿命感叹。正月十八，嘉庆皇帝旨令和珅自尽，看到白绫的和珅提笔写下了绝命诗："五十年来梦幻真，今朝撒手谢红尘。他日水泛含龙日，留取香烟是后身。"实际上这一年他还未满四十九岁。

文华殿东跨院为传心殿，院内南北轴线上有殿宇三座，南端五间为治牲所，中间三间为景行门，北为正殿传心殿，面阔五间，进深三间，黄琉璃瓦硬山顶，旋子彩画。这组建筑没有正门，只在院东部和西部各开一个角门，西角门通往文华殿前庭。

传心殿内正中供皇师伏羲、神农、轩辕，帝师唐尧、虞舜、王师夏禹、商汤、周文王、周武王南向，东为先圣周公，西为先师孔子。皇帝举行经筵前一天，要遣官到此告祭。乾隆、嘉庆、道光、咸丰皇帝都曾亲自到传心殿祭告行礼。

传心殿院内有一口大庖井，井上有方亭，黄琉璃瓦卷棚盝顶，上开方洞。大庖井井水甘洌，水质仅次于被乾隆皇帝誉为"天下第一泉"的玉泉山之山泉。顺治年间曾规定，每年十月在井前祭祀司井之神。据传紫禁城初建时，凿有水井七十二眼，以象征七十二地煞。如今这些水井大都枯竭了，只有这口大庖井，依然溢满晶莹甘甜的井水。

武英殿

武英殿建筑群三面环以红墙，殿前有内金水河流过，上跨石桥三座，汉白玉石栏杆。武英殿与后殿敬思殿坐落在高台上，前有露台，露台前是与武英门相连的御路，均高出地面 1.5 米，雕石须弥座，白石栏杆及螭首。康熙二十二年（1683）重建文华殿时，是参照了武英殿的形制，所以文华殿和武英殿极为相似。

武英门形制与文华门相仿，五开间，启三门。白石台基为雕石须弥座，上为汉白玉石栏杆。武英殿面阔五间，进深三间，黄琉璃瓦歇山顶，金龙和玺彩画。敬思殿与武英殿形制相同，只是进深略浅。东配殿为凝道殿，西配殿为焕章殿，均为五开间，黄琉璃瓦悬山顶。东北角的恒寿斋，面阔五间，黄琉璃瓦硬山顶，是缮校四库全书的大臣的值房。西北角的浴德堂，面阔三间，黄琉璃瓦卷棚悬山顶，清代为修书处。

闲闲慢慢行故宫 ｜ 巍巍殿堂 王气所藏

武英殿在明代是皇帝斋居和召见大臣的地方，永乐二年（1404）三月，朱棣在武英殿接见大臣，与臣子们讨论起用人之道说："人君进一人退一人皆不苟，必须压服众心。若进一人而天下皆知其善，则谁不为善？退一人而天下皆知其恶，则谁敢为恶？无善而进是出私爱，无恶而退是出私恶。徇私而行，将何以服天下？"[1] 认为皇帝用人应出于一片公心，不应以一己好恶为标准。明代晚期，武英殿曾作为命妇朝见皇后的场所，天启皇帝的懿安皇后、崇祯皇帝的周皇后生日都曾在此接受命妇的朝贺。明末农民起义领袖李自成，于崇祯十七年（1644）三月十九破城入宫，即居武英殿。四月二十七在此匆匆举行了登基称帝的典礼后，迫于明军吴三桂和清军多尔衮的强大攻势，于第二天仓皇弃城离去。

五月初二，多尔衮率清军兵不血刃长驱直入京城，明朝的文武百官甚至摆出了皇帝的卤簿仪仗在朝阳门外跪接多尔衮大军。多尔衮开始坚辞不受，认为自己是效法周公辅佐侄子周成王理政，不是皇帝，不应该使用皇帝的仪仗。在明臣们一致的坚持下，多尔衮才登上了御辇，在隆重的仪仗护持下浩荡地进入了紫禁城。九月十九，顺治皇帝进京，由永定门入大清门，至承天门（天安门）外金水桥，文武百官列道左右跪接，迎驾至武英殿。十月初一，顺治皇帝在太和门颁诏天下并行颁朔之礼，以示正式定鼎燕京。

清康熙十九年（1680）以后，这里成为宫廷修书处，所刻印的书籍称为"殿版"。在此刻印的书籍主要是方略和历朝圣训和经史类，康熙二十一年（1682）平定三藩之后，编纂《平定三逆方略》，此后凡遇军政大事都要奉旨详细记载，编纂刊印，并为此成立了方略

---

1 《大明太宗文皇帝实录》卷二十九。

浴德堂穹顶外景／上

浴德堂内景／下

馆（武英殿墙垣后）。武英殿刊印的书籍，主要用于内廷收藏，收贮于后殿敬思殿。有时会颁赐给臣子，被视为莫大的恩礼。

《钦定古今图书集成》也是在武英殿刊刻完成的。该书由康熙皇帝钦赐书名，雍正皇帝写序，因此称为"钦定"。开始编纂于康熙四十年（1701），印制完成于雍正六年（1728），历时两朝二十八年，一万余卷。举凡天文地理、人伦规范、文史哲学、自然艺术、经济政治、教育科举、农桑渔牧、医药良方、百家考工等无所不包，被称为古代百科全书，与《永乐大典》和《四库全书》并列为中国古代三部皇家巨制。该书用铜活字版印成六十四部，于乾清宫、皇极殿、文渊阁、重华宫各贮存一部，收贮《四库全书》的其他六阁各储一部。

浴德堂的后室是一座形制非常特殊的建筑，《钦定日下旧闻考》在叙述了浴德堂后，是这样记载的："浴堂在其后，西为井亭。"浴德堂的东次间后檐辟门，通过一条长约五米的拱券通道，连通了后室的浴堂，通道以白琉璃砖砌出。浴堂很像是一座上圆下方的蒙古包，室内是四米见方的正方形，面积约为十六平方米。上为穹顶，顶中央开一直径六十厘米的采光口，墙壁用白釉琉璃砖砌成，全部拱券结构，没有木头。北墙内埋有金属水管，墙角有泄水口。浴堂北墙外，有水井一眼，上覆井亭，亭筑在两米高的台基上，台上又有一米高的井台，这样水位就被提高了三米。井北有储水槽，水由槽内流入沿墙而筑的石水槽，向东十米有一烧水间，水在这里被加热后，流进浴堂的金属管内。

这座浴堂的使用鲜有文献记载，因此后人对它颇多附会。因为整个浴堂的构造和装修有着浓郁的伊斯兰教的建筑风格，所以有人猜测它是乾隆皇帝特别为其宠爱的回族妃子所建的浴室，而香妃之

香妃像（传）挂屏摹本

说的广泛流传则始于一场在武英殿的展览。1914 年，故宫古物陈列所从沈阳故宫和承德避暑山庄运来一批文物展览，其中有一幅标识为《香妃戎装像》的年轻女子画像在武英殿浴德堂西室展出，该画像下面还附有香妃小传："香妃者，回部王妃也。美姿色，生而体有异香，不假熏沐，国人号之曰香妃，或有称其美于中土者。清高宗闻之，西师之役，嘱将军兆惠一穷其异。回疆既平，兆惠果生得香妃，致之京师，帝命于西内建宝月楼（即今之新华门）居之；楼外建回营，毳幕韦韝，具如西域式。又武英殿之西浴德堂，仿土耳其式建筑，相传亦为香妃沐浴之所。盖帝欲借种种以取悦其意，而稍杀其思乡之念也。讵妃虽被殊眷，终不释然，尝出白刃袖中，示人曰：'国破家亡，死志久决！然决不肯效儿女子汶汶徒死，必得一当，以报故主！'闻者大惊。但帝虽知其不可屈而卒不忍舍也，如是者数年。皇太后微有所闻，屡戒帝弗往，不听。会帝宿斋宫，急召妃入，赐缢死。上图即香妃戎妆画像，佩剑矗立，纠纠有英武之风，一望而知为节烈女子。原本现悬浴德堂，系郎世宁手笔。"这一绘声绘色的描述，将多情君王、佳人烈女、战争宫斗熔为一炉，香艳而悲情，很快风靡于市井之中，并演绎附会成多种版本。

事实上，这幅画像上本无任何题记和标识，只是从承德运回时，当时内务部长朱启钤看到后随口说了一句：大概是香妃吧？此画因此被定名。也许是考虑到观展效应，所以杜撰出这一香妃小传，不想描写过于生动，很快成为脍炙人口的传说。在乾隆皇帝四十二名后妃中，的确有一位回族妃子，名伊帕尔汗，生于雍正十二年（1734）九月十五，回部台吉和札（卓）麦之女。乾隆二十二年（1757），回部大、小和卓发动叛乱，清朝派兵入回疆平叛，伊帕尔汗的叔叔额色尹、哥哥图尔都配合清军参与了剿灭叛乱。乾隆二十四年（1759）平叛之后，叔叔额色尹受封为辅国公，哥哥图尔都受封为一等台吉（仅次于辅国公的爵号），伊帕尔汗由哥哥护送入宫，初封贵人，后晋封为容妃。伊帕尔汗入宫时年已二十六岁，且之前曾婚嫁，但乾隆皇帝对其还是宠遇有加。她在宫中生活了二十八年之久，五十五岁时在圆明园去世，并没有为乾隆皇帝诞育子女。在关于她的零星记载中，只知道她曾随乾隆皇帝东巡和南巡，也经常被皇帝赏赐吃穿用度等物品，而关于她是否体有异香、姿容是否绝世却未见有载述。而且，一个妃子即使再受宠爱，也不会被允许公然违背祖制礼法，到外朝的所在地来沐浴。

据考证，这座浴堂为元代遗物。古代帝王的宫殿必具备庖（庖厨）湢（浴室），文华殿在东，有大庖井，武英殿在西，有浴堂，正合"左庖右湢"之说。永乐皇帝营建紫禁城时，拆毁了元大都宫殿，而这座浴堂因和古礼相符，遂被保留了下来。乾隆皇帝没有为容妃建过浴室，但确实为她建过礼拜堂。乾隆二十四年，为迎接容妃入宫，特在圆明园修建了一座融合中式元素的礼拜堂——方外观。观为两层三间，殿顶是蓝琉璃瓦重檐庑殿顶，楼体外贴回纹大理石贴面，两侧有半圆形石阶通往楼上，大门和楼梯的台阶以青铜铸成。观内两块伊斯兰教的石碑，上刻："奥斯芒爱上帝，上帝爱奥斯芒。""阿利爱上帝，上帝爱阿利。"

明代，武英殿作为皇帝斋居的便殿，沐浴是斋戒的常礼，想必浴室常被使用。清代，浴德堂是修书处，印刷制版装裱，都需要热水和一定的温湿度，浴堂的使用也应非常频繁。现在水井的井栏边有十几道深深的勒痕，非数百年的使用不至于如此。

武英殿周围环境非常优美，美丽的金水河蜿蜒地流经殿前，东边的地势开阔，十八棵古槐，浓荫匝地，姿态苍秀。十八槐南为断虹桥，桥为南北向单孔石券，全长 18.7 米，最宽处 9.2 米。桥面以青石板铺就,两侧的望柱和栏板为汉白玉石。栏板图案雕刻精美细致,图案中心是双龙戏珠,衬以牡丹、荷花、萱花、菊花等十余种花卉。望柱的柱身素净无饰,柱头雕刻成荷叶形状,翻转折叠的叶片上是盛开的荷花,荷花中心上蹲踞着的石狮,姿态各异,雌雄有别。有的昂首挺胸,正襟危坐;有的侧身转首,四顾而望;有的抓耳挠腮,滑稽可笑。雄狮戏耍彩球,雌狮抚弄幼子,小狮子或伏、或翻、或滚,顽皮可爱。这些石狮造型生动,雕工精湛,绝少墨守成规的匠人之气。据考证,此桥也为元代所遗,桥原为三虹,去掉两虹后,仅留下一虹,故名断虹桥。

武英殿北面原为仁智殿,俗称白虎殿,明代大行皇帝的梓宫在此停灵。清代在原址上建内务府公署、造办处。武英殿西原为咸安宫,雍正七年(1729)在宫内设立官学,称咸安宫官学,原址在慈宁宫后面。乾隆十六年(1751)为庆祝乾隆皇帝母亲崇庆皇太后六十大寿,将咸安宫改建作为她祝寿的场所,更名为寿安宫,官学迁出至西华门内尚衣监。但当时的尚衣监已闲置多年,年久失修,所以在乾隆二十五年(1760)在尚衣监西修建咸安宫仍做官学使用。当时的咸安宫是个三进院落,每进院落有正房三间、东西厢房各三间,共二十七间。咸安宫官学是培养八旗子弟的贵族学校,每人吃的米面油粮、用的笔墨纸砚都是公费,每月每人还有二两银子的月例零花钱。清末咸安宫毁于火,只留下了一座咸安门。

1911年溥仪退位后,根据当时签订的《优待皇室条件》,溥仪可以暂居宫禁。后溥仪居住在内廷,外朝归民国北洋政府使用。1913年12月北洋政府内务部筹办古物陈列所,陆续将沈阳故宫及热河行宫文物二十三万余件运抵北京,古物陈列所于1914年2月4日正式成立。古物陈列所成立后,首先确定了武英殿作为展览区域,库房则选定了

紧邻武英殿的咸安宫遗址处。1914年，内务部与外交部协商批准从美国退还的庚子赔款中拨出二十余万元在此修建古物陈列所文物库房，工程自1914年6月开工，历时一年，于1915年6月建成，因所藏荟萃历代青铜、书画、陶瓷、金玉古物之精华，遂定名为"宝蕴楼"。

宝蕴楼是中国近代建成的第一座专门用于文物保护收藏的大型库房，由德国建筑设计师库尔特·罗克格设计建造，堪称最美丽的文物库房。整体设计保留了咸安门，在门北、东、西三面各建一座砖木结构的楼房，楼房为三层，下层为半截露明的地下室。三座楼房均采用大块的城砖砌筑墙身，外墙面的红色涂层一如宫墙。墙上窄长的窗扇都是厚厚的铁质，所有窗户的线脚都饰白色，与红色的墙身形成强烈的反差，鲜明悦目。北楼的正中开门，门外有高大的四柱式雨棚，雨棚上有女儿墙，构成二层的一个室外平台。东西两楼，也在正中开门，但门外雨棚较小，不设柱子。北楼与东西二楼在拐角处，以二层空透的外廊相接，栏杆和廊柱都饰以白色。为了和周围的古建保持和谐，楼房的屋顶模仿了中国古建的四坡式屋顶，只是琉璃的屋顶换成了灰绿两色的片石，石瓦层层叠起，斑驳相间，有若锦鳞一般。宝蕴楼在2015年修缮完毕后作为故宫博物院早期院史陈列展厅使用。

肆

富丽典雅 日精月华

内廷以帝后居住的乾清、交泰、坤宁后三宫为主体，左右各形成一条以太上皇居住的宁寿宫区和以太后太妃居住的慈宁宫区为中心的次要轴线，在两条次要轴线和中轴线之间，是嫔妃居住的东西六宫，以及养心殿，皇子居住的乾东、乾西五所和一些附属建筑。庞大繁杂的内廷，按使用功能的不同，被主从有序地组织起来。各宫殿之间既统一协调，又相得益彰。内廷的建筑装修，兼具皇家的典雅富丽，同时又富有浓郁的生活气息。

前朝后寝
横街分界

保和殿后的横街，是外朝和内廷的分界地，北面正中为内廷的正门乾清门。东为景运门，西为隆宗门，建筑规制相同，都是面阔五间，黄琉璃瓦歇山顶。景运门内南北的朝房分别为宗室王公和九卿待漏室。隆宗门内南面为军机章京值房，北面为军机处。

　　军机处是雍正十年（1732）时设立的，军机大臣由皇帝在满汉大学士、各部尚书、侍郎中特选入值。分军机大臣、军机大臣行走和军机大臣学习行走三级。军机处可以说是皇帝的一个秘书班底，它最重要的职责是"承旨书谕"，皇帝通过军机处将皇权牢固地掌握在自己手中。军机处内有雍正皇帝的"一堂和气"匾额一方，据说是为军机大臣鄂尔泰与张廷玉而题。当时二人同时入值军机处，以政见相左而不睦。同为股肱之臣，雍正皇帝希望两人放下成见，不要水火不容。当时有诗记述此事："一团和气傍中堂，水火调停鄂与张。"据《清稗类钞》上载，两人同官十年，经常"竟日不交一语"，而且张廷玉经常对鄂尔泰"微言讽之"，闹得很不愉快。有一次正值盛夏，鄂尔泰不耐酷暑，遂将官帽脱下，四顾道："此帽置于何所？"张廷玉慢悠悠地说道："还以加之于首为妙。"鄂尔泰为此"不怡者数日"。

　　横街平日戒备森严，王公大臣非奉诏不得擅入。然而，嘉庆十八年（1813）九月十五，一支由陈爽带领的天理教的农民起义军，却从东华门和西华门打到景运门和隆宗门。其中进入隆宗门的一支

队伍甚至迫近了养心殿。当时嘉庆皇帝正在由热河回銮的途中。紫禁城内一片混乱，大臣们张皇失措，有的藏进柜中，有的居然准备车辆，要送后妃出逃。虽然在禁卫军火枪队的镇压下，农民起义军寡不敌众，终告失败，但皇宫禁卫系统的不堪一击和大臣们的洋相百出还是让嘉庆皇帝大为震怒。不但下"罪己诏"做检讨，甚至在二十天后，他的万寿诞辰，还破例不准王公大臣按常规进献如意，因为遇上了这件大不如意之事。

乾清门

内廷的正门乾清门，坐落在汉白玉石台基之上，台前有雕石栏杆，出三陛。面阔五间，进深三间，黄琉璃瓦歇山顶。梁枋饰金龙和玺彩画。门前的八字形琉璃照壁，每座长约 10 米，高 8 米，厚 1.5 米，呈雁翅式对称屹立。下部是高 1.7 米的黄色琉璃砖须弥座，上部是 5 米多高的壁身，沉稳端庄，四角饰牡丹花与菊花，中心由黄绿琉璃雕饰的花篮内，富丽的缠枝宝相花枝繁叶茂，流光溢彩。

乾清门，在清代是皇帝御门听政的地方。皇帝之所以选择在门内而非殿内听政，是秉承了古代天子露天听政的遗俗，认为只有这样才能将勤政之心达于上天。明代的御门听政是在太和门，然终明一代，能坚持听政的皇帝可谓寥寥无几，皇帝对朝政的荒废，致使大权旁落，宦官当道，政废国亡。

清代的康熙皇帝颇以此为鉴，亲政后改御太和门听政为乾清门听政，将御门听政作为常朝制度，且身体力行成为清代御门听政最勤的皇帝。御门听政的内容，一是听部院各衙门官员面奏政事，二是与大学士、学士一起集议处理折本。皇帝通过御门听政决断国家大事，如康熙十二年（1673）裁撤三藩的决议即在此下达。

三藩是指吴三桂、尚可喜、耿精忠。吴三桂、尚可喜以及耿精忠的祖父耿仲明都是降清的明将，曾为清军入关和在中原的立足建下汗马之功。吴三桂以功封平西王，镇守云南；尚可喜封平南王，留镇广东；耿仲明及其子死后，其孙耿精忠袭爵，封靖南王，镇守福建；形成三藩割据之势。三藩各拥重兵，不仅在当地横征暴敛，还以"边疆未靖"为借口，屡屡向清政府索要军费。据顺治十七年（1660）户部所奏，仅云南每年的俸饷就是九百余万两，加上福建、广东两地，共需军饷两千余万两，而当时全国一年的军饷也不过一千七百余万两，出现了"天下财赋，半耗于三藩"的局面，给清政府的财政造成了巨大的压力。三藩势力的不断发展，已经严重威胁到了国家的统一和安全，康熙皇帝下定决心撤藩。时尚可喜上疏请求撤藩，吴三桂、耿精忠为试探皇帝虚实也相继上疏请求撤藩。康熙皇帝召诸大臣至乾清门商议，除户部尚书米思翰和刑部尚书莫洛等少数大臣主张撤藩外，其他大臣都保持了沉默。康熙皇帝则果敢地做出决断："三桂等蓄谋久，不早除之，将养痈成患，今日撤亦反，不撤亦反，不若先发。"[1] 遂下令撤藩。

撤藩令下达后，吴三桂果然举起了反清大旗，于康熙十二年（1673）十一月发动叛乱，不久，靖南王耿精忠，平南王尚可喜之子尚之信，也先后起兵从之，一时长江以南，烽火尽燃。年轻的皇帝坐镇京师，指挥若定。虽然战争的初期，清军在战斗中屡屡失利，但康熙皇帝很快调整了军事政策和部署。他以湖南为主要战场，以

---

1 《清史稿·列传五十六·索额图》。

江西、浙江为东线，以陕西、甘肃、四川为西线，将叛军分割开来，不使之打通一气，各个战场又相互配合支援。同时，采用"剿抚并用"的方针，对吴三桂坚决打击，而对随同叛乱的耿精忠、尚之信则打击与安抚并用，对叛军给予大力的分化和瓦解，逐渐扭转了战争的颓势。虽然平三藩之役历时八年，但终以朝廷的全面胜利而告终。

康熙二十一年（1682）的出兵台湾，以及清军两次反击沙俄侵略的雅克萨之战，都是康熙皇帝在御门听政时做出的决定。康熙三十二年（1693）十一月，大学士等奏请皇帝隔三四日御门听政一次，深知治天下之道在政事之得失的康熙皇帝没有应允，并降旨说："朕听政三十余年，已成常规，不日日御门理事，即觉不安，若隔三四日，恐渐致倦怠，不能始终如一矣。"[1]康熙皇帝对御门听政制度的恪守，对整个清代皇帝的影响都极为深远。

乾清坤宁
后三宫

后三宫与前三殿在组合上极为相似，都建筑在台基之上，且都是在两座矩形的大殿之间建有单檐的亭式建筑，然而正是这种必要的重复、雷同的布局，才创造出了整体的和谐与统一。乾为天，坤为地，清为安宁之意，乾清坤宁，是历代帝王对家国安宁、天下太平的美好祈愿。

乾清宫、交泰殿、坤宁宫依次坐落在一层汉白玉石台基之上，

---

1 《大清圣祖仁皇帝实录》卷一六一。

南端是后三宫的宫门——乾清门，北端是通往御花园的坤宁门，四周有廊庑环绕。廊庑内除南北两座宫门外，共设对称的宫门十座，皆为东西向。乾清宫两庑分别有日精门和月华门，以象征日月，东西六宫分列左右，寓意十二星辰拱卫着后三宫。

后三宫共有三进九个院落。乾清宫是第一进院，东西各有一座朵殿，东为昭仁殿，西为弘德殿，两朵殿前后均有红色的围墙，围成对称的小院。第二进是坤宁宫院子，东西也各一个小院，东暖殿与西暖殿。坤宁宫与坤宁门之间为第三进院落，东西两侧也是红墙围成的小院。这三进院落由南至北依次缩小，每进院落的东西朵殿对称相同，建筑形式、结构都几乎一致，对称和谐。

乾清宫

乾清宫前有矩形的丹墀，丹墀与乾清门之间是一条宽约十米的甬路。丹墀与甬路均为须弥座形式，四周有汉白玉石栏杆，上面是雕刻精美的云龙、云凤望柱。丹墀上陈列有日晷、嘉量、铜龟、铜鹤。丹墀两侧，东西各有一座金亭，东为江山，西为社稷，合称江山社稷，建于顺治十三年（1656）。金殿坐落在汉白玉镂雕的方形石台上，下面的石室南面开门。金殿为铜鎏金质地，顶为重檐，上圆下方。江山社稷亭寓意君王所宝重的唯有家国天下。

乾清宫面阔九间，进深五间，黄琉璃瓦重檐庑殿顶，殿内外梁枋饰金龙和玺彩画，富丽典雅。殿内正中设宝座，上方高悬顺治皇帝的御笔匾额"正大光明"。殿内的两对楹联，前面是乾隆皇帝恭摹康熙皇帝的御笔联："表正万邦，慎厥身修思永；弘敷五典，无

轻民事为艰。"后面是乾隆皇帝的御笔匾："克宽克仁，皇建其有极；惟精惟一，道积于厥躬。"宝座后面的五屏风上是康熙皇帝的集经铭语："惟天聪明，惟圣时宪，惟臣钦若，惟民从乂。首出庶物，万国咸宁。恺悌君子，四方为则。功崇惟志，业广惟勤。知人则哲，安民则惠。"乾清宫的"正大光明"匾后，是放建储匣的地方。从前皇帝确立继承人的方式大都是立嫡长子为太子，嫡长子就是皇后所生的长子。清雍正皇帝鉴于其父康熙皇帝两立两废太子，以至于众皇子大争储位的教训，改显立储为秘密建储。皇帝亲自密写传位诏书，置于"正大光明"匾后。皇帝死后，由顾命大臣取出遗诏，宣告皇位的继承人。

壬寅宫变

乾清宫在明代是皇帝的正式寝宫，嘉靖皇帝就险些在这座寝宫里被勒死。嘉靖二十一年（1542）十月二十凌晨，以杨金英为首的十六名宫女准备趁嘉靖皇帝熟睡时勒死他，她们有的用黄绫抹布蒙住皇帝的脸，有的按住皇帝，有的套上绳套，有的向两边拉紧绳子，但因慌乱之中绳套被杨金英拴成了死结，最终皇帝没有被勒毙。宫女张金莲见势不好，就慌忙跑到坤宁宫去找方皇后。方皇后听后急忙赶来解救，还被其中的宫女打了一拳。很快宫中的太监们赶到将这十几人控制起来。嘉靖皇帝被勒后昏迷不醒，经御医调治后，当天下午一点多才吐出淤血数升后醒转。参与的十六名宫女被严刑拷打之后交代了主谋和作案经过，供出宁嫔王氏是主谋，还牵连到端妃曹氏。《明实录》上载："丁酉，宫婢杨金英等共谋大逆，俟上寝熟，以绳缢之，误为死结，得不殊。有张金莲者，知事不就，走告皇后，后往救，获免。乃命太监张佐、高忠捕讯之。言金英与苏川药、杨玉香、邢翠莲、姚淑翠、杨翠英、关秀梅、刘妙莲、陈菊花、王秀兰亲行弑逆。宁嫔王氏首谋，端妃曹氏时虽不与，然始亦有谋。张金莲事露方告，徐秋花、邓金香、张春景、黄玉莲皆同谋者。诏不分首从，悉磔之于市，仍锉尸枭示，并收斩其族属十人，给付功臣家为奴二十人，财产籍入……[1] 第二天午时，这十五名宫女和另一名应该是被牵连进来的宫女尹翠香，共十六人就在西四牌楼下被凌迟处死，宁嫔和端妃在宫中被处决。至于作案的动机，一说是嘉靖皇帝过于暴虐，宫女们实在不堪忍受杀死他。朝鲜的《李朝实录》上记载："皇帝虽宠宫人，若有微过，多不容恕，辄加棰楚，因此殒命者，多至二百余人。"还有一种说法是，痴迷修道炼丹的嘉靖皇帝用宫人们做红铅丸，而做药的过程极其摧残身心，令宫女们忍无可忍。明人谢肇淛在《五杂俎·物部三》里记载："医家有取红铅之法，择十三四岁童女，美丽端正者，一切病患残疾、声雄发粗及实女无经者俱不用，谨护起居，候其天癸（月经）将至，以罗帛盛之，或以金银为器，入磁盆内，澄如朱砂色，用乌梅水及井水、河水搅澄七度，晒干，合乳粉、辰砂、乳香、秋石等药为末，或用鸡子抱，或用火炼，名'红铅丸'，专治五劳、七伤、虚惫、羸弱诸症。"在"壬寅宫变"之前，嘉靖皇帝确实曾好几次大选宫女，都是些八至十四岁的女子，每次都多达数百人。明人王世贞曾作有《西城宫词》："两角鸦青双箸红，灵犀一点未曾通。自缘身作延年药，憔悴春风雨露中。"为了采集足够的炼丹原料，宫女们被迫服食催经的药物，轻则伤身，重则血崩而亡。不管是暴虐还是炼丹所致，都是宫女们被逼到绝境的反抗之举。嘉靖皇帝经此一劫，乾清宫给他留下了巨大的阴影，他再也不肯住在这

---

1 《大明世宗肃皇帝实录》卷二六七。

里，遂搬去了西苑的万寿宫居住，直到嘉靖四十五年（1566）十二月十四，病危的嘉靖皇帝才回到乾清宫，并于当日病逝于此。

红丸案与移宫案　　明光宗泰昌皇帝朱常洛即位后仅短短一个月，即以三十八岁的盛龄崩逝于乾清宫，一时震惊朝野内外，流言纷传，因其死前曾服用了鸿胪寺丞李可灼进呈的红色丹药，故这一扑朔迷离又无定论的事件后世称之为红丸案。

朱常洛的父亲万历皇帝一直不喜欢他，用厌弃也不为过。因其生母王氏地位卑微，只是服侍太后的一名宫女，万历皇帝去母后处请安时偶尔临幸生下了他。万历皇帝对这个长子的孕育毫无欢欣之情，甚至引以为耻，一度抵赖不肯承认他。幸得同样是宫女出身的太后的全力维护，拿出《内起居注》力证朱常洛的龙脉血统，面对自己的详细行止记载，万历皇帝只能无语默认了，但是你只能强迫他承认，不能强迫他喜欢，终朱常洛一生，都未能见爱于父皇。在万历皇帝宠爱的郑贵妃生下儿子朱常洵后，万历皇帝更是一度想立此子为太子，并由此和大臣们展开了一场长达十五年之久的国本之争，当然最终在朝臣的力谏和太后的干预下，朱常洛在二十岁时被册立为太子，但是不被承认不被喜爱的挫折感一直伴随着他。

在父亲经年的冷遇厌弃之后，三十八岁的朱常洛终于登上了皇帝的宝座，然而在登基大典后仅十天，也就是泰昌元年（1620）八月初十便一病不起，第二天万寿节（皇帝生日）的庆典也被迫取消。

关于皇帝病势的起因，两部明代私家编修的史籍《国榷》和《罪惟录》都记载了同一病因，那就是万历皇帝的宠妃郑贵妃为向新君示好进御美女所致。《国榷》中记载郑贵妃"进侍姬八人，上疾始惫"。《罪惟录》也记载："及登极，贵妃进美女侍帝。未十日，帝患病。"

但是在大行皇帝新丧期间，臣民百姓尚须敛容致哀，作为继任长子在内廷后宫公然淫乐还纵欲无度，这样既违人伦又悖礼法的行径实在匪夷所思，让人难以置信。

不管病因如何，皇帝的病情是发起得突然，进展得迅速。在召时掌御药房的内监崔文升用药后，病情不但没有得到控制反而急剧恶化，至八月二十九已告病重。自知沉疴难返的朱常洛此时已着意安排后事，向阁臣们交代皇长子的辅佐、自己陵墓的营建等等。因为听说鸿胪寺官有仙丹进献，便抱着试一试的想法，命鸿胪寺官李可灼入宫献药。第二天中午李可灼将调制好的一颗红色丹药给皇帝服用，朱常洛服完药后，感觉四体和暖舒畅，胃口也有了，思进饮食。因为服药后感觉如此良好，傍晚，朱常洛命李可灼再进一粒红丸，服后也是安适如前，没有什么不良反应，不料当夜五更朱常洛便驾崩升天了。

皇帝崩逝，廷臣纷纷问责参加治疗的崔文升和李可灼，首当其冲是进红丸的李可灼，认为他是导致皇帝暴毙的罪魁。但细细梳理整个进药过程，丹药确实是在皇帝主动要求下进呈的，而且丹药的构成不过是妇人的经水、秋石、人乳、辰砂等，即使无益也不致有害，且当时皇帝病情已然无解，不过抱着死马当活马医的心态试吃罢了，若能回天是奇迹，治不好也只能说是寿数已尽，天命也。崔文升更被指责为无知的庸医，明明皇帝的身体已非常虚弱了，而他给皇帝的药里还添加了大剂量的大黄，使皇帝一夜之间能泄泻三四十次之多，终至虚脱衰竭。又联想起崔文升是郑贵妃的亲信，被指使卜药加害皇帝也是可能的。虽然非议种种，但终因确无实据证明下毒加害一说，最后只将李可灼戍边、崔文升谪南京发落了事。

移宫案可以说是红丸案的续集。朱常洛即位后，他宠爱的妃子李选侍陪着太子朱由校搬进了乾清宫。因朱由校年幼丧母后一直由李选侍来负责看护照料，所以她虽然身份低微，但由于皇帝的宠爱兼具看护太子的职责，得以随同入住乾清宫。不料朱常洛即位不足一月即暴病而亡，太子将即皇帝位，而她既不是皇后也不是皇帝的生母，自然无权再居住下去。可是野心勃勃的李选侍不肯就此作罢，她与太监李进忠（魏忠贤）联合，欲密谋挟持朱由校，争当皇太后以把持朝政。朝臣们看出她这一用心，以兵科给事中杨涟、礼部尚书刘一燝为首的群臣借到乾清宫哭祭大行皇帝之机，请见皇长子，将朱由校带出乾清宫，簇拥着回太子宫保护起来。李选侍挟持朱由校的目的落空后，于心不甘，先提出凡大臣章奏，先要交由她过目，然后才能呈交朱由校的要求，又提出先封自己为皇太后，然后再让朱由校即位，这些无理要求遭到朝臣们的坚决抵制。至九月初五，距离议定的九月初六的登基大典仅剩一天时间，见李选侍还没有离开乾清宫的意思，内阁诸大臣们齐集乾清宫外向李选侍施压，朱由校的东宫伴读太监王安则在乾清宫内驱赶，百般无奈之下的李选侍才带着八公主（后封乐安公主）离开了乾清宫，移居到仁寿宫内的哕鸾宫。至此，移宫的闹剧才得收场。

宗室家宴

清代的顺治皇帝和康熙皇帝也住在这里。雍正皇帝即位后将寝宫移到了养心殿，此后清代的七位皇帝都以养心殿为寝宫。清代的皇帝在乾清宫处理政务，召对臣工，引见庶僚，接见外国使臣以及内廷受贺和举行家宴。

每年皇帝万寿、除夕、元旦、上元、端阳、中秋、重阳、冬至，皇帝都要在乾清宫与后妃们欢宴一堂，称家宴。而在这些节日里，皇帝在乾清宫与宗室王公、皇子、皇孙等皇室成员举行的宴会，称宗室宴。家宴和宗室宴都由内务府御茶膳房经办，从某种意义上来讲，宗室宴也有家宴的性质。

元旦（春节）是一年之始，是中国最隆重的传统节日，除夕又有守岁的习俗，正月十五是一年之中的第一个望日，因此每年的除夕、元旦、上元在乾清宫举行的家宴都非常隆重。每年除夕，皇帝在前朝举行大典后，即回乾清宫接受后妃、公主、命妇的朝贺。届时，设中和韶乐于乾清宫檐下，设丹陛大乐于乾清门内，交泰殿左右陈设皇后仪仗。宫殿监引公主、格格、命妇至交泰殿丹陛下，盛装的皇后、皇贵妃、贵妃、妃嫔齐集在乾清宫等候。皇帝由太和殿还宫后，皇后率众人向皇帝行六肃三跪三拜礼。然后皇后回交泰殿接受后妃、公主、命妇的朝贺。一般在晚上酉时，家宴开始。皇帝的筵桌设于乾清宫宝座前，皇后的设于皇帝的左前侧，皇贵妃、贵妃、妃嫔的筵桌设在御座左右，东西相向。宫殿监奏请皇上升座，奏中和韶乐，皇帝归座后乐止，皇后率皇贵妃等人依位次行一拜礼，奏丹陛大乐《雍平之章》，行礼后乐止，归座进馔，此时丹陛清乐奏《海宇升平》，乐止后上演承应宴戏，然后进果品，檐下乐队奏《万象清宁》，乐止后进酒，丹陛大乐奏《玉殿云开》，此时皇帝钦命进酒人进酒，皇上饮酒时，皇后要率皇贵妃等人出座，跪行一拜礼，乐止后归座。承应宴戏上演。家宴结束后，皇后还要带领众人出座谢宴，再行二肃一跪一拜礼，丹陛大乐奏《雍平之章》，乐止后，宫殿监奏宴会结束，此时奏中和韶乐，皇上起座回宫，乐止后，皇后率皇贵妃等回宫。虽然是家庭宴会，礼仪也是一丝不苟的。

每年上元灯节，乾清宫都被装点得灯火辉煌。自十二月二十四起，乾清宫要搭设天灯和万寿灯，这一天，内务府大臣带领匠役在乾清宫外支架悬灯，丹陛上左右安设万寿灯，丹陛下左右安设天灯，乾隆皇帝的《立天灯》诗，就详细地记述了当时的热闹景象："金龙护柱长数丈，四柱撑如巨灵掌，彩灯左右列丹墀，万寿灯明丹陛上。每年腊月二十四，缚架悬灯声扰攘，百夫举柱齐用力，一一都听锣鼓响。灯上联书细金字，唯乞岁岁登丰穰。瑶宫乐事与民同，从识太平真有象。"[1] 自立灯后，每夜都要点燃天灯，至二月三日止。上元之夜，乾清宫外的鳌山灯灯灯相叠，将宫殿映衬得金碧辉煌。宴会时，有南花房精心培育出的山茶、芍药、牡丹进献，内务府奉宸苑在暖室孵育的蟋蟀、蝈蝈也进呈宫中。殿外灯火闪烁，礼乐相陈，殿内美食罗列，醇酒盈杯，真是：唐花同妃面争艳，秋虫与宫乐和鸣。

康熙六十一年（1722）和乾隆五十年（1785）在乾清宫还举行过两次盛大的千叟宴。其中乾隆五十年的千叟宴，参加宴会的年在六十岁以上的官吏、军士、民人达到了三千多人。宴会上皇帝与臣子饮酒赋诗，共得诗三千四百二十九首。宴会后皇帝还赏赐荷包、拐杖等物品。时四海升平，国富民强，皇帝与臣民欢宴一堂，以示普天同乐，共享升平。

寿终正寝

皇帝去世后在未确立谥号、庙号之前称大行皇帝，意谓永远的离去。明代大行皇帝停灵的地方在仁智殿，清代大行皇帝则都是在乾清宫，虽然在雍正皇帝即位后，将寝宫从乾清宫移至了养心殿，但乾清宫一直作为象征意义上的帝王正寝所在，因此不管皇帝去世于何地何处，梓宫都要回到乾清宫停灵祭奠，是为寿终正寝之意。事实上，清代的皇帝没有一个人是在乾清宫去世的，包括在乾清宫住了五十多年的康熙皇帝，他死在了畅春园。其他死在养心殿的有顺治皇帝、乾隆皇帝和同治皇帝，

---

1 《御制乐善堂全集定本》卷十七之《立天灯》。

死于圆明园的有雍正皇帝、道光皇帝，死于热河避暑山庄的有嘉庆皇帝、咸丰皇帝，还有死于西苑瀛台的光绪皇帝。

嗣皇帝在丧期要剪发，摘冠缨，所有治丧人员包括宗室王公都要依此礼仪做哀慕毁悴的样子，以示忠臣孝悌。在守丧的二十七天里，嗣皇帝每天早、中、晚三次要到梓宫前祭酒、祭食、祭果，然后祭拜哀哭。宗室王公在乾清宫内，副都统以上官员在乾清门外，其余百官则在景运门和隆宗门外哭祭。治丧期间，嗣皇帝就临时居住在乾清宫的东庑房内，睡于毡垫之上，称为倚庐。倚庐是古代孝子在父母坟旁搭建的草屋，要吃简食、睡草席以表示哀痛。

大行皇帝穿戴过的服饰、使用过的器皿、品鉴过的珍玩，起初按民俗都予以焚毁。据载，顺治皇帝的遗物在乾清门外焚毁时火焰呈五色斑斓状，并发出悦耳的声响，因顺治皇帝在世时痴迷于佛道，甚至一度想遁入空门，因此这一异象几曾成为他修行圆满的佐证。这些记载应该是属实的，但这也只能证明焚毁的是些货真价实的金玉珍器罢了，同样坠入到了这一世轮回，谁又能是谁的上师，谁又能去自证因果呢？因为没有印证，也无从印证，所以这不过是对一个英年早逝帝王的美好祈愿而已，生为皇冠所累，愿死能得脱轮回之苦。

昭仁殿与弘德殿　　　　乾清宫的东西两侧有两座对称的朵殿，东边是昭
　　　　　　　　　　　仁殿，西边是弘德殿，都是面阔三间，黄琉璃瓦
歇山顶。两座小殿各以矮墙围合形成独立的空间，又各自有侧门通往乾清宫的东西暖阁。明代最后一位皇帝崇祯因城破在即，在仓皇离开紫禁城至景山自缢之前，就在昭仁殿刺死了自己六岁的女儿昭仁公主。清代康熙皇帝实际居住的地方也是昭仁殿，他八岁即位后一直住在保和殿，直到康熙八年（1669）乾清宫修缮完毕后才搬进

乾清宫的昭仁殿，在这里度过了五十余年的执政时光。

昭仁殿内额匾为"天禄琳琅"，后室有匾为"慎俭德"和"五经萃室"，皆为乾隆皇帝御笔。乾隆九年（1744），乾隆皇帝诏令从宫中各处藏书中选出善本呈览，于昭仁殿内列架收藏，并御题匾额。"天禄"是汉代宫中藏书阁名，"琳琅"是美玉之意，意谓内府藏书琳琅满目。乾隆四十年（1775），又命大臣重新整理，编成《天禄琳琅书目前编》十卷，汇集宋、金、元、明版珍贵藏书四百二十九部。嘉庆二年（1797）十月，乾清宫失火，延烧昭仁殿，《天禄琳琅》的珍贵藏书被焚毁殆尽。当时已退位的乾隆皇帝痛惜万分，当月即命重新辑录《天禄琳琅续编》并于次年完成。第二年昭仁殿重建，收贮《天禄琳琅续编》六百五十九部，共计一万二千二百五十八册。

弘德殿内额匾为"奉三无私"，后室匾为"太古心"和"怀永图"，皆乾隆皇帝御笔。清代皇帝在此听讲、办公和用膳。清代后期，嘉庆皇帝的孝和皇后、道光皇帝的孝静皇后曾居此为大行皇帝守丧。年幼的同治皇帝也曾以此为读书处。

乾清宫庑房

乾清门与乾清宫之间，有四十间庑房环绕相接。

门内北向的两庑房，东为上书房，西为南书房和敬事房。东庑自南向北依次为祀孔处、御药房、自鸣钟处、端凝殿和御茶房。西庑自南向北为内奏事处、尚乘轿、批本处和懋勤殿。

上书房共五间，从雍正时起，作为皇子、皇孙和近支王公子弟读书的地方。室内有雍正皇帝题写的联对："立身以至诚为本，读书以明理为先。"乾隆皇帝对这副联对极为推崇，满怀敬意地写下："妙义只须十四字，至言已胜万千书。"皇子一般在六岁入学，每天卯时（早六点）上学，午时下课，有时要延长到下午申时（下午四点）。

一年之中只有万寿节、春节、端午、中秋和本人的生日放假一天。学习的课程有"四书""五经"、满蒙文、诗赋、骑射等。

南书房，原为康熙皇帝早年的读书处，十六岁的康熙皇帝还在此智擒了权臣鳌拜。康熙皇帝八岁即位，鳌拜作为辅政大臣之一，公然培植私党，清除异己，连小皇帝也不放在眼里，气焰异常嚣张。年少的康熙皇帝表面上不动声色，暗地里巧妙布防。他挑选了十几名与他年龄相仿的小太监和八旗子弟，每天同他一起玩布库（摔跤）游戏。经常进宫的鳌拜虽然看到了，也只是一笑置之，认为这只是年少的天子比较贪玩儿而已，并没有想到这是皇帝为擒拿他而特别训练的一支心腹队伍。时机成熟后，康熙皇帝召鳌拜到南书房为他讲书。事先，皇帝令小太监为鳌拜准备了一只折腿的椅子，并站在椅子后面扶住。奉旨入宫的鳌拜施施然直入南书房，康熙皇帝赐坐，接着赐茶，茶杯刚刚用沸水煮过，当然很烫，鳌拜手拿不住，杯子砰然坠地。站在椅后的小太监乘机松开椅背，鳌拜遂仆倒在地。康熙皇帝大喝："鳌拜大不敬！" [1] 十几名训练有素的少年一拥而上，将鳌拜制服擒拿。

南书房设翰林值班以备皇帝随时咨询的制度也是自康熙皇帝开始。南书房是一个清要机关，为皇帝讲解经史，编辑和修订皇帝指定的书籍，为皇帝修订文稿、诗集等。皇帝经常向他们咨询庶政，访问民情。南书房的词臣可以经常陪侍皇帝左右，与皇帝形同师友，因此，大臣皆以入直南书房为荣耀。清代著名的大臣张英、高士奇、张廷玉、方苞都先后入直南书房。而张英、张廷玉、张廷瓒、张廷璐、张若霭、张若澄一家祖孙三代共六人，自康熙始至乾隆朝，先后任职南书房，更是创下了他氏无法企及的纪录。

---

1 清·李伯元《南亭笔记》卷一。

南书房

　　清魏祝亭所著《天涯闻见录》上载有一则发生在南书房的趣闻。乾隆时期的词臣于敏中，有一次在南书房值班，与同僚谈兴正浓，忽闻皇上驾到，情急之下叫道："老头子来矣。"话音未落，乾隆皇帝踏入书房，生气地质问他，何敢以如此轻蔑之词加之于万乘之尊。于敏中答道："万寿无疆曰老，首出庶物曰头，父天母地曰子。"皇帝当即释然，深喜于敏中之急才，对其升擢不断。

　　南书房东为宫殿监办事处，因内有康熙皇帝的御笔"敬事房"匾额，所以又称敬事房。康熙十六年（1677）设立，置四品总管一名，宫殿监领侍五品总管两名，宫殿监正侍六品副总管六名。负责办理宫中一

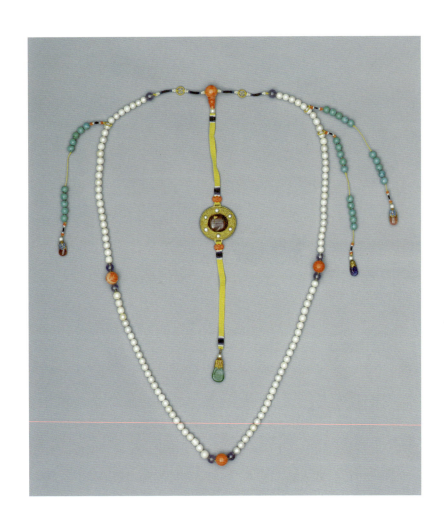

朝珠

切事务和应行礼仪，调度安排宫内各处太监的职守，查视内宫门起闭，巡查火烛关防等。宫殿监还有一项重要的职责，就是负责登记皇子、皇女、皇孙等的出生年月日时，系哪位内廷主位所出。皇子诞生后未赐名前都称皇子，不按位次称呼，命名后，始称皇几子，再由宫殿监知会内务府，由内务府交宗人府登记，待纂修玉牒时录入。皇子和皇女洗三、满月、周岁都有定例给用物品，届时都由宫殿监奏交内务府预备，如皇子周岁晬盘，例用玉器二件、玉扇坠二枚、金匙一件、银盒一件、犀杯一件、犀棒两件、弧矢各一件、文房一份、中品果桌一席。

祀孔处内供奉孔子至圣先师，雍正年间，还设有宋代四位著名理学家周敦颐、程颐、张载和朱熹的贤位。每年新正皇帝要至此拈香行礼，皇子入学前也要至祀孔处礼拜先贤。御药房主要负责引领御医至各宫请脉、煎药。在《钦定总管内务府现行则例·御药房》卷载，库贮名贵药材包括鹿茸、熊虎骨、牛黄、麝香等四百余种。每年从小暑起至处暑日，御药房负责在乾清门前供应安设香薷汤一次。香薷汤主要以白扁豆、厚朴、香薷、甘草熬制，理气和中去暑。《红楼梦》第二十九回讲到宝玉黛玉拌嘴闹别扭，写道："林黛玉一行哭着，一行听了这话说到自己心坎上来，可见宝玉连袭人不如，越发伤心大哭起来。心里一烦恼，方才吃的香薷饮解暑汤便承受不住，哇的一声都吐了出来。"可见当时饮用香薷汤解暑在宫中府第间是普遍和常见的。自鸣钟处原来储藏藏香和西洋钟表，所以一直称自鸣钟处，其实隶属于端凝殿，历代皇帝穿过的冠服和朝珠都收藏于此。端凝殿取端冕凝旒之意。冕，是皇帝的礼冠，旒，是礼冠前后的玉串，形容帝王的肃穆和专注。皇帝御用的冠袍带履都收储此。御茶房主要管理御用茶品、饮品、果品和内廷节令宴席。

外奏事处所接臣工奏章都汇至内奏事处，再由太监进呈皇帝，有批复后也经由此交出。膳牌也由内奏事处呈进，膳牌因在皇帝用膳时呈递，故名。以薄木片为之，涂白，约一寸宽，三寸长，因上部有寸许绿色，俗称绿头签，签上写某官某人。凡奏事觐见，都要先递牌子，若得允见，即留下牌子预备宣召。一天或召见一二起，或召见十余起，俗称"叫起儿"。《啸亭杂录》里记载过一个刚毅正直的内奏事处太监的故事。嘉庆年间，宫殿监督领侍张进忠捧奏事黄匣将呈进，见皇帝斜倚在宝座上，即止步不前。皇上询问，他正色道："焉有万乘之主卧览天下章奏者乎？"皇帝听后马上正襟危坐，张进忠方才将黄匣捧进。

尚乘轿主要负责皇帝出入肩舆的随侍和御前坐更，设八品侍监首领二名，太监三十二名。乾隆三十九年（1774）规定，御前侍卫和乾清门侍卫年近六旬的，不必帮着抬肩舆。

批本处隶属内阁，初名红本处，乾隆时改今名，内有康熙皇帝的御笔匾额"慎几微"。各部院衙门题写本章后，于前一日送内阁票拟，于次日卯刻送到批本处，批本处接收后再交由内奏事处进呈。皇帝批阅后再交还批本处，皇帝的御笔满文批示要交由内阁学士誊录。

懋勤殿和端凝殿两个殿名是明代嘉靖时期的礼部尚书夏言所拟，取懋学勤政之意，嘉靖皇帝非常满意，称其"意甚善"，所以一直沿用。懋勤殿收储御用笔墨纸砚，仅各色毛笔就有两万余支，其余名砚、珍墨、笺纸更是收藏丰富。皇帝在这里召对臣子、听讲典籍。康熙皇帝勤政而好学，几乎日日都要召学士进讲，即使在郊外或者南苑也不曾间断。他曾对翰林院学士傅达礼说："学问之道，必无间断，方有裨益，以后虽寒暑不必辍讲。"[1]重犯秋审斩决的名单要奏请皇

---

1 《大清圣祖仁皇帝圣训》卷五。

帝请旨，勾到后方可执行。秋审原分四项：情真应决、缓决、可矜、可疑，雍正时去掉可疑一项，并为避其胤禛名讳改情真应决为情实应决。每年由内阁预先奏请勾到日期，遇有国家大庆或岁逢甲子则停止勾到，比如康熙二十三年（1684）、乾隆九年（1744）和嘉庆九年（1804），都以开甲之初，施恩泽于天下而停止勾到。勾到的地点，圆明园是在洞明堂，香山在勤政殿后、正直和平楼下，避暑山庄在依清旷，皇帝出巡时勾到就在御帐中。宫内勾到即在懋勤殿进行。届时大学士、内阁学士、刑部官员、起居注官等齐集懋勤殿。皇帝展阅黄册，由内阁学士启奏某人某事，如确属情有可原的，免勾；确是法无可恕的，即命秉笔大学士奉朱笔勾决。

交泰殿

交泰殿平面呈方形，面阔进深各三间，黄琉璃瓦四角攒尖顶，铜镀金宝顶，殿内外梁枋均饰龙凤和玺彩画。"交泰"语出《易·象》："泰，小往大来。吉，亨。则是天地交而万物通，上下交而其志同也。"交泰殿位于乾清宫与坤宁宫之间，寓意天地交泰，阴阳调和。象征帝后和睦，百年好和。

殿内上方，是乾隆皇帝恭摹康熙皇帝御书的"无为"匾，"无为"语出自《老子》："无为，无不为。"两楹为乾隆皇帝御笔联对："恒久咸和，迓天休而滋至；关雎麟趾，立王化之始基。"正中是乾隆皇帝的御制《交泰殿铭》："乾清宫后，坤宁宫前。殿名交泰，象取地天。丕显祖宗，奉兹宫殿。居正临民，曰明曰旦。始惟宫壸，逮及臣邻。以御家邦，必本修身。匪祗循名，亦钦责实。健顺协中，

❖
交泰殿匾额

交泰殿内景

大自鸣钟

铜壶滴漏

皇后朝冠

所其无逸。财成辅相，小往大来。无为以治（殿楣额"无为"二大字，皇祖御笔也），圣训昭垂。小人道消，君子道长。以左右民，尚慎无往。持盈保泰，勿恤其孚。于万斯年，凛怀永图。"[1] 清世祖顺治皇帝鉴于明朝内监专权的弊端，特将"内官不许干预政事"的铁牌立于此殿，以戒饬内官。

交泰殿正中设宝座，东为铜壶滴漏，西为大自鸣钟，这两件计时器都是嘉庆三年（1798）由造办处制作的。铜壶滴漏造型为重檐方亭式，高一丈八尺。正面三个敞口敛底的铜方壶，总称播水壶，自上而下依次为"日天壶""夜天壶""平水壶"。平水壶后面下侧有分水壶，平水壶前的圆筒为"受水壶"，壶盖上立有抱刻漏箭的铜人。箭身镌刻十二时辰、九十六刻，箭下接铜鼓形箭舟，水涨舟浮，依次显示刻度。大自鸣钟为楼阁式，高一丈七尺四寸，黑漆描金，周身雕刻西番莲花，非常古雅。表盘直径三尺，背面有两扇小门，门内有弦钮，钟后有八级阶梯，给钟表上弦需登梯而上。

明清两代，每年的元旦、千秋（皇后生日）等节日，皇后在这里接受嫔妃、公主、福晋（亲王、郡王、世子、贝勒之妻）、命妇（有封诰的大臣之妻）的朝贺。受贺之日，宫中陈设皇后仪驾于交泰殿左右，设中和韶乐于交泰殿檐下，设丹陛大乐于乾清宫后檐下。皇后在交泰殿升座，由宫殿监引皇贵妃、贵妃、妃嫔等行三跪三拜礼，然后由皇子等人行礼。典礼完毕后，到皇帝、皇太后的宫殿谢恩。然后皇后回本宫举行廷宴，以示庆贺。

每年春季皇后要去先蚕坛举行亲蚕仪式，之前在交泰殿阅视亲蚕的工具。亲蚕礼前期一日，由内务府官员恭进采桑用具，陈于交

1　《清高宗御制文二集》卷三十八之《交泰殿铭》。

皇帝之宝

泰殿内。皇后金钩、黄筐，随从采桑的妃嫔银钩、柘黄筐，福晋、夫人、命妇铁钩、朱筐。皇后御吉服至交泰殿，阅视采桑用具。

在交泰殿里存放着乾隆皇帝钦定的二十五方宝玺。玉玺是皇帝颁布诏书或行使各方面权力时使用的，是皇权的象征，又称"宝玺""御宝"。据《史记·秦始皇本纪》中载，秦始皇在临死前"乃为玺书赐公子扶苏"。史书载此玺为蓝田玉所制，螭虎钮，印文为丞相李斯所书。始皇玺归汉后，即被汉高祖定为传国玉玺。内容有一种说法是"受命于天，既寿永昌"。还有一种说法是"受天之命，皇帝寿昌"。天子即位，要先接受此印，皇位才算合法，才能得到臣民的承认。传国玉玺是真命天子的标志，但在汉献帝末年丢失，从此不知去向。

清代的宝玺初为二十九方，后增至三十九方之多，乾隆十一年（1746）始定为二十五方。此制一是取《周易·大衍》"天数二十有五"之说，二是乾隆皇帝希望清朝能如东周一样绵延二十五代。在乾隆皇帝御制文《匣衍记》中写道："……定宝数之时，密用姬周故事，默祷上苍，祈我国家若得仰蒙慈佑，历二十五代以长……"[1]但这最终成为一个美好的幻想，清朝入关从顺治到宣统，只延续了十代就结束了。

这二十五方宝玺分别用于皇帝发布不同政令时使用，有白玉"大清受命之宝"，以章皇序；碧玉"皇帝奉天之宝"，以章奉若；银镀金"大清嗣天子宝"，以章继绳；青玉"皇帝之宝"，以布诏敕；檀香木制"皇帝之宝"，以肃法驾；白玉"天子之宝"，以祀百神；白玉"皇帝尊亲之宝"，以荐徽号；白玉"皇帝亲亲之宝"，以展宗盟；

---

1 《清高宗御制文馀集》卷一之《匣衍记》。

碧玉"皇帝行宝"，以颁赐赏；白玉"皇帝信宝"，以征戎伍；碧玉"天子行宝"，以册外蛮；青玉"天子信宝"，以命殊方；白玉"敬天勤民之宝"，以饬觐吏；青玉"制诰之宝"，以谕臣僚；碧玉"敕命之宝"，以钤诰敕；碧玉"垂训之宝"，以扬国宪；青玉"命德之宝"，以奖忠良；墨玉"钦文之玺"，以重文教；碧玉"表章经史之宝"，以崇古训；青玉"巡狩天下之宝"，以从省方；青玉"讨罪安民之宝"，以张征伐；墨玉"制驭六师之宝"，以整戎行；青玉"敕正万邦之宝"，以告外国；青玉"敕正万民之宝"，以诰四方；墨玉"广运之宝"，以谨封识。这二十五方宝玺除青玉"皇帝之宝"为满文，其他的都是满汉两种文字篆刻。每年岁末交泰殿有封宝仪式，供苹果、秋梨、红梨各三十个。正月开宝，由钦天监选择吉日，届时，皇帝要到交泰殿拈香行礼，祈求一年政事和顺。供品除苹果、秋梨、红梨外，还有葡萄四斤。

虽然交泰殿的寓意美满祥和，但在这里确实发生过帝后交恶的事件。崇祯皇帝有两位比较宠爱的妃子，袁贵妃和田贵妃。袁贵妃性子温厚，与周皇后相处融洽，田贵妃不但身姿纤妍，而且琴棋书画无一不精，又为皇帝诞下了三位皇子，一时宠幸无人堪与比肩。性子骄矜的田贵妃又不善掩饰，难免讨了周皇后的嫌弃，后者时时给她冷遇，赏花游乐总是叫着袁贵妃同行，根本无视她的存在。积怨一点点累积起来，终于在崇祯十二年（1639）的元旦爆发了。元旦，皇后例行在交泰殿接受妃嫔的朝贺，早早就由承乾宫冒雪赶来的田贵妃一直等在交泰殿外，周皇后就是不吩咐觐见，倒是后面赶来的袁贵妃即时被传进了殿。田贵妃羞怒交加，事后向皇帝哭诉所受到的冷遇。看着梨花带雨的宠妃，崇祯皇帝心疼不已，决意要为爱妃讨个公道。他进了交泰殿，怒气冲冲地质问周皇后为何厚此薄彼，给田贵妃难堪，周皇后当然也据理力争，不肯低头让步，结果越吵越凶，周皇后指着皇帝气愤地说："信王、信王，你忘了从前！"彻底被激怒的崇祯皇帝将周皇后一掌推倒地上，就拂袖而去了。

崇祯皇帝在藩邸时封号是信王，因其兄天启皇帝朱由校英年早逝，又没有留下子嗣，所以弟承兄位承继大统。周皇后与崇祯皇帝同年，在藩邸做信王妃时就有贤名。崇祯皇帝即位之初，宫中还是大太监魏忠贤的天下，由于天启皇帝的宠信，魏忠贤在宫中党羽众多，只手遮天。为防止魏忠贤的加害，皇帝的所有饮食都由周皇后亲自料理照看，如履薄冰地度过了入宫的最初三个月，直到魏忠贤畏罪自尽。此后的帝后关系也是琴瑟和谐，周皇后因出身贫寒，所以衣食都不尚奢华，还在宫内安置纺车教宫女们纺线。崇祯皇帝对这位皇后也一直是敬爱有加的。一向与皇帝举案齐眉的周皇后哪里受过这般对待，气得寻死觅活。那边皇帝回到乾清宫冷静下来想想，也深悔自己的孟浪，毕竟是共患难的结发之妻，于是不断派人去安抚，又是送御馔，又是送貂褥，哄得皇后慢慢回转了性子，为了助皇后立威，还将田贵妃由承乾宫贬居到了启祥宫让她反省己过。投桃报李，看皇帝如此维护自己皇后的体面，三个月后借着春暖花开帝后去永和宫赏花之机，周皇后请来了冷宫里的田贵妃，三人见面复归一团和气，芥蒂是否消融已不可知，但周皇后的贤达之名确是流传了下来。

坤宁宫

坤宁宫面阔九间，进深五间，黄琉璃瓦重檐庑殿顶，梁枋饰龙凤和玺彩画。坤宁宫在明代是皇后的正宫，清顺治十二年（1655），按满族的习俗，仿盛京清宁宫的形制进行了改建。东西两梢间是通行的穿堂，东头两间辟为帝后大婚的洞房。西边一间隔成存放神亭、神像及祭器的夹室，其余四间作为祭祀萨满教的神堂。门开在偏东一侧，北、西、南三面环形大炕，在房间的东北角隔出一个小间，内有灶台和两口大锅，是祭祀时煮肉和蒸糕的地方。

东暖阁帝后大婚的洞房内，四壁都用银朱桐油鬃饰，喜气盈盈。通向穿堂的东门和通向祀神处的西门各立一座大红地金色双喜字的木影壁，取帝后"开门见喜"之意。洞房内南边通连的大炕，是帝后进合卺宴饮交杯酒的地方。炕上铺大红缎龙凤双喜字大炕褥，安放紫檀雕龙凤炕几，几上是紫檀雕龙双喜字桌灯。洞房北边是两座落地罩木炕，其中西边一座是帝后合卺的喜床。喜床上方悬挂慈禧手书的"日升月恒"匾额，床上挂着五彩纳纱百子图帐和大红缎绣龙凤双喜百子图床幔。

清代在这里入洞房的只有幼年即位的康熙、同治和光绪三位皇帝，而在即位之前已经成婚的皇帝，则不再举行大婚礼，只将嫡妻册封为皇后。皇帝的大婚要进行纳彩、大征、册立皇后、奉迎、合卺、朝见、庆贺颁诏等程序，礼仪十分繁缛。

萨满祭祀，是一种原始的宗教性质的祭祀活动。从努尔哈赤建立后金政权起，这项活动就成为清朝早期宫廷的重要活动。清入关后，统治者将其奉为祖制，倍加崇祀。祭祀形式肃穆隆重，仪礼规范。萨满祭祀的主体是宫廷萨满，在入关前多由内廷主位担任，所谓内廷主位即皇帝的后妃、嫔、贵人，其重视程度可见一斑，反映了爱新觉罗氏受母系氏族社会的古老影响。入关后，宫廷萨满地位有所降低，但也尽量从爱新觉罗氏的妇女中物色。

终清一代，二百多年间，每天都有朝祭和夕祭，朝祭和夕祭各宰猪两口。西大炕供朝祭的神位，有释迦牟尼、观世音菩萨、关圣

帝君等，北大炕供夕祭的神位，有蒙古神、画像神、穆哩罕神等。平时由司祝、司香、司俎祭祀，每年春秋大祭时，要宰猪三十九口，皇帝皇后要亲自参加。祭祀时要进糕、进酒、杀猪、唱颂神歌，并有三弦、琵琶、祷鼓等伴奏。大祭完毕，皇帝与参加祭祀活动的亲王、大臣等人在坤宁宫内分食祭肉。

腊月二十三是中国传统的祭灶日，也称小年，从雍正皇帝开始也在坤宁宫举行祭灶活动。先期安设天、地、灶神的神位，设供案，奉香烛，供黄羊两只及干鲜果品三十三品，黄羊一般由侍卫提前一天从南苑猎取，灶君的嘴也要糖封，一如民间，取"上天言好事，回宫降吉祥"之意。嘉庆皇帝的御制诗里就有"嘉平小除夜，媚灶用黄羊"之句。

作为皇后的寝宫，明代的皇后都住在这里。第一位入主坤宁宫的皇后是明仁宗朱高炽的张皇后，朱高炽是永乐皇帝的长子，因体型肥胖且有腿疾一直不得父皇待见，朱棣一度想立英武善战的次子汉王朱高煦为太子。当时朱棣非常信任阁臣解缙，曾说："天下不可一日无我，我则一日不可少解缙。"[1]因此召解缙入宫，磋商立太子之事。解缙说："皇长子仁孝，天下归心。"[2]朱棣不为所动，又说"好圣孙"，朱棣释然了。好圣孙就是朱高炽的儿子宣德皇帝朱瞻基，而朱瞻基的优秀离不开母亲张皇后的着意培养。事实上张皇后在做燕世子妇时，就得到了朱棣的认可和夸奖，说她："新妇贤，他日吾家事多赖也。"[3]历史证明了大明江山的巩固和繁荣确实多赖这位新妇的贤达。仁宗朱高炽在位不到一年就去世了，二十六岁的宣宗朱瞻基即皇帝位，在位十年，与父亲一起开创了政治清明、仓

1 《明史·解缙传》。
2 《明史·卷一四七·列传第三十五》。
3 清·谷应泰《明史纪事本末》卷二十七。

廪充实、百姓安居、蔚然有治平之象的"仁宣之治"，这背后都离不开这位张皇后的辅佐和支持。特别是在朱瞻基三十六岁英年早逝之后，她又忍着老年丧子的巨大悲痛辅佐九岁的孙子朱祁镇即位，以太皇太后身份坐镇中宫，为孙子保驾护航，为稳定朝局立下不世之功。大臣们臣服于她的睿智英明，以新帝年幼为名，力请她垂帘听政，被她严词拒绝："勿坏祖宗法。"[1] 正统七年（1442）十月，历经洪武、建文、永乐、洪熙、宣德、正统六代，辅佐了三代帝王的张氏去世，谥号"诚孝恭肃明德弘仁顺天启圣昭皇后"。

明代继张皇后入主坤宁宫的还有宣德皇帝的胡皇后、孙皇后，正统皇帝的钱皇后，景泰皇帝的汪皇后、杭皇后，成化皇帝的吴皇后、王皇后，弘治皇帝的张皇后，正德皇帝的夏皇后，嘉靖皇帝的陈皇后、张皇后、方皇后，隆庆皇帝的陈皇后，万历皇帝的王皇后，天启皇帝的张皇后和最后一位崇祯皇帝的周皇后。崇祯十七年（1644）三月十八，李自成率农民起义军攻陷北京，崇祯皇帝在乾清宫与后妃们作别，令妃嫔们自裁，周皇后回到坤宁宫后悬梁自尽。

聚灵堆秀
御花园

御花园明称宫后苑。坐落在紫禁城中轴线的北端。南北长九十多米，东西宽一百三十多米，占地一万两千多平方米。园内大小建筑二十多座，按照宫殿主次相辅、左右对称的格局安排。整体布局

---

1 《明史·卷一一三·列传第一》。

海参石\上

诸葛拜斗石\下

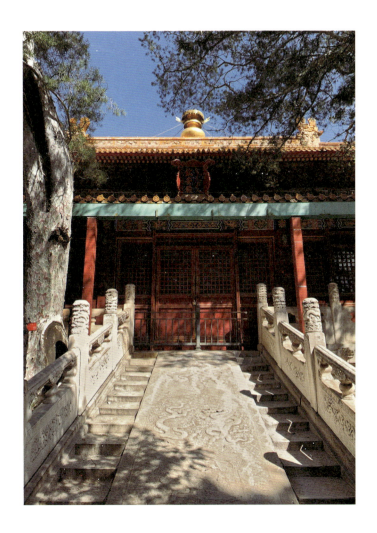

规整紧凑，建筑形制富丽多姿。

自坤宁门进入御花园内，园中亭台掩映，佳木葱茏，珍石罗布，景色顿觉清幽雅静起来。与坤宁门相对的青砖券门为天一门，黄琉璃瓦歇山顶，两侧是黄琉璃影壁，壁心镶嵌白色云鹤图案。门前设鎏金麒麟一对，左右是海参石和诸葛拜斗石盆景。海参石，是以若干条状若海参的岩石组成的插屏式陈设，形态逼真，造型别致。诸葛拜斗石，石上有褐色的人形图案，好似一位身着道袍的老者，头上道巾棱角分明，长长的衣袖飘飘欲仙，正仰望天空，躬身下拜。在他的头顶上方，石上的杂质有若点点繁星。此石为天然形成，形神兼备，让人不由得慨叹造物主的神奇。

天一门内，是全园的主体建筑——钦安殿，面阔五间，进深三间，黄琉璃瓦，平顶四坡式盝顶，围脊当中安设鎏金宝顶。钦安殿四围矮墙，在园中形成一个独立的院落。殿基为汉白玉石的须弥座，前出月台，四周环以雕刻精美的望柱栏板，栏板上二龙戏珠的图案，疏密有致的卷草地纹，刀法圆润，刻画精细，具有明代典型的秀丽婉约的风格。

钦安殿内有铜鎏金真武大帝的塑像，两旁侍立着龟蛇二将，乾隆皇帝御书的匾额为"统握元枢"。每年元旦，皇帝都要到钦安殿拈香行礼。每月的朔望（初一、十五），立春、立夏、立秋、立冬，要在这里设供案，供奉白果、核桃、栗子、桂圆、龙眼、黑枣等。仲春的朔日（二月初一）祭日，仲秋的望日（八月十五）祭月，七月初七祭牛郎织女，这些民俗节日也要按惯例在钦安殿设供案，安设神牌，皇帝来此拈香。

以钦安殿为中心，在御园两侧以对称的方式布置了十余座亭台楼阁。钦安殿东北侧是巍然屹立的堆秀山，以玲珑秀丽的太湖石堆叠而成。山正中有石洞，洞口上方镌刻"堆秀"，左侧镌刻"云根"。堆秀山既是园中美丽的景致，又是观景之地。从两边的磴道拾级而上，山顶即为御景亭，在御景亭内远眺，万岁山峰岭青翠，北海白塔亭亭玉立，宫中景物尽收眼底。

堆秀山东侧是摛藻堂，南向，五开间前出廊，黄琉璃瓦硬山顶。堂中额匾为乾隆御笔"摛藻抒华"，两边联对为"庭饶芳毯铺生意，座有芸编结古欢"。西室门外联对为"左右图书静中涵道妙，春秋风月佳处得天和"。西室内额匾为"宿风"，联对为"从来多古意，可以赋新诗"。皆为乾隆皇帝御笔。乾隆三十八年（1773），乾隆皇帝诏令编辑《四库全书》，当时他已六十三岁，深知全书浩如烟海，恐不能亲见其完成，于是命四库馆择取其中精粹，辑成《四库全书荟要》以备"临憩阅览"。乾隆四十三年（1778）秋天完成两部荟要，每份一万一千二百六十六册，一份收储在摛藻堂，一份收入圆明园的味余书屋。摛藻堂内增设书架，按经、史、子、集四部顺序排列，共六架经部、十架史部、六架子部、十架集部。乾隆皇帝曾有《御制题摛藻堂诗》："浮碧亭阴潇洒居，春风绵几正怡如，映窗黛郁千年树，插架荟芳四库书……"[1]

摛藻堂西侧的一株古柏，是御园中最古老的一棵树，乾隆皇帝特别为它所作的《御花园古柏行》，就刻在摛藻堂的西壁上："摛藻堂边一株柏，根盘厚地枝擎天。八千春秋仅传说，厥寿少当四百年。御园松柏森森列，居然巨擘标苍颜。粗皮䃜兀心不死，倚壁如拍洪崖肩。左日右月为两目，春草秋花参四禅。仙人炼气不炼肉，形若槁木神乃全。昔者公旦象六爻，是为九二见在田。又如瑶池会王母，赤松子应领群仙。韦偃直干不可得，而今谁者以神传。洪宣承平此曾阅，甲申桑海无还丹，乔木颇与世臣类，作歌讵止斐鸿篇。"[2] 据说此树在乾隆皇帝有一次下江南时，忽然枯死了，而乾隆皇帝在江

---

1 《清高宗御制诗三集》卷九之《题摛藻堂》。
2 《清高宗御制诗二集》卷九之《御花园古柏行》。

南巡幸时，总觉有树影相随，为其遮阴纳凉。乾隆皇帝回宫后，这棵树竟又复活了，乾隆皇帝为之感怀不已，特封它为"灵柏"。

摛藻堂东，是凝香亭，单檐方形，屋顶饰以黄、绿、蓝三色琉璃瓦，非常绚丽。摛藻堂南面，是雕栏环绕的长方形水池，池中睡莲浮碧，金鱼嬉戏。池上横架单孔石桥，桥上建有四面开敞、前接抱厦的浮碧亭，亭为方形，三开间，绿琉璃瓦黄剪边，攒尖顶上安黄琉璃宝顶。浮碧亭南的万春亭，是一座方亭，四出抱厦，抱厦前各出汉白玉石台阶，四周围以汉白玉石栏板。梁枋饰龙锦彩画，亭内天花绘双凤图案，并装饰有蟠龙藻井。万春亭为重檐攒尖顶，黄琉璃竹节瓦。上层檐为圆形，下层檐呈方形，取"天圆地方"之意。正中的宝顶，由宝瓶承托华盖组成，宝瓶为彩色琉璃制成，华盖是铜质鎏金，十分华丽。万春亭在清咸丰时重建，内供关帝像。

万春亭南面是坐东面西的绛雪轩，面阔五间，黄琉璃瓦硬山顶，前出卷棚歇山顶抱厦三间，平面做凸字形。门窗装修皆为楠木本色，窗格是"万寿无疆"的花纹，梁枋间饰绿色斑竹纹彩画，整体风格朴素淡雅。绛雪轩前原有海棠数株，花开时，满树的海棠迎风摇曳，花落时，殷红的花瓣纷纷坠地，有若绛色的雪花，轩因此而得名。乾隆皇帝经常伫立在轩前，观赏这美丽的景色。今海棠树已无存，我们只能在乾隆皇帝的御制诗里追寻海棠花那娇美的风姿："丹砂炼就笑颜微，开处春巡恰乍归。暇日高轩成小立，东风绛雪未酣霏。评香花国休嫌细，选色唐宫不碍肥。料量韶光思护惜，珠帘四面巧成围。"[1]

绛雪轩前的五色琉璃花坛，上堆玲珑的太湖石，其间箸竹葱翠，清雅怡人。花坛里的太平花，据说是光绪年间，慈禧命人从东陵移

1　《清高宗御制诗二集》卷十七之《绛雪轩海棠》。

御花园琉璃花坛

植来的，花开时色白如玉，清甜芬芳。光绪年间内忧外患，国事飘摇，慈禧大概是想借此祥瑞的花名以得到心理的安慰吧。花坛前的木变石，初看似一段朽木，连木头后面虫蛀的小孔都宛然在眼，但敲之有铿锵之声。此石是乾隆年间黑龙江将军福僧阿进贡的，石上有乾隆皇帝的题诗："不记投河日，宛逢变石年。磕敲自铿尔，节理尚依然。旁侧枝都谢，直长本自坚。康干虽岁贡，逊此一峰全。"[1]

　　御花园西部的建筑都与东部的一一对应，连名称的对仗也极为工整。如西部的延晖阁对东部的堆秀山，玉翠亭对凝香亭（明代称金香亭），澄瑞亭对浮碧亭，千秋亭对万春亭。

1　《清高宗御制诗三集》卷五十四之《咏木变石》。

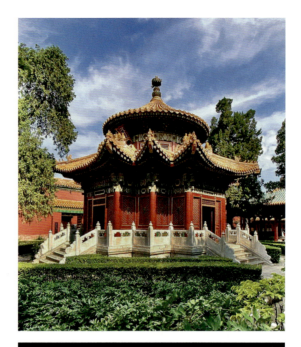

千秋亭／上

澄瑞亭／下

延晖阁与堆秀山左右对峙，遥相呼应。明初称清望阁，阁为三开间，上下两层，内部两层之间有一暗层，黄琉璃瓦卷棚歇山顶。延晖阁是皇帝闲暇时登临赋诗的地方。乾隆皇帝死后，嘉庆皇帝将父皇的数万幅翰墨都封存在这里。

延晖阁西为位育斋，五开间，形制略同于摘藻堂，但前檐不出廊。西有玉翠亭。位育斋之南，也是长方形水池一座，上建澄瑞亭。亭南为千秋亭，与万春亭在外形、构造、装饰上都极为相似。千秋亭东为四神祠，由一座八角形亭子前出抱厦组成，黄琉璃瓦八方攒尖顶，上覆黄琉璃宝顶，抱厦为黄琉璃瓦卷棚歇山顶。据说内供青龙、白虎、朱雀、玄武四方之神，也有风、雷、云、雨四神之说。四神祠南有叠山，山前曾为圈养鹤鹿之地。

千秋亭南为养性斋，坐西面东，是一座转角楼。正楼七间，楼两端各接出三间，为黄琉璃瓦庑殿顶。楼上有康熙皇帝御笔匾"飞龙在天"，联对有"心迹只今偏爱淡，诗情到此合添幽""一室虚生无限白，四时不改总常青"。楼下有乾隆皇帝御笔匾"居敬存诚"，联对有"体道鸢鱼看活泼，消闲书史挹菁英"。养性斋下层湖石环绕，与东面的绛雪轩互为对景，一个以精致清雅取胜，一个以挺秀峻拔见长。清逊帝溥仪的英文老师庄士敦曾居此，并在此教习溥仪。

御花园中的小径，既非石板又非青砖，而是用花石子铺墁的。在蜿蜒连绵的石子路上，共有九百多幅图案，有四季花卉、飞禽走兽、历史掌故、民间传说、各地名胜，等等。这些图案设计精妙，嵌画生动，色彩和谐。辗转曲折的石子路，与周围华美的建筑、繁盛的花木巧妙地融合在一起，使整座御园变得柔美细致起来。

伍

紫禁城的建筑大多为木结构，一般由台基、梁柱、屋顶三部分组成。而宫殿等级的差别，往往是由台基的高低、梁柱的大小和屋顶的形制来体现的。而在建筑学中逐渐发展起来的装饰艺术，也是以结构构件为基础，在实用的基础上进行艺术的加工，都具有实用与美观的双重功用，形成了多姿多彩、美轮美奂的建筑装饰艺术。

崇台钩栏

　　台基是古建的重要组成部分之一，战国时期的诸侯即以宫室的高台榭为美，《礼记》中载"天子之堂高九尺，诸侯七尺，大夫五尺，士三尺"。台基可以突出建筑的高大与宏伟，而台基的高低、用料和做法也直接反映着建筑的等级差别。

　　在最高级的建筑中，基座普遍做成须弥座的形式，须弥座是佛像的基座，象征世界中心的须弥山。紫禁城内的一些重要建筑都采用这种基座形式，如太和门、乾清门、乾清宫、钦安殿、宁寿门、皇极殿、奉先殿等。一般宫殿的台基仅用砖砌，上铺条石，且多不设栏杆。

台基周围的栏杆分栏板和望柱两部分。栏板由寻杖、荷叶净瓶、华版三部分组成，纹饰最多的部分是华版，有夔纹、方胜、海棠、竹纹等图案。钦安殿前栏板上的穿花龙华版，雕工最为精致，图案中心的两条行龙，一条在追逐火焰宝珠，一条在前回首相戏，鳞爪飞舞，须发飘飘，灵动活跃。龙纹的衬底是疏密有致的卷草纹，刀法精细圆润，图案极为秀丽婉约。

望柱头的图案，按宫殿使用功能不同各有变化，并有等级的差别。最高级的为龙凤望柱头，如三台的望柱。次之为二十四节气图案，如体仁阁与弘义阁台基的望柱。而花园中的亭、台、楼、阁大都为云头、仰覆莲、石榴头等纹饰。在前朝区域，有的望柱头上，还有圆洞的开口，内里凿空，这是紫禁城的报警器，满语称之为"石别拉"。当发生警情时，侍卫用随身携带的小铜喇叭插入孔中吹响，有若海螺的鸣

鸣声，警报即可传彻内廷。

紫禁城中最重要的三大殿，都建筑在高 8.13 米的"土"字形台基之上。三台由三层重叠的须弥座构成，每层均有栏杆，上面是精美的云龙望柱。望柱间安栏板，板中雕有荷叶净瓶，望柱之下伸出圆雕的龙头，唇间有圆孔，是排水的螭首。栏杆、栏板、望柱、螭首全部用汉白玉石雕成。晴天丽日，三台轮廓清晰优美如一幅精致的水墨画。雨天时，一千多个螭首排出雨水，如瀑如泉，更是蔚为壮观。因为三台的衬托，三大殿愈显宏伟壮丽，从而突出了帝王至高无上的气概。

三台前后各有三座石阶并列，中间的是皇帝专用的御路，皆以精雕细刻的巨石斜铺而成。紫禁城最大的一块石雕就是保和殿后的御路石。这块石雕是一整块艾叶青石，长 16.57 米，宽 3.07 米，厚 1.7 米，重达 250 多吨。石雕周边浅刻着卷草图案，下端是海水江崖，海水汹涌，山峰挺峻。中间婉转的流云中，九条雄健威猛的蟠龙，奔腾其间，造型生动，活力洋溢。御路石雕工精湛，气势磅礴。

这块石雕在乾隆二十五年（1760）又被重新雕刻过。当时凿去了明代的旧纹饰，约有三十八厘米，这样估算下来，石雕的原重在三百吨左右。

在六百年以前，开采运输这样一块巨大的石材，是极为艰巨的。此石采自离北京五十多公里的房山县，当时动用了一万多民夫，加上千匹骡马，采用拖旱船的方法，整整走了二十八天才运到北京。先期，沿途每隔一里地，凿水井一口。待到滴水成冰的寒冬，取水泼成冰道，在冰上拽行，以减少摩擦力。

飞檐斗拱

屋顶是中国古建外观最显著的特征，它是最能体现中国古建之美的地方，也是区分宫殿等级高低的直接标准。屋顶分为庑殿顶、歇山顶、悬山顶、硬山顶以及攒尖顶、卷棚顶等多种类型，并有单檐、重檐之分。

硬山顶与悬山顶的等级较低，硬山顶屋顶分前后两坡，两端与山墙平齐，这种屋顶的造型非常质朴，一般用于等级较低的房屋，如配殿、耳房、廊庑等。悬山顶的等级较硬山顶略高，虽然和硬山顶都是一条正脊和四条垂脊，但悬山顶的桁檩是挑出两侧山墙或山柱的。

等级最高的是庑殿顶，它有四个柔和的曲面，俗称四大坡，也叫四阿屋顶。正面看起来是两侧为曲线上小下大的梯形，外形轮廓稳定而优美，如鸟儿在空中展翅，轻快舒展。早在商朝，就有四阿屋顶，只是那时的屋子是茅草房而已。《诗经》上就有"如鸟斯革，如翼斯飞"的赞颂诗篇。庑殿顶下面再加一层腰檐，称为重檐庑殿顶，是宫内最高等级的屋顶式样，紫禁城中轴线上的太和殿、乾清宫、坤宁宫与皇极殿、奉先殿以及四门城楼都是重檐庑殿顶的形制。

歇山顶的形制仅次于庑殿顶，也有单檐和双檐之分。它有一条正脊、四条垂脊，檐部还有四条岔脊，共计九条脊，俗称九脊殿。歇山顶的造型富丽玲珑，紫禁城大多数的门、楼、殿、阁都采用这种形制。如太和门、保和殿、宁寿宫等为重檐歇山顶，乾清门、养心殿、文华殿、武英殿、东西六宫（景阳宫、咸福宫除外）的前殿均为单檐歇山顶。

攒尖顶的外形小巧玲珑，极富观赏性，被较多地运用在园林建

筑上。它类似锥形，由各戗脊的木构架向中心上方逐渐收缩聚集于屋顶的雷公柱上，有方形、圆形、四角形、六角形等多种形式，也有单檐、双檐之分。花园中的凝香亭、玉翠亭、耸秀亭、撷芳亭为四角攒尖亭，碧螺亭为五角攒尖亭。紫禁城中轴线上的中和殿和交泰殿这两座重要的建筑，也采用了攒尖顶。

盝顶的屋顶上端，如同被削平一般，做脊围成平顶，因形状像经匣宝匣的盝顶而得名，御花园里的钦安殿就是这种形制。

紫禁城的角楼，可以说将古建的屋顶之美发挥到了极致。它用六个歇山顶构连组合成一个整体，最上层为十字交叉的两个单檐歇山顶，中层为四个重檐歇山顶，计有二十八个翼角，七十二条脊。檐牙交错统一，珠联璧合。无论从哪个方向看，都是正立面而没有背面。秀丽多姿的角楼耸立在禁城的四隅，优美玲珑，充满了诗情画意。

斗拱是中国古建最突出的标志。它是古建的基本构件之一，利用悬挑梁的杠杆原理，以方形坐斗为垫，承托横木，上再置方斗，逐层叠挑来承托梁檩。由于方形的垫块很像量器中的斗，横木两端抹角做成弓形的拱木，所以称这组构件为斗拱。根据宫殿建筑的规模，每间房屋檐下斗拱的组数（攒），每组斗拱的挑出长度（出挑），斗拱构件的尺寸（材分）都有一定的规格。宫殿越是高大，斗拱出挑的层次就越多，因为殿阁的面积大，出檐大，斗拱的荷重就大，所以用弹性好、出挑多的斗拱。太和殿的下檐斗拱挑出四层，上檐斗拱挑出五层，是斗拱中出挑最多的实例。

斗拱在梁枋之间，这些小木枋层层叠挑，增加了木构件的弹性，提高了抗震能力，使中国古建成为抗震性能最好的建筑。比如太和殿，自己本身屋顶的重量就达到了 2000 余吨，还有屋脊的两个各重

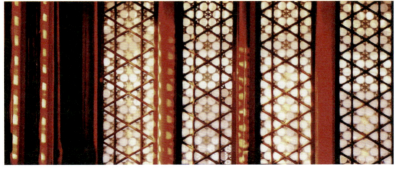

凤锦方心墨线
大点金旋子彩画＼上
三交六椀菱花窗＼下

4.3 吨的大吻，但在建成后遭遇的多次大地震中都安然无恙，不能不将功绩归之于斗拱。

雕梁画栋

紫禁城的宫殿，柱子多漆为红色，檩枋处绘有青绿色为主的彩画。彩画最初是为了保护梁柱等木结构免受腐蚀和虫蛀的危害，而将植物或矿物质的颜料涂在上面，后来才将实用与美观结合起来，成为宫殿建筑不可或缺的一种装饰艺术。彩画也有严格的等级，分为和玺彩画、旋子彩画和苏式彩画三大类型。

和玺彩画又分为金龙和玺彩画、龙凤和玺彩画及龙草和玺彩画。和玺彩画由枋心、藻头、箍头三段组成，箍头在最外侧，用两道竖线相隔，中间画面为圆形盒子。藻头紧靠箍头，用锯齿形两道括线相隔，中间是画面。枋心居中，位置突出，是主体画面。和玺彩画的主体画面是龙或凤，间补以花卉，并大面积沥粉贴金，因而给人以金碧辉煌之感。

和玺彩画用于最高级的宫殿上，外朝和内廷的主要宫殿上均施以和玺彩画。如太和殿、乾清宫、养心殿内外檐梁枋为金龙和玺彩画，坤宁宫、慈宁宫为龙凤和玺彩画，体仁阁、弘义阁为龙草和玺彩画。

旋子彩画用于较次一级的宫殿，如东西六宫、紫禁城四门。旋子彩画与和玺彩画很相似，最大的区别在于藻头。旋子彩画藻头图案的中心称花心（旋眼），花心的外围环以两层或三层重叠的花瓣，最外绕以一圈涡状的花纹，称作旋子。旋子彩画以各部位用金多少和颜色搭配不同，又分为浑金旋子彩画、金琢墨石碾玉、烟琢墨石

碾玉、金线大点金、墨线大点金、墨线小点金、雅伍墨、雄黄玉八种。

旋子彩画画面布局灵活，富于变化。花心面积大，旋瓣采用青绿相间与退晕相结合的手法，色彩对比和谐，花纹形象突出，造型清晰简洁。金箔施于旋花的主要部位，起到了画龙点睛的作用。

苏式彩画出现于清代中后期，因其最初使用于苏州园林，故名苏式彩画。苏式彩画的枋心有两种式样，一种与和玺、旋子彩画一样，做成狭长的枋心；另一种是在较大的梁枋上，将檐檩、檐垫板、檐枋三者枋心连成一气，做一个大的半圆形，称搭袱子，俗称包袱。包袱的边缘轮廓用连续折叠的线条将色彩由浅及深地逐层退晕，极富立体感。包袱心里绘有亭台楼阁、山水人物、花鸟鱼虫等完整的画面。藻头部分常绘扇面、斗方、桃形、葫芦等图案。苏式彩画的布局更为灵活，画面题材广泛，更接近于绘画艺术，有浓郁的书卷气息。因此苏式彩画多用于花园中的亭、台、楼、阁之上，与周围的树木山石相映成趣，形成统一和谐的整体。

紫禁城宫殿的主色调为红黄两色，而彩画则以青绿冷色为主，并沥粉贴金，使宫殿呈现出五彩缤纷、金碧辉煌的效果。

宫殿室内的天花，分井口天花和海漫天花（软天花）两种。井口天花用木条纵横相交，分隔成若干个方块，按方块覆盖天花板，由于形状很像"井"字，故称井口天花。天花板的中心部位画圆光，用青色或绿色做地，内画龙、凤、花卉等图案，圆光四周的岔角，多以流云或卷草为饰。

清工部《工程做法》列有十余种井口天花彩画形式：金琢墨沥粉天花、圆光正面龙、圆光龙凤、天花沥粉六字真言、云鹤天花、烟琢墨天花、五色正面龙、宝仙天花、金莲水草天花、玉做双夔龙寿字天花、西番莲天花、鲜花天花。但紫禁城内的天花实例却远比所记载的更为丰富。如奉先殿的浑金天花，乐寿堂、古华轩、碧螺亭内的楠木本色天花，矩亭的竹编万字锦天花等。

海漫天花用木格算子做骨架，再满糊麻布和纸，在上面画出井口支条和各种图案。海漫天花的图案丰富，造型较之井口天花更为灵活。乾隆花园倦勤斋内小戏台顶棚上的就是海漫天花，是乾隆年间如意馆意大利籍画家郎世宁的学生王幼学等绘制。天花满绘紫藤萝，枝叶繁盛，花朵漫垂。紫藤花完全以色彩塑形，看不见线条的痕迹。人如果站在戏台前某一点上，抬头向上看，藤萝正好悬于头顶，以这个点为中心，向四面看去，花朵逐渐倾斜，最远处的花朵几乎是做平躺状。如果从这个点向戏台望去，那些紫藤又朵朵下垂，仿佛一伸手，它们就能碰到你的指尖，给人以奇妙的立体错觉。

藻井是古建室内顶部的一种特殊装饰，只装饰于重要建筑之上，强调其空间等级的尊崇。藻生于水中，井是二十八星宿之东井宿，取其水灭火之意，所以藻井还具有防火的象征意义。藻井分三部分构成，上部为圆井，中间为八角井，下部为方井。上部圆井正中的蟠龙口悬宝珠称轩辕镜，是一个外涂水银的空心玻璃球，以黄帝名字轩辕氏而得名，代表在位的皇帝是正统且传之有序。紫禁城内的很多重要殿宇，包括太和殿、养心殿、钦安殿、慈宁宫、皇极殿等处都施用了这种浑金蟠龙、口含宝珠的藻井。还有其他一些形制的藻井，比如御花园内万春亭彩绘缠枝牡丹蟠龙圆形藻井、堆秀山内的石雕蟠龙藻井、慈宁宫花园临溪亭金琢墨沥粉彩绘海漫藻井等。

门钉吻兽

宫殿大门的门钉，最早是为固定门板和横带而设计的。紫禁城的门钉纵横各九行，共九九八十一颗，皆以铜铸成，钉帽突出，上有鎏金，在朱红色大门的映衬下，分外耀眼，给人以金光灿烂之感。明代规定王城正门涂红漆加金漆铜钉。清代规定，门钉只用在皇宫、坛庙和宗室王宫的府邸上。皇宫、坛庙的大门，每扇门板上门钉九行，每行九颗；亲王九行，每行七颗；郡王、贝勒、贝子、镇国公、辅国公九行，每行五颗；公七行，每行七颗；侯以下减至五行，每行五颗。钉为铁制。外官则一概不许使用门钉。

紫禁城里只有东华门和午门的两个掖门，门钉是九行，每行八颗。这三座门何以形制特殊，目前还没有定论。有一种观点认为，这是清代关外建筑形制的遗风；还有一种说法是，东华门是皇帝的梓宫出入之门，所以东华门是"鬼门"，当然要用偶数（阴数）。

紫禁城宫殿屋顶上最普遍的装饰物——大吻和小兽，也是由构件加以美化而成的。

大吻是屋顶正脊两端的构件，做成龙的形象。大吻在宋代的《营造法式》中称"鸱吻"。据《唐会要》记载，汉代的柏梁殿发生了火灾，越地巫师说，海里有一种虬鱼，尾巴似鸱，能激浪作雨，于是就以虬鱼做像，立于屋顶，希望借此来消灭火灾。大吻所在的地方，是屋顶正中的大脊与前后两坡的垂脊交接之处，是非常容易漏雨的薄弱环节，琉璃的大吻就起到了良好的加固和防水的作用。

太和殿屋脊上的正吻，通高3.4米，重达4.3吨，由十三块琉璃构件组成。龙吻形象威猛，龙尾朝外，婉转上翘，龙吻向里，怒目圆睁，吞住正脊。龙尾的背部，一把宝剑直插下去，将龙吻的各个

脊兽（上
琉瓦（下

构件穿插在一起，使之异常坚固。两端大吻之间正脊的琉璃脊筒里，往往放置木炭，可以调节干湿度。雨季空气湿度大时，木炭吸收脊筒内的水分，防止脊檩等木构件受潮腐烂；空气干燥时，木炭又自动释放出水分。

大吻从烧制到安装都非常慎重，在琉璃场烧制时，有关官员要到现场监工。大吻烧成后，派遣官员祭告窑神。大吻从午门入宫，安装的时候，工部尚书要亲临现场行礼。

宫殿檐角的小兽，也是由琉璃烧制而成。小兽的大小和数量因建筑的规格和体量而异。以一、三、五、七、九的奇数形式排列，并有固定的顺序：龙、凤、狮子、天马、海马、狻猊、押鱼、獬豸、斗牛。太和殿的等级最高，破例用了十个小兽，在斗牛后面又加了一个行什。龙、凤是吉祥的化身；狮子是百兽之王，在佛教中又是护法神，与天马、海马都是忠勇之兽；押鱼、斗牛为海中的异兽，能兴云作雨；獬豸，善辨忠奸，头上有独角专触邪恶；行什是个长有双翅的人形，手持金刚杵，可以降妖除魔。小兽是为固定垂脊顶端瓦件的需要而设，由于屋面上的垂脊坡度较陡，容易下滑，为解决垂脊滑坡的问题，在垂脊下端钉有铁椿，上面安放小兽，把铁椿扣盖住。这些小兽寓意美好，造型各异，姿态生动，飞扬的檐角因为这些玲珑的小兽而变得更加生动优美起来。

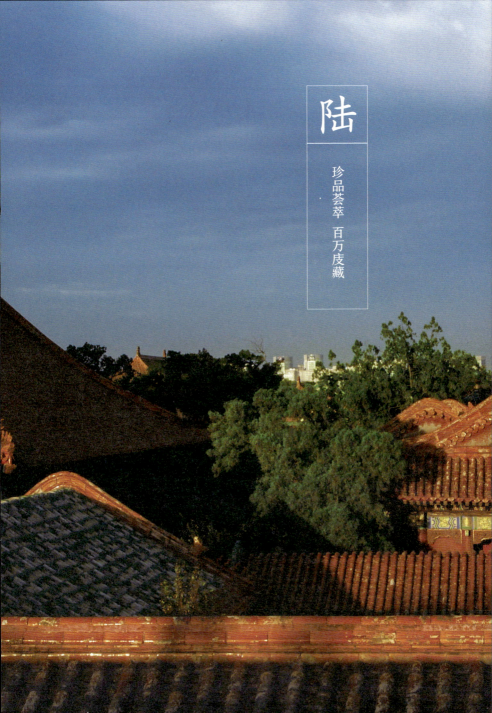

陆

珍品荟萃　百万庋藏

故宫博物院目前院藏文物一百八十六万余件套，其中清宫旧藏文物一百六十二万余件套，通过国家调拨、接受捐赠等方式，新入藏的文物有二十四万余件套。所藏文物时代序列完整，品类丰富，包括陶瓷器、法书名画、玉石器、青铜器、珐琅器、漆器、家具、织绣、钟表、玺印、雕塑、金银器皿等。这座巨大的东方文化宝库，蕴藏着深厚的历史积淀和内涵，不仅是中华民族几千年文化艺术发展历程的集中体现，更是人类文明的不朽见证。

陶瓷器

故宫博物院现藏陶瓷器三十七万余件套，另外还有数千件器形基本完整的古陶瓷实物资料、数万片明清时期陶瓷残片标本和从全国各地一百五十多个具有代表性的古陶瓷窑址采集的七万多片古陶瓷残片标本。这些陶瓷藏品的年代上起新石器时代，下迄近现代，几乎涵盖了中国陶瓷发展史上的所有品种。

　　中国陶瓷有着八千多年延绵不断的发展历史。三国两晋南北朝时期，是青瓷的成熟时期，三国（吴）"青釉堆塑谷仓罐"、东晋"青釉羊形烛台"、北朝"青釉仰覆莲花尊"等，堪称这一时期瓷器的代表作。唐、五代时期，陶瓷制造业蓬勃发展，窑场遍布南北各地。北方邢窑的白瓷，胎质洁白细腻，釉色似银似雪，南方越窑的青瓷，釉色青翠均匀，类玉类冰，形成"南青北白"的格局。唐代邢窑的"白釉葵口碗"、越窑的"青釉八棱瓶"，均代表了当时制瓷业的最高水平。宋、辽、西夏、金代，陶瓷窑更是如雨后春笋般出现，北方的有定窑、钧窑、耀州窑、磁州窑，南方的有越窑、龙泉窑、景德镇窑、建窑等，但最著名的还是汝、官、哥、定、钧"五大名窑"。故宫博物院所藏"五大名窑"瓷器，无论是数量还是质量，在世界上均堪称首屈一指。如北宋汝窑"天青釉三足樽式炉""天青釉三足樽承盘"，北宋定窑"白釉孩儿枕""白釉刻花直颈瓶"，南宋哥窑"灰青釉鱼耳炉""灰青釉胆式瓶"，南宋官窑"粉青釉弦纹瓶""粉青釉

汝窑三足樽／上

钧窑月白釉出戟尊／下

葵花式洗"，北宋钧窑"月白釉出戟尊""玫瑰紫釉海棠式花盆"等，均为闻名遐迩的传世珍品。元代，江西景德镇异军突起，成为全国最重要的瓷器产地。元代景德镇窑成功创烧青花、釉里红、青花釉里红、高温蓝釉、卵白釉瓷等，显示出非凡的创造力。故宫博物院收藏的元代"青花釉里红镂雕怪石花卉图盖罐"，形体饱满，纹饰丰富，是典型的元代景德镇窑瓷器。明、清两代均在景德镇设御器(窑)厂，选派督陶官驻厂监造，大量烧造宫廷用瓷。无论是青花、五彩、斗彩、珐琅彩瓷，还是各种杂釉彩、素三彩、颜色釉瓷，皆名品迭出。如永乐朝"青花缠枝莲纹压手杯"，形体古朴敦厚，青花发色深翠浓艳；成化朝"斗彩葡萄纹高足杯"，造型隽秀，胎体轻薄，纹饰色彩和谐悦目；弘治朝"黄釉描金双兽耳罐"，釉色匀净娇嫩；正德朝"孔雀绿釉刻花碗"，釉色碧翠清雅；万历朝"五彩镂空云凤纹瓶"，纹饰富丽华贵；康熙朝"豇豆红釉菊瓣瓶"，体态优美，釉色娇艳；雍正朝"珐琅彩雉鸡牡丹纹碗"，胎薄如纸，设彩华丽；乾隆朝的"各色釉彩大瓶"更是将十几种釉、彩集于一体，是目前所见装饰手法最多、装饰技艺最为精湛的瓷器，素有"瓷母"之美誉。

绘画法书

故宫博物院现藏历代绘画作品五万三千余件，有两千二百余件系国家一级文物，几乎囊括了中国绘画发展各个历史时期的名家名品，可谓精华荟萃，蔚为大观。绘画藏品也由此成为故宫博物院艺术藏品的重中之重。

中国绘画的依托物最早是陶器和墙壁，后来才绘于绢和纸上，

乾隆款各种釉彩大瓶／上

康熙霁红釉梅瓶／下

珐琅彩提梁壶／上

珐琅彩连体瓶／下

至魏晋南北朝时期，绘画才逐渐脱离了建筑物与雕刻，成为独立的艺术品。东晋顾恺之的名作《洛神赋图》，是以山水为背景的人物画，现藏虽为宋代摹本，但晋人的婉转风流仍可从中窥见一斑。《洛神赋图》为绢本设色，工笔重彩，笔道圆润绵延，若"春蚕吐丝"，又似"春云浮空，流水行地"。隋代展子虔的《游春图》是山水画独立成宗的标志，它的色彩和技法对初唐的山水画影响很大，被誉为"唐画之祖"。唐代是绘画史上的鼎盛时期，题材范围不局限于人物和山水，动物、花鸟皆入画卷。阎立本的《步辇图》、周昉的《挥扇侍女图》都是人物画的经典之作。韩滉的《五牛图》，纸本设色，所绘五牛姿态各异，生动传神。五代的山水画无论是风格还是技法，都较前代有所发展和突破。董源的《潇湘图》，绢本设色，笔墨轻柔淡雅，恰到好处地表现出江南山水的湿润迷蒙。花鸟画在五代开始进入繁荣时期，黄筌的《写生珍禽图》，绢本设色，所绘珍禽异鸟，精细逼真，色彩艳丽。五代最著名的人物画当数顾闳中的《韩熙载夜宴图》，画风工细写实，并生动地刻画出主角韩熙载思虑压抑的内心世界。

宋代画坛上，名家辈出，画派并立，空前繁荣。尤其是占主流地位的山水、花鸟画，更是璀璨光辉，映照百代。马远的《踏歌图》、米友仁的《潇湘奇观图》、郭熙的《窠石平远图》、王希孟的《千里江山图》、张先的《十咏图》，皆为山水画之杰作。两宋的花鸟画崇尚写生，刻画细致生动，着色艳丽和谐。林椿的《果熟来禽图》、李迪的《枫鹰雉鸡图》、李嵩的《花篮图》、吴炳的《出水芙蓉图》都是代表作品。张择端的《清明上河图》，构图复杂，内容丰富，描绘精微，是北宋时期最为壮阔的一幅风俗人物画，以其卓越的艺术性和对历史的真实再现而载誉画史。

元代，文人画成为画坛的主流，赵孟頫首先将书法的笔墨趣味融入绘画之中，无论是山水还是花鸟，都追求笔墨的韵致。受赵孟頫直接影响的元四家黄公望、吴镇、倪瓒和王蒙，更使山水画以鲜明的个性特征、丰富的感情色彩成为中国画坛的主流。赵孟頫的《秋郊饮马图》、黄公望的《九峰雪霁图》、倪瓒的《幽涧寒松图》、吴镇的《渔父图》、王蒙的《夏日山居图》，皆为笔墨挥洒自如、意境天然的佳作。

明清绘画继承了宋元以来的优秀传统，各种画派临风崛起，名家辈出，技法上更为多姿多彩，或标新立异，或宗师摹古。沈周的《沧州趣图》、文徵明的《兰竹图》、唐寅的《事茗图》、仇英的《临溪水阁图》、徐渭的《驴背吟诗图》、陈洪绶的《梅石图》、董其昌的《高逸图》，都是名师巨作。清六家王时敏、王鉴、王翚、王原祁、吴历、恽寿平，四僧朱耷、原济、弘仁、髡残，以及郑燮、金农、黄慎、罗聘等扬州八怪的代表作品，故宫皆有入藏，且量多质精。

法书是书法作品之楷模，故宫现藏历代法书作品七万六千多件，五百多件为国家一级文物。院藏西晋陆机的《平复帖》，是中国现存最早的法书墨迹。此帖为草隶体，风格古朴，笔意婉转。东晋王献之的《中秋帖》，书法古厚，行气连贯，被誉为"一笔书"之祖。东晋王珣的《伯远帖》，行笔秀丽飘逸、自然流畅，潇洒古澹的晋人风流，宛然在眼。隋人书《出师颂》，章草书，古朴淡雅，是隶书向今草过渡的里程碑式的法书作品。此帖曾为清宫旧藏，后辗转流落于民间，2003 年 8 月由故宫博物院重金购回，弥足珍贵。唐杜牧的《张好好诗》、褚遂良的《摹兰亭序》，宋米芾的《苕溪诗》、蔡襄的《蔡襄自书诗》、黄庭坚的《诸上座帖》，元赵孟頫的《洛神赋》，皆为传世绝品。这些巨擘的铭心之作，或妍美流转，或潇洒纵横，

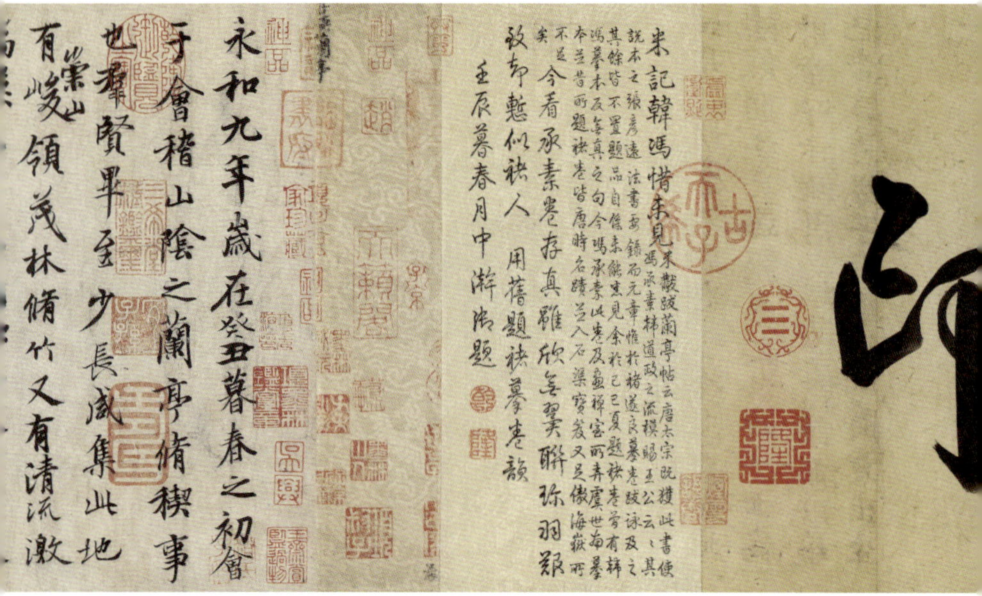

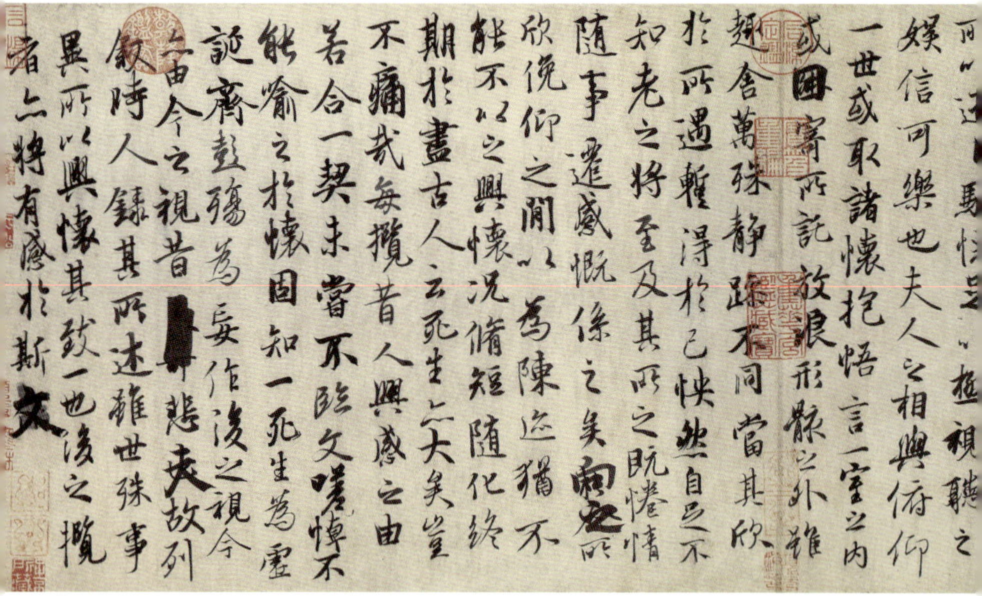

永和九年歲在癸丑暮春之初會
于會稽山陰之蘭亭脩稧事
也羣賢畢至少長咸集此地
有崇山峻領茂林脩竹又有清流激
湍映帶左右引以為流觴曲水
列坐其次雖無絲竹管弦之
盛一觴一詠亦足以暢敘
幽情是日也天朗氣清惠風
和暢仰觀宇宙之大俯察
品類之盛所以遊目騁懷
足以極視聽之娛信
可樂也夫人之相與俯仰
一世或取諸懷抱悟言一室之內
或因寄所託放浪形骸之外雖
趣舍萬殊靜躁不同當其欣
於所遇暫得於己快然自足不
知老之將至及其所之既惓情
隨事遷感慨係之矣向之所
欣俛仰之間以為陳跡猶不
能不以之興懷況脩短隨化終
期於盡古人云死生亦大矣
豈不痛哉每攬昔人興感之由
若合一契未嘗不臨文嗟悼不
能喻之於懷固知一死生為虛
誕齊彭殤為妄作後之視今
亦由今之視昔悲夫故列
敘時人錄其所述雖世殊事
異所以興懷其致一也後之攬
者亦將有感於斯文

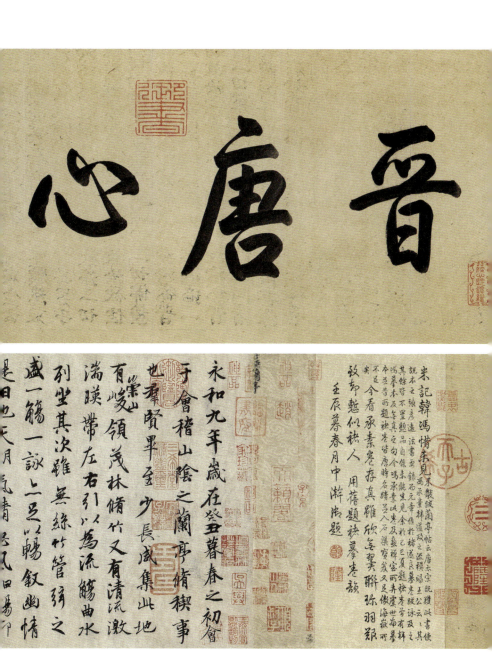

冯承素摹兰亭序帖

林椿《果熟来禽图》

或遒劲姿媚，墨色无华，却写出了万象之美，展卷之时，令人神思超逸，界破虚空。

玉器

故宫博物院收藏的古代玉器有三万余件，大多为乾隆时期收集整理或制造的。

中国玉器有着七千多年悠久的发展历史，雕琢精湛，品类繁多，用途广泛，在政治、经济、文化、宗教上都发挥过无可替代的作用。新石器时代的玉器具有祭天祀地、陪葬敛尸以及辟邪等多种用途，如院藏良渚文化的"玉神人纹多节琮"、红山文化的"玉兽形玦"等。春秋战国时期，士大夫佩玉之风盛行，所谓"君子无故，玉不去身"，极大地推动了玉雕艺术的发展。秦玉出土较少。汉代的玉器继承了战国玉雕的精华，并奠定了中国玉文化的基本格局，将玉器分为礼玉、葬玉、饰玉和陈设玉四大类。三国魏晋南北朝时期，是玉器发展的衰落期。至唐代，传世玉器的数量虽不多，但雕琢都比较精湛。故宫博物院藏"青玉透雕花环""白玉莲瓣纹饰""白玉夔龙柄葵花式碗"等，不以玉质的纯粹莹润见长，只以造型的唯美和艺术气息取胜。宋、辽、金时期的玉器，"礼"性大减，"玩"味大增，实用装饰玉占有重要的地位。所做人物、花卉、仕女、杯盘、盏洗无不精工细致，匠心独运。如宋代的"白玉透雕双螭抱璧纹佩"、辽代的"白玉透雕鳜鱼水草纹佩饰"、金代的"白玉透雕鹘鹅纹环"等。元代的玉器则秉承了宋、金时期的艺术风格，又兼具元人的雄健豪迈之气，如"白玉透雕秋葵蝶鸟纹嵌饰""白玉透雕双兔佩""白

董临簋／上

铜胎珐琅三足炉／下

玉透雕狮戏图"等。明清两代是玉器的鼎盛时期，其玉质之美、雕工之精、器形之丰、使用之广皆前朝所未有。明代的"青玉镂雕葵花杯""'子冈'款茶晶梅花花插"，清代的"黄玉佛手式花插""碧玉菊瓣盘""碧玉兽面纹出戟花觚""青玉松鹤老人山子""俏色玉桐阴侍女图"，都是玉质莹润纯粹、设计巧夺天工、工艺炉火纯青的传世绝品。

青铜器

中国青铜器的起源可以追溯到公元前三千年左右，青铜史上最波澜壮阔、光彩夺目的时代是商周时期，所铸青铜器有礼器、食器、酒器、乐器、兵器等，以雄伟的造型、古朴的纹饰而著称。尤其是进入西周、东周时期，出现的一大批有长篇铭文、记录历史事件的青铜器，更是集工艺美术、历史典籍和书法艺术于一体的杰出典范。

自汉代以来，青铜礼乐器时有出土，其上威严的纹饰、雄伟的气度，深得帝王之心，被视为国之祥瑞。于是，官民贡献于上，皇室搜求于下，逐渐成为皇家的重要典藏。

故宫博物院所藏历代青铜器近两万件，上自殷商，下迄秦汉，品类齐全，精品颇多。如春秋时期的"立鹤方壶"，战国时期的"宴乐涉猎攻战纹壶""螭梁盉""龟鱼纹方盘"，西周时期的"堇临簋""刖人鬲""乳钉三耳簋"等。在所藏青铜器中，仅先秦有铭文的就有一千六百余件，数量居全国博物馆之首。如"四祀邲其卣"，是商代铭文最长的器物，其铭文记述了帝辛时期有关赏赐、祭祀等内容。还有记录西周时期军法处置情况的"师旂鼎"、记录土地买卖活动

铜镀金乐箱花瓶式
活碟钟＼右
群仙祝寿钟＼左

的"格伯簋"，以及春秋后期的"能原镈"，上面四十八字的铭文，至今仍未有人能通读。

其他文物

故宫博物院现藏珍贵的织绣文物十八万余件，有帝后妃嫔的服饰、供陈设和观赏用的织绣画、屏风、戏衣等，还有大量的面料，品种有缂丝、织金缎、花缎、闪缎、织金绸、花绸、花纱等。

明清家具有六千余件，质地有紫檀、黄花梨、花梨、乌木、鸡翅木、酸枝木、楠木等。明代的家具造型简洁流畅，空灵秀丽；清代的家具则华美精工，极尽雕饰之能事。

机械钟表有两千余件，包括中国钟表和英国、法国、瑞士等国制造的钟表。这些钟表计时准确、造型精美、色彩绚丽，融绘画、雕塑、工艺、音乐、机械、科技等于一体，从中可以领略数百年前中外钟表制造的精湛技艺。另外，故宫还收藏有竹木牙角器三万余件，玺印五千余件，雕塑一万余件，漆器一万九千多件，珐琅器六千多件，金银器皿一万余件。在这百万余件藏品中，还有很大一部分是清代宫廷所遗留的历史文物，包括皇帝的仪仗、御用武备、宫廷乐器、生活用具等，是了解和研究清代宫廷生活的重要实物资料。

图书在版编目（CIP）数据

闲闲慢慢行故宫.瑞阙丹宸 / 寒布著. -- 北京：作家出版社，2022.1

ISBN 978-7-5212-1378-2

Ⅰ.①闲… Ⅱ.①寒… Ⅲ.①故宫 - 北京 - 通俗读物 Ⅳ.①K928.74-49

中国版本图书馆 CIP 数据核字（2021）第 049965 号

本书图片提供

故宫出版社、郑欣淼、史宁昌、高欣、窦海军

闲闲慢慢行故宫：瑞阙丹宸

作　　者：寒 布
责任编辑：苏红雨　杨新月
装帧设计：孙惟静
出版发行：作家出版社有限公司　故宫出版社
社　　址：北京农展馆南里10号　　邮　　编：100125
电话传真：86-10-65067186（发行中心及邮购部）
　　　　　86-10-65004079（总编室）
E-mail:zuojia@zuojia.net.cn
http://www.zuojiachubanshe.com
印　　刷：北京雅昌艺术印刷有限公司
成品尺寸：142×210
字　　数：150千
印　　张：5.75
版　　次：2022年1月第1版
印　　次：2022年1月第1次印刷
ISBN 978-7-5212-1378-2
定　　价：118.00元（全二册）

重玉砌扉

闲闲慢慢行故宫

作家出版社
故宫出版社

寒布 著

目　录　*CONTENTS*

壹

宮壼深闈

启祥宫（太极殿）	长春宫	咸福宫	永寿宫	翊坤宫	储秀宫	延禧宫	永和宫	景阳宫	景仁宫	承乾宫	钟粹宫	西六宫	东六宫
72	67	59	53	48	43	37	34	32	27	20	13	43	13

六宫之制，自周代已经确立。东西六宫融汇了"向心"与"取正"的传统布局形式。"向心"即指建筑群的平面布局形式为多座单体建筑均面向中心，构成或围绕着一个中心。"取正"指建筑平面布局以南北方向为轴线，即取正南方向。西六宫的平面布局总体上以向心为主，乾清宫和坤宁宫有若天地，位于内廷之中心，十二宫如众星拱卫，分立两侧，突出了后三宫在内廷的绝对主宰地位。从局部布局来看，十二宫的主殿均面南，采用取正的方式，对称严谨。

东西六宫位于后三宫两侧，东西对称，纵向排开。建筑格局一致。都是在深广各五十米的正方形基地上，采取一正两厢、前后两进院的四合院形式，前殿后寝，东西各有配殿。大门在南，四围院墙。每座宫殿既自成一体，中间又有纵横的巷道相连。南北纵向的称为长街，东西向为横街。各座房屋之间或以垂花门、影壁相隔，或以廊相接，形成重重院落，营造出"庭院深深深几许"的幽深之境。

东西六宫的建筑主次分明，区划严谨。前殿是举行仪式、起居之所，除景阳宫、咸福宫为三间庑殿顶外，其余均为五开间，歇山

壹

宫壶深闺

东西六宫

式黄琉璃瓦顶。明代通用内廊做法，清代多改作明出廊子，或在前院增添游廊，较之明代更有生活情趣。后殿寝居及两厢配殿，均采用硬山顶做法。门窗装修，明代除前后殿正座使用菱花窗外，其余多用正方格式。清代有改作支摘窗形式，而且多有雕饰。

东西六宫在明代为妃嫔所居，清代皇后也在东西六宫择宫而居。皇帝妃嫔的数目不等，妃嫔较多时，每宫的正殿、后殿、配殿都住有主位。皇帝妃嫔的数目，明朝没有特别的规定。清代共分为八个等级，皇后一名、皇贵妃一名、贵妃二名、妃四名、嫔六名，贵人、常在、答应没有定额。事实上，皇帝后妃的数目并不受此限制。据记载，康熙皇帝的妃嫔至少有五十五名之多，乾隆皇帝也有四十二位。至清末，同治有五位后妃，而光绪则只有三位，所以东西六宫已相当冷落。

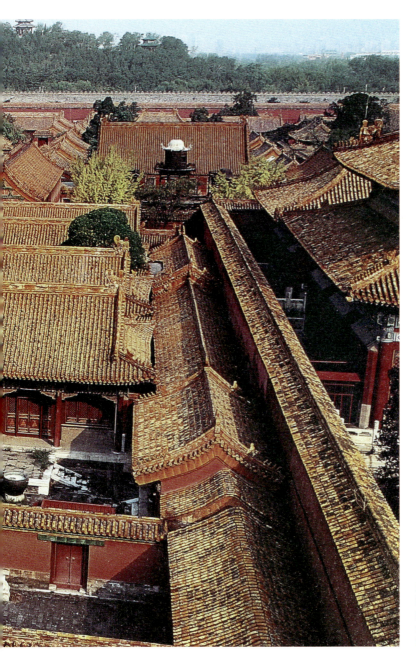

鸟瞰东六宫

清宣宗孝全成皇后
咸丰皇帝生母

东六宫

后三宫东侧为东一长街，长街北端为长康左门，南端为内左门。街西有基化、永祥、景和、龙光、日精门。街东大成左门内为钟粹宫，广生左门内为承乾宫，咸和左门内为景仁宫。三宫东为东二长街，街北端为千婴门，南端为麟趾门。街西为迎祥、履和两门。街东昌祺门内为景阳宫，德阳门内为永和宫，凝祥门内为延禧宫。

钟粹宫

明初称咸阳宫，隆庆年间改称钟粹宫。前殿是乾隆皇帝的御笔匾额"淑慎温和"。钟粹宫在明代曾为太子所居，清代的咸丰、同治皇帝也都曾在此居住过。咸丰皇帝的生母孝全皇后、皇后慈安，光绪皇帝的皇后隆裕都以此为寝宫。

慈安，钮祜禄氏，是咸丰皇帝的皇后，咸丰皇帝做皇子时的侧福晋，嫡福晋萨克达氏在咸丰皇帝即位前亡故，慈安于咸丰二年（1852）被册立为皇后。咸丰做皇子时一直在钟粹宫住到十七岁，因此对此宫的感情颇深，让慈安住在这里足以想见他对皇后的看重。咸丰十一年（1861），咸丰皇帝在承德避暑山庄病故，六岁的载淳即位，是为同治皇帝。载淳的生母慈禧太后不满顾命大臣的专政，联合恭亲王奕訢发动政变，斩杀肃顺等顾命大臣，与慈安一起垂帘听政。名义上虽为两宫垂帘，但慈安性情温和，且无心于政事，所以朝政实际上一直由慈禧一人主持。

尽管慈安性子宽和又不谙政事，对慈禧的政权独揽构不成威胁，

咸丰帝朝服像

璇闈日永

清文宗孝贞显皇后『慈安太后』

但对慈禧多年乾纲独断的专横跋扈，慈安确也心存不满。光绪七年（1881）三月十一，未闻染疾的慈安暴亡于钟粹宫，时年四十五岁，令朝臣们惊诧莫名。据说慈安死前曾与慈禧发生过激烈的争执，后来吃了慈禧派太监送来的果饼，当夜即暴病而亡。

慈安的丧礼就在钟粹宫举行，百官来吊唁时看到了慈安青紫的类似中毒症状的手指，但都噤若寒蝉，不敢发一言。也看到了身穿丧服、头蒙白绢、发插银簪的慈禧坐在矮凳上，面冷如水。

光绪的皇后叶赫那拉氏，生于同治七年（1868），满洲镶黄旗人，副都统叶赫那拉·桂祥之女，光绪的生母是桂祥的二姐，二人共同的大姐就是慈禧，所以隆裕和光绪是表姐弟的关系。才子佳人的戏本里最引人遐想的莫过于表兄妹的暧昧情事，其中最经典的当数宝黛的爱情悲剧，但这一对表姐弟的故事却大相径庭，前者是有情人未能成眷属的千古绝唱，这一个却是眷属终成陌路的悲凉。

从现存的照片来看，光绪的样貌当得起"秀润"两字，虽未生于深宫但确是长于妇人之手，而且又是那样一位铁腕妇人，能生成如此的风姿当属难得。隆裕的样貌确实很难和美联系起来，长脸瘦削，目光迟滞，还有些含胸，更可怕的是一些记载还说她皮肤暗黄，满口龋齿。虽然外表不足，但大家闺秀的出身还是让她足够端庄，本身的性情也还算温婉柔顺，识体明理，还写得一手好字。隆裕的个性是安静且与世无争的，可是在世俗的目光里难免沦为懦弱可欺，包括她的夫君。因为这一桩婚姻完全是慈禧一手促成的，光绪对这个木讷迟滞的表姐首先是嫌弃，其次她作为慈禧监视他的眼线更是让他反感。虽然慈禧是隆裕的嫡亲姑母，但是姑母由顶至踵散发出来的威严让她敬而远之无法亲近，而她唯唯诺诺的个性也颇让慈禧失望。从现存不多的两个人的合影上来看，身体语言说明了一切，

珍妃旧影（传）

一个霸气侧漏，一个谨小慎微，隆裕在慈禧身边简直就是避猫鼠一般的存在。慈禧对她也是颇多嫌弃，也许仅仅是哀其不幸怒其不争吧。

在光绪与隆裕大婚当日，从神武门还迎进了光绪皇帝的另外两个妃子，即珍妃和瑾妃，聪明伶俐而又天真无邪的珍妃很快就赢得了光绪皇帝的宠爱，而隆裕被彻底摒弃在了光绪皇帝的视线之外。戊戌变法之后，珍妃和光绪皇帝分别被囚禁和软禁，隆裕和光绪的夫妻关系更是名存实亡。光绪二十六年（1900）八国联军入侵北京，慈禧带着光绪皇帝和隆裕出逃前，令太监将珍妃投入贞顺门内的井中溺毙，目睹了这令人齿冷心寒的人间悲剧，隆裕心理上的恐惧远远超过了情敌消失的快感，自此在姑母身边的日子变得更加战战兢兢如履薄冰了。

慈禧皇太后立像（1903年）

　　光绪三十四年（1908）十月二十一，三十七岁的光绪皇帝在中南海瀛台涵元殿病逝，震惊朝野内外，而仅仅一天之后，七十三岁的慈禧太后也病逝于中南海仪鸾殿。二十四小时之内，皇帝和太后先后离世。慈禧生前选定的年仅三岁的溥仪即皇帝位后，既无政见也无主见的隆裕太后不得不勉力护佑着小皇帝，和朝臣们一起苦苦支撑着风雨飘摇的末世危局，直到宣统三年（1911）十月辛亥革命爆发。1912年2月12日，《清帝逊位诏书》由袁世凯在养心殿内进呈给隆裕太后，隆裕太后还未看完即已泪如雨下，然而大厦将倾，无力回天，万般无奈之下的她不得已颁布退位诏书于天下。

　　此后，隆裕太后一直在国家政体实际终结者的重负下郁郁寡欢，一年之后，民国二年（1913）正月十七，她病逝于长春宫，享年四十六岁，谥号"孝定隆裕宽惠慎哲协天保圣景皇后"。隆裕临终时，曾对内务府大臣世续说："孤儿寡母，千古伤心，睹宫宇之荒凉，不知魂归何所。"[1] 对着懵懂无知的只有四岁的溥仪，她无奈地叹息道："汝生帝王家，一事未喻，而国亡，而母死，茫然不知，吾别汝之期至矣，沟续道涂，听汝自为而已。"[2]

中华民国政府以国丧规格为她在太和殿治丧，时任中华民国总统的袁世凯令全国下半旗致哀三日，文武官员穿孝二十七日。孙中山评价她："孝定景皇后让出政权，以免生民糜烂，实为女中尧舜，民国当然有优待条件之酬报，永远履行，与民国相终始。"黎元洪挽联写道："德至功高，女中尧舜。"阎锡山评价："皇太后贤明淑慎，洞达时机，垂悯苍生，主持逊位。视天下不私一姓，俾五族克建共和，盛德隆恩，道高千古。"

隆裕太后的这场葬礼可谓极尽哀荣，盛大一如当年她与光绪皇帝那场繁华的婚礼。然而璀璨热闹的开始和结束之间，是她这空洞苍白的一生。

承乾宫

明初称永宁宫，崇祯五年（1632）更名为承乾宫。殿前有宽阔的月台，殿内正中有乾隆皇帝御题"德成柔顺"匾。东西配殿于崇祯七年（1634）安匾，东配殿为贞顺斋，西配殿为明德堂。明代崇祯皇帝的田贵妃，清代顺治皇帝的皇贵妃董鄂氏，道光皇帝的孝全

1、2　《清稗类钞·宫闱类》。

成皇后、琳贵妃、佳贵人，咸丰皇帝的云嫔、婉贵人都曾在此居住。

崇祯皇帝的田贵妃，是位美貌且多才艺的传奇女子。她出生在扬州，崇祯皇帝在藩邸为信王时，她入信王府为侧妃。崇祯皇帝即位后将其册封为礼妃，后晋皇贵妃。她先后为崇祯皇帝生了永王朱慈炤、悼灵王朱慈焕、悼怀王及皇七子四位皇子，可惜除了朱慈炤其余三子都夭折了。

明末清初的著名诗人吴梅村曾为她写下叙事长诗《永和宫词》："扬州明月杜陵花，夹道香尘迎丽华。旧宅江都飞燕井，新侯关内武安家。雅步纤腰初召入，钿合金钗定情日。丰容盛鬋固无双，蹴鞠弹棋复第一。上林花鸟写生绢，禁本钟王点素毫。杨柳风微春试马，梧桐露冷暮吹箫……"诗中将她的纤妍风采、才艺无双以及荣宠而衰的结局娓娓道来。

田贵妃的美貌毋庸赘言，仅是她的才艺就令人叹为观止。论音乐素养，古琴、琵琶、笛箫无一不精，崇祯皇帝赞她："指法洪纤，深得宜也。"又赞其笛声有裂石穿云之韵，还命其他妃子跟她学琴。论书画造诣，幼学钟繇、王羲之，崇祯皇帝赏鉴内府书画很多都是请田贵妃代为签题；她所绘的《群芳图》，被崇祯皇帝置于御案前，还随身携带她画的兰草纨扇。论棋技，每次和崇祯皇帝对弈都要负他二子，给皇帝留足面子。琴棋书画之外，田贵妃的绣工也令人称奇，她的宫花补子可以成为皇帝赏赐大臣的珍品。还有骑马、蹴鞠、园艺甚至服饰设计，好像没有什么领域她不能精通的。

这样的姿色才情让人无法不妒忌，正宫周皇后对于出尽风头的田贵妃也颇多打压，笼络其他妃子来孤立她，赏花游园绝少召她陪侍。日积月累的嫌隙终于在崇祯十三年（1640）元旦成为积怨爆发。周皇后在交泰殿例行接受妃嫔的朝贺，却故意忽视冷落已在殿外风雪

中等候多时的田贵妃，而先请后来的另一位袁贵妃入殿，等袁贵妃朝贺完毕，才传召田贵妃。田贵妃进殿跪拜行礼，周皇后冷颜相对，这让在殿外苦苦相候又遭如此冷遇的田贵妃怨愤不平，不免去向皇帝哭诉。崇祯皇帝听说后非常气恼，认为周皇后本应母仪天下的胸襟不该如此狭隘，于是前去找周皇后理论，帝后在交泰殿先是言语

承乾宫

过激，后来还爆发了肢体冲突，皇帝推倒了皇后之后拂袖而去。从未受过皇帝如此对待的周皇后羞愤难当，放下皇后的体面，开始了一般女人的套路：一哭二闹三上吊。回到寝宫冷静下来的崇祯皇帝也是悔不当初，想着怎样破解僵局，他又是送御馔、又是送貂褥地慢慢哄转了皇后的性子。为了让皇后消气，挽回皇后的尊严和体面，

履和門內

甚至不惜处罚了心爱的田贵妃，贬居她去启祥宫自省。

满腹委屈的田贵妃带着五岁的儿子朱慈焕搬进了启祥宫，在自省期间，皇帝不但不再召见，而且不准她上表自陈，就是连解释的机会都不给她。从云端跌落下来的田贵妃确实开始重新审视自己的角色和地位，原来被欣赏宠爱的幻境是这么容易被打破，她的心在冷宫里也慢慢地冷却下来。虽然三个月后春暖花开之时，周皇后借帝后在永和宫赏花之机请来了田贵妃，帝后妃子之间看似又复归一团和气，但春风和煦的下面是田贵妃寒冻冰封的内心，她再也无法开释和暖了。同年七月，聪慧灵敏备受崇祯皇帝疼爱的朱慈焕夭折，又给了田贵妃致命的打击。在启祥宫的贬居岁月里，因着崇祯皇帝的尚未忘情，她于崇祯十四年（1641）又生下皇七子，但这次生子使她元气大伤，一直未能复原。崇祯十五年（1642）三月，自知病将不起的她请求回到了那承载她欢爱憧憬的承乾宫，同年七月十五中元节，绝代风华的田贵妃病逝于此。

在承乾宫住过的另一位秀外慧中的妃子就是清顺治皇帝的董鄂妃。董鄂氏是满洲正白旗人，内大臣鄂硕的女儿，大将军费扬古的姐姐。董鄂氏顺治十三年（1656）入宫，当年八月即被封为贤妃，一个月以后晋封皇贵妃，位分仅在皇后之下，这样的升迁速度后宫实属罕见。同年十二月初六，顺治皇帝还为董鄂氏举行了隆重的册封典礼并颁诏大赦天下，在大清历史上，因为册立妃嫔而大赦天下的，这是绝无仅有的一次。第二年十月董鄂妃生下皇四子，顺治皇帝更是欢欣异常，只可惜此子未足四月，还未来得及命名就夭折了。

在董鄂妃入宫之前，顺治皇帝已经有了一位皇后，还有一位废后。两位都是博尔济吉特氏，一位是孝庄太后的侄女，于顺治十年（1653）

因善妒性喜奢华被废，降为静妃；另一位是孝庄太后的侄孙女孝惠章皇后，于顺治十一年（1654）六月继立为皇后。董鄂氏入宫后，顺治皇帝为她屡屡打破了宫规常例，在顺治十五年（1658）还一度想要以孝惠章皇后侍奉太后不谨为由废后，另立董鄂氏为后。在孝庄太后的力阻和董鄂氏的坚辞下，顺治皇帝才悻悻作罢。

顺治十七年（1660）八月十九日，年仅二十二岁的董鄂氏病逝于承乾宫，顺治皇帝伤痛欲绝，几近癫狂，甚至还一度欲遁入空门，并再一次破例追封她为皇后，谥号"孝献庄和至德宣仁温惠端敬皇后"，"献"字谥号满语是聪明、贤明、聪睿之意。

在顺治皇帝亲自撰写的《董妃行状》里，是对董鄂氏满满的追忆和怀念。她安静守礼，侍奉皇太后周到体贴，照顾皇帝的衣食起居无微不至，事事亲力亲为。皇帝若邀她共进御膳，她婉拒并劝解皇帝应多与大臣共食，以使诸臣都能共沾宠惠。皇帝常常批阅奏章至深夜，她会安静地陪侍在侧，请她共览奏章，她会坚辞拒绝，避免干政的嫌疑。她不尚奢华，从不浓妆艳饰。御下宽恩，对其他妃嫔坦诚友爱，扬善掩过。她熟读"四书"和《易经》，对佛学、禅学的领悟也颇有见地。她善解人意，从未恃宠而骄，即使在重病时，她担心的都不是自己的病体，而是自己的病情会让皇太后忧心，担心自己的离开会让皇帝伤心。在顺治皇帝的回忆里，董鄂氏是一位聪慧贤达、克己复礼的没有半丝瑕疵的完美女子。

沉浸在深深哀痛里的顺治皇帝无法自拔，于顺治十八年（1661）正月初七因天花崩逝于养心殿，享年仅二十四岁。其时，距离董鄂妃离世仅仅只有四个多月。

景仁宫

　　明初称长安宫，嘉靖十四年（1535）更名景仁宫。迎门有汉白玉石屏一座，相传为元代的遗物。前殿悬乾隆皇帝的御笔匾额"赞德宫闱"。明代宣德皇帝的废后胡皇后、康熙皇帝的生母佟佳氏、乾隆皇帝生母崇庆皇太后、咸丰帝婉贵妃、光绪帝珍妃都曾在此居住。

　　清代最负盛名的康熙皇帝玄烨就出生在景仁宫。他的母亲佟佳氏是少保佟图赖的女儿，生康熙皇帝时只有十五岁。佟佳氏孕期去给太皇太后孝庄请安，离开时，孝庄发现她裙裾上有光，就问她是否有孕在身。得知她确实已身怀六甲，就对侍女说，她当时孕育顺治时也是这个样子，看来以后生的儿子一定有福气。但不幸的是，佟佳氏二十四岁就病故了，但是这个被祖母预言有福气的孩子确实成长为一代明君，开创了有清一代的盛世先河。《清实录》载，康熙皇帝六岁时，与兄弟常宁、福全到父皇面前问安，顺治问其志向，他说："待长而效法皇父，黾勉尽力。"[1]顺治皇帝颇为赞赏。八岁即位后，太皇太后孝庄曾问其愿望，康熙皇帝答道："惟愿天下人安，生民乐业，共享太平之福。"[2]而康熙皇帝也确实用一生来实践了他幼时许下的诺言。

　　光绪皇帝宠爱的珍妃曾在景仁宫度过一段岁月静好的时光。珍妃，他他拉氏，户部右侍郎长叙的女儿，镶红旗，她和姐姐瑾妃在光绪和隆裕大婚的同时入宫，不过皇后进的是午门，姐妹俩进的是神武门，一个正门一个后门，注定了后与妃难以逾越的差距。虽然是同父异母的姊妹，两个人从外貌到性情都相去甚远，珍妃娇俏伶俐，

1、2　《大清圣祖仁皇帝实录》卷一四四。

颇有诗才，瑾妃敦厚木讷，不善言辞。

《国闻备乘》载："惟珍妃生性乖巧、讨人欢喜，工翰墨，善棋，日侍皇帝左右，与帝共食饮共乐，德宗尤宠爱之。"其实不唯光绪皇帝，初入宫的珍妃开始还是颇得慈禧喜爱的，毕竟这是慈禧为光绪钦定的妃子。当日慈禧在她的餐厅体和殿主持为光绪选后妃，除了隆裕，还有两对姐妹，一对是江西巡抚德馨的两个女儿，另一对就是珍妃姐妹。其时光绪皇帝中意的是德馨的长女，珍妃那时只有十三岁，还是很幼齿的年纪，自然还不具备女子的吸引力。开始光绪皇帝还天真地以为，他真的拥有选择的权利，当他手持选后的信物如意走向德馨两个女儿的时候，在慈禧一声"皇帝"的断喝中清醒过来，并按照慈禧的授意将如意递给了隆裕。而本以为一切尽在掌握之中的慈禧发现就在刚刚局面差一点就失控了，因此匆忙撕下了她自编自导的自主选妃的面具，派人直接将选妃的信物荷包交给了珍妃姐妹，彻底断绝了德馨两个女儿进宫的机会和光绪萌动的小心思。慈禧当然深知自己的侄女貌不惊人、资质平平，无论哪方面都不足以和德馨的长女相匹敌，所以她不允许这个强大的竞争对手进宫来夺她侄女的宠爱。然而人算不如天算，无法预料的是这个她亲手选定的小姑娘很快就褪去了青涩，出落得伶俐娇俏，一如每一个男子心中憧憬的爱人。

对于从记事起就生活在慈禧这样一个强势女人淫威下的儿皇帝，而且刚刚成年就被迫接手了隆裕这样一个乏善可陈的表姐作为妻子，珍妃的出现不仅是一点点心动、一丝丝希冀，也绝不仅仅是一点点爱恋，而是某种意义上的一种救赎，是一个陷落深宫已久无法自拔的灵魂的救赎。

初入宫时，娇憨又还不谙情事的珍妃还蛮讨慈禧欢喜的，毕竟

银镀金点翠串珠流苏

嘴巴乖巧会说话，不像隆裕，虽然慈禧是她的嫡亲姑母，但是姑母由顶至踵散发出来的威严让她敬而远之无法亲近，反而是珍妃心底全无禁忌，娃娃脸又讨喜，婆媳之间倒还真有过一段岁月静好的时光。珍妃能书善画，慈禧就请自己御用的女画师缪嘉惠来指导她，喜欢拍照就购置相机器材由着她玩耍。然而可爱的女娃娃渐渐长大，还与她的夫君一起站在了婆婆的对立面上。

宫中有史料可循的婆媳之间两次重大的冲突分别是在光绪二十年（1894）和光绪二十四年（1898），结果是以珍妃的被责打降级和幽禁而告终。

第一次的冲突很像平常人家那些家长里短的琐碎事体，光绪二十年（1894）十月二十九日，慈禧借光绪颁布的诏书里指责珍妃"乃近来习尚浮华，屡有乞请之事"[1]。且以此借口将她连降两级，

---

1 《大清德宗景皇帝实录》卷三五二。

直接由妃降至了贵人。要知道在这一年的正月，珍妃姐妹才刚刚由嫔位晋升为妃，而在那时的谕旨里还称她们"平日侍奉谨慎，允宜特晋荣封……瑾嫔着晋封瑾妃，珍嫔着晋封珍妃"[1]。即使真如谕旨所言，习尚浮华也还不足以构成降级惩戒的理由，而且更夸张的是此次珍妃还受到了褫衣廷杖（脱衣挨板子），这在宫中可谓闻所未闻。所以事实一定没有实录里记载的那么轻描淡写。

中国第一历史档案馆里收藏有两块禁牌，设于光绪二十年（1894）十一月初一，是慈禧针对这次事件下的懿旨。根据文字内容，推想当时应是挂于珍妃的寝宫景仁宫的。两块禁牌，一块是重申皇后有统辖六宫之责的管理权力，为侄女隆裕树德立威；另一块则是重点训诫姐妹俩"平素装饰衣服，俱按宫内规矩穿戴，并一切使用物件不准违例"。其实分析起这两块禁牌背后的隐情，不过是珍妃平素过于恃宠而骄，招摇过市，招致了妒恨罢了。大权在握的慈禧是这天下的主宰，不容任何人质疑挑衅她的权威，这是一个简单推理的逻辑：你轻视我赐给你的女人，就是没把我放在眼里，你冷落我的侄女就是轻视我。光绪与珍妃自然的感情流露在她看来就是不知检点的秀恩爱，无论是对她的家长地位还是对侄女的后位都是公然的挑衅和蔑视。这次的惩戒在慈禧看来收效应该是非常显著的，因为在第二年十月份她就恢复了珍妃姐妹俩的封号。

经过那场风波后，一后两妃的日子好像再未起什么大的波澜。钟爱美食的姐姐瑾妃专心专注于她的美食厨房，心无旁骛。隆裕醉心于她的书法和瓜子，据说她酷爱嗑瓜子，漫漫长夜就靠此消磨时光，将一口本不太整洁的牙齿损毁得更加参差，惹得光绪别说笑脸连个正眼都不肯给她。珍妃也由此多少看清了宫中有几多险恶，成熟内

---

1 《大清德宗景皇帝实录》卷三三二。

敛了许多，天真烂漫的日子一去不返，她再不能换上皇帝的男装与光绪肆意地嬉戏，再不能倚着宠爱随意留宿在养心殿中陪侍皇帝左右。少女的天真褪去了，她努力地将自己活成那个中规中矩的宫人，日子就这样波澜不惊地来到了1898年，那一年是戊戌年。

这一年的戊戌变法轰轰烈烈地开始，深感国家积弊已久已在旦夕存亡之间的光绪皇帝，在康有为、梁启超为代表的维新派人士的倡导下，锐意进行改革，这是一场涉及政治、文化、科学等社会各个方面的颠覆旧体制的资产阶级改良运动。但因变法损害到以慈禧太后为首的守旧派的利益而遭到强烈抵制与反对。1898年9月21日慈禧太后等发动戊戌政变，光绪皇帝被软禁，康有为、梁启超分别逃往法国、日本，谭嗣同等"戊戌六君子"被杀，从1898年6月11日光绪皇帝开始戊戌变法到1898年9月21日戊戌政变，变法历时仅一百零三天，以全面的失败而告终。

在这场失败的变法后，光绪皇帝被软禁了，珍妃被打入了冷宫，罪名是支持皇帝变法。很难想象一个二十三岁的年轻女子，而且自小入宫与外界相对隔绝，能够懂得多少变法图强的理论和思想，她的罪不过是坚定地信任自己的夫君，给他心理和信念的支持罢了。然而不管怎样，她和光绪皇帝就此分离永隔。

虽然光绪自亲政后也从未全面地掌握过朝局，但这一次是彻底地失去了。因为重新训政后的慈禧并未将其废掉，所以一些外事活动、宫中典礼还是需要皇帝出现的，而此时出现在大家面前的皇帝已经不再是那个踌躇满志的改革舵手，而是一个彻底沦为傀儡的陈设品了。

珍妃的境遇则更为凄惨，在宫里的北三所、建福宫、景祺阁都曾作为囚禁她的地方。那是真正的冷宫，人迹不闻，衣单衾冷，粗鄙的饭食每日也只由太监宫女递进窗口，且不许与之交谈。唯一听到的话语是遇到节日，慈禧专门派来训话的，通常是历数她的种种不忠不孝不检点，甚者还会掌嘴，以上种种羞辱她不但要跪着聆听，还要领旨谢恩。

春夏秋冬，花开花落，被整个世界遗忘还不是最可怕的，最悲哀的是被自己心爱的人遗忘。光绪皇帝虽然也已被软禁，一言一行皆被监视，但对于珍妃所受到的种种非人的折磨他不可能不有所耳闻，折磨他的不仅仅是自己的身陷囹圄，还有对心爱之人的怜惜与爱莫能助。

珍妃在被推入井中之前的最后时刻留下两个版本，一说她在慈禧面前涕泣求怜，一说她依然倔强地说：皇上没让我死，我不死。我更愿意相信后一种，是这唯一的希冀支撑着她，活过了这两年非人的煎熬和折磨。当然最终梦残玉碎，和那最后一丝幻想也随着香魂沉入井底，只留下那一轮明月的倒影在井中变幻，月初如钩，月中如盘。

景阳宫

景阳宫，位于钟粹宫之东，明初称长阳宫，嘉靖十四年（1535）更名景阳宫。明代为嫔妃所居。清代改作收贮图书之地。前殿有乾隆皇帝御题"柔嘉肃敬"匾。后殿为御书房，清乾隆时因藏宋高宗所书《毛诗》及马和之所绘《诗经图》卷于此，乾隆皇帝御题匾为"学诗堂"。

明代万历皇帝的王恭妃曾居住在这里，王恭妃原为万历皇帝的母亲李太后身边的随侍宫女，在一次向母亲请安时，万历皇帝临时兴起宠幸了这名宫女，并且很快将这件事抛诸脑后。然而龙种已种下，

景阳宫

宫女的形体很快就显现出来。李太后向宫女问明了缘由，又召来了万历皇帝。没想到万历皇帝竟然矢口否认，气得李太后拿出《内起居注》来，在内监详细的行止记录面前，万历皇帝只能无奈地默认了。这个还未出生就被嫌弃的孩子就是后来的泰昌皇帝朱常洛。

朱常洛作为万历皇帝的长子，他的出生没有带给父亲一丝一毫的喜悦，反而因为他母亲的宫女身份而备受万历皇帝的厌弃。他和母亲王恭妃住在景阳宫，父亲绝少过问关照。而在万历皇帝的宠妃郑贵妃生下皇三子朱常洵后，万历开始心心念念地要立朱常洵为太子。大臣们以立嫡立长的传统家法极力地维护长子朱常洛的地位。一心想将儿子扶上皇位的郑贵妃还曾经试图构陷朱常洛。在朱常洛十三岁那年，她向万历皇帝吹枕边风说，皇长子非常喜欢与宫人嬉戏，已经不再是童子身了。万历皇帝也正想找到朱常洛失德失检的把柄，好借机说服大臣放弃拥立皇长子的念头。他派人来到景阳宫查验宫女们的贞操，王恭妃气怒交加地哭道："我十三年与之同起卧，不敢顷刻离者，正为今日，今果然矣。"[1]查验的人当然无功而返，但从此间也可以看出，王恭妃母子在后宫的日子过得有多么小心翼翼、如履薄冰。

万历二十九年（1601）十月，在朝臣们和李太后的坚持下，万历皇帝无奈地妥协了，立十九岁的皇长子朱常洛为太子。朱常洛被册立后，迁居到了慈庆宫，从此和母亲隔绝。本已孤寂冷僻的景阳宫更加凄清，是一座真正的实际意义上的冷宫了。万历三十九年（1611）九月，王恭妃病危，在太子苦苦的恳求下，万历皇帝才同意了太子去见母亲最后一面。在王恭妃的病榻前，已经双目失明的王恭妃抚摸着儿子，知道儿子储君的位置已无法撼动，遂安然离世。

永和宫

明初称永安宫，嘉靖十四年（1535）更名永和宫。前殿室内有乾隆御题"仪昭淑慎"匾，后院正殿匾为"同顺斋"。清康熙皇帝的孝恭仁皇后，道光帝静贵妃，咸丰帝丽贵人、鑫常在，光绪皇帝的瑾妃等先后在此居住。

清圣祖孝恭仁皇后乌雅氏，是雍正皇帝的生母，护军参领威武

1 明·文秉《先拨志始》。

永
和
宫

之女。康熙十二年（1673）选秀入宫，康熙十八年（1679）册封为德嫔，康熙二十年（1681）晋为德妃。她共为康熙皇帝诞下三子三女，包括皇四子胤禛（雍正皇帝）、皇六子允祚（夭折）、皇七女（夭折）、皇九女固伦温宪公主、皇十二女（夭折）和皇十四子允禵。康熙六十一年（1722）十一月，雍正皇帝继位，拟上徽号为仁寿皇太后，但未及册封，她就于雍正元年（1723）五月二十三日病逝于永和宫，享年六十四岁。

　　乌雅氏因为是包衣的出身，又是选秀的身份入宫，所以为人处世都一直谨小慎微，从无非分之念。也正因着她的本分却得到康熙皇帝一份特别的怜惜。康熙皇帝北征时，派人送回京的书信里就有专门带给她的，并嘱咐若有她的回信务必带回，可见对她还是特别牵念的。

对于乌雅氏来说，她做梦也没有想到自己的儿子有一天能继承大统，因此对于皇太后的头衔和身份都还没有准备和适应。因为她一贯隐忍低调的个性，康熙皇帝的妃嫔们见到她也常常忘记了对她遵行皇太后的礼仪。对此她也不甚在意，未觉有什么不妥。可是这却惹恼了雍正皇帝，并特别下旨说："圣母皇太后仁慈谦逊，宫闱妃嫔一切行礼之处，务当遵照从前见皇太后典礼。"[1]并要求负责礼仪的总管监督："不可稍有违错，若上下礼节不分，关系国家体统，乖违典礼，即属总管之罪。"[2]乌雅氏的太后生涯仅仅开始了还不到半年，就于雍正元年（1723）五月二十三随着她在永和宫的病逝结束了。关于她的去世，有一说是雍正逼死了自己的母亲，是因为母亲更偏爱她的小儿子皇十四子允禵。康熙皇帝去世后，正在青海的抚远大将军允禵被召回京城，随即被解除了职务，贬去景陵为父亲守孝，实则是软禁。一纸不得返京的诏书，隔绝了小儿子的归途。看到骨肉离心，手足相煎，作为一个母亲，心里的痛苦和纠结可想而知。即使自己已贵为皇太后，即使大儿子已君临天下，可是在一个母亲的天平上，这些都不如母慈子孝、兄友弟恭来得重要。

光绪皇帝的瑾妃自入宫后一直居住在永和宫，直到民国十三年（1924）去世。瑾妃和珍妃是姐妹，两姐妹在光绪十五年（1889）正月二十七日同一天入宫，那年瑾妃十五岁，珍妃十三岁。虽然是同父异母的姊妹，两个人从外貌到性情都相去甚远，珍妃娇俏伶俐，颇有诗才，瑾妃敦厚木讷，不善言辞。当光绪皇帝将他的宠爱都给了妹妹珍妃时，也未见瑾妃为此烦恼，只将夫君的无视和冷落化为

1、2 《国朝宫史》卷三，雍正元年三月初四上谕。

了食欲，在将自己吃得浑圆富态的同时，专心致志地打理起她的永和宫小膳房。于她而言，家国情爱都在美食之外，任家国盛衰翻覆，任你情我侬，都没有她这一颗吃货的心来得专注。

在逊清王公旧臣的眼里，这位永和宫的胖娘娘是可亲可爱的，尤其是她赏赐的菜饭，是真的好吃。而他们无法了解的是，这位胖娘娘从入宫开始就被迫放弃了少女所有的幻想和期望，而只有这一点对美食的热爱和专注才是她的坚守，除此之外没有其他。也许，正是因为寄情于美食，心无旁骛的她才可以置身于后宫的权力情感纠缠之外而得以保全，即使在妹妹珍妃被慈禧处以了极刑之后，她依然可以全身而退，寿终正寝。

延禧宫

明初称长寿宫，嘉靖十四年（1535）改称延祺宫，清代又改称延禧宫。室内悬乾隆皇帝御笔匾"慎赞徽音"，明清两朝均为妃嫔所居，道光皇帝的恬嫔、成贵人曾在此居住。

康熙皇帝在他的异母兄长裕亲王福全去世后，曾居住延禧宫为其守丧，福全年长康熙一岁，兄弟俩都颇受孝庄太后的喜爱，自幼皆承欢祖母膝下，陪侍祖母出游，两人也总是前后扈从。孝庄太后病中，两个人也是共同侍奉在祖母病榻前，竭尽孝道，两人朝夕相处，休戚与共的情感比别的手足间要亲密厚重得多。康熙六年（1667），十五岁的福全即被封为裕亲王、议政大臣。康熙二十九年（1690），授抚远大将军，与恭亲王爱新觉罗·常宁分道讨伐叛军噶尔丹，大胜回朝。

康熙四十二年（1703）七月初一，福全去世，终年五十一岁。当时康熙皇帝正在出巡塞外返京途中，他从行在冒雨赶回京中，到了东直门看见城门就痛哭起来，然后直接赶去了裕王府哭祭。回宫途中，随行的大臣们都听到了他在御辇上哽咽难抑的哭声。进宫后，他没有回到乾清宫寝宫，而是住进了延禧宫。大臣们以这不合祖制为由请康熙皇帝还宫，毕竟只有父母的丧礼，儿子辈才移居别殿守孝。但康熙皇帝执意不允，坚持居此为其兄守丧。福全去世后，康熙皇帝曾命画工绘制二人并坐于桐荫下的画像，以示二人共同偕老，以寄哀思。

延禧宫在清代频发火灾，道光二十五年（1845）延禧宫起火，烧毁正殿、后殿及东西配殿等共二十五间，仅剩下了宫门。据说火灾是由东配殿的小厨房引起的。重修后，咸丰五年（1855）又遇火灾，同治十一年（1872）曾提议复建，但未能实现。宣统元年（1909），主政的隆裕太后指示重修，鉴于延禧宫屡被火灾，她决定修个水殿，所以留下了半个"水晶宫"，之所以说是半个，是因为整个工程还未完工，清帝宣告退位，整个朝代结束了，工程后续失去了资金支持，变成了一座烂尾楼。从延禧宫最初的规划设计来看，还是比较令人期待的。设计是在庭院正中建一座三层西洋式建筑，水殿的四周挖池，引御河水环绕起来。主楼每层九间，底层四面当中各开一门，四周环以围廊。楼之四角各接一座三层的六角亭，底层各开两门，分别与主楼和回廊相通。水殿以铜做骨架，以玻璃为墙，墙的夹层中置水养鱼。底层的地板也拟用玻璃为之，从地板俯瞰，能够看见脚底池中游鱼穿梭往来，再兼以红荷绿藻，画面想来是非常娱目的。隆裕还为水殿题匾额曰"灵沼轩"，俗称"水晶宫"。事实上，只完成了一个大概骨架的水晶宫所有构架都是铁铸的，殿内四根蟠龙纹柱也是铸铁锻造。整座建筑以汉白玉砌成，也没有看到玻璃砖，

❖ 鸟瞰西六宫

慈禧便服像

外墙雕花，内墙贴有白色和花色的瓷砖，"水晶宫"的芳华只能驻留在憧憬和想象之中了。后来溥仪的小朝廷时期，在延禧宫院内摆满了陶瓷和木质的大缸用来养鱼观赏，也算聊以应景自慰罢了。

西六宫

后三宫的西侧为西一长街，长街的北端为长康右门，南端为内右门。街东为端则、增瑞、隆福、凤彩、月华门。街西大成右门内为储秀宫，广生右门内为翊坤宫，咸和右门内为永寿宫。三宫西为西二长街，街北端为百子门，南端为螽斯门。螽斯是一种繁殖能力很强的昆虫，螽斯、百子寓意子孙繁盛。街东为长泰、崇禧两门，街西咸熙门内为咸福宫，敷华门内为长春宫，嘉祉门内为太极殿（启祥宫）。

清代曾对西六宫的平面布局做了较大的改动，拆除了长春门和储秀门。长春门拆除后，建起了一座面阔五间的体元殿，殿的北面出抱厦三间，作为长春宫院内的一个小戏台。储秀门拆除后，建起了体和殿，殿为五间，前后带廊。体元殿和体和殿均为倒座式宫殿，黄琉璃瓦硬山顶，面阔五间，有游廊与主座相连。

储秀宫

明代称寿昌宫，嘉靖十四年（1535）改称储秀宫。原有乾隆皇帝御题的"茂修内治"额匾，后被慈禧替换成"大圆宝镜"匾。储

储秀宫明间宝座

储秀宫内景

秀宫之所以成为西六宫中最华丽的一座宫殿是因为慈禧的缘故。

慈禧太后叶赫那拉氏，生于道光十五年（1835）十月初十，咸丰二年（1852）经选秀入宫，居储秀宫后殿，封兰贵人，后晋封懿嫔。咸丰六年（1856）因生下皇长子（同治皇帝载淳）晋封为懿妃，第二年再晋懿贵妃。咸丰十一年（1861），咸丰皇帝病逝，六岁的载淳即位即同治皇帝，慈禧联手咸丰皇帝之弟恭亲王奕訢除掉八位辅政大臣，开始垂帘听政。同治皇帝十七岁亲政后，慈禧曾归政于他，但还不到两年同治皇帝就因天花病逝于养心殿。为了继续执掌朝政，慈禧没有在同治的子侄辈里寻找继承人，那样作为太皇太后就不宜再垂帘了。所以她选择了和载淳同辈的年仅四岁的载湉，就是后来的光绪皇帝。载湉的生父是咸丰异母弟弟奕譞，生母是慈禧的胞妹，所以载湉既是慈禧的侄子又是外甥，因为载湉的年幼，慈禧得以太后的身份继续垂帘。光绪皇帝十九岁亲政后，名义上作为一国之君，但实际的朝纲大政依然掌握在慈禧手里。尤其是在他主导的戊戌变法失败之后，光绪皇帝更是沦为了一个彻底的傀儡。从1861年到1908年慈禧去世，慈禧实际的执政时期长达将近半个世纪，而这一切的开始都是因为她在储秀宫后殿生下了同治皇帝。

对于慈禧来说，储秀宫不仅是其承雨露恩泽之地，更是她的政治资本所在。光绪十年（1884），为庆贺其五十岁生日，耗银六十三万两对储秀宫大加修整。储秀宫的外檐，采用慈禧太后喜爱的苏式彩画，内容有花鸟鱼虫、博古山水、神话传说，色彩淡雅，风格清秀。门窗的楠木窗格，做成"万福万寿""五福捧寿"等图案。廊檐下还特别设有一对戏珠铜龙和一对铜梅花鹿，造型生动活泼。庭院左右游廊的墙壁上，刻满大臣敬撰的《万寿无疆赋》。

储秀宫的室内装修更为精美。五间正殿的大门，是楠木雕万字

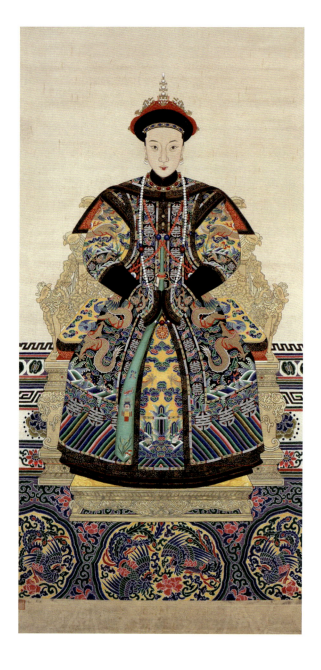

锦底五福捧寿的裙板隔扇门，门内正中设地平一座，台上摆紫檀木屏风，屏风前设宝座、香几、宫扇等。正间东西两侧的花梨木裙板玻璃隔扇，将明间与东西次间分隔开来，裙板上雕刻着竹子和玉兰。慈禧一生对兰草极为喜爱，初入宫时的封号就是兰贵人。因此室内的装饰、绘画多以兰为题材。

东西两个次梢间，隔断都用花梨木雕制，家具皆为紫檀制作。室内的陈设更是奢侈华丽，有龙凤象牙船、象牙宝塔、缂丝福禄寿三星祝寿图、点翠凤鸟花卉挂屏、竹黄多宝槅、嵌玉石柜橱等。西次间为慈禧太后的寝室，床前硬木花罩上，雕刻着子孙万代葫芦图案。床罩上悬五彩苏绣床帐，床上的被子，满绣龙凤、花卉，都是江南三织造（南京、苏州、杭州）进贡的名贵的丝织品。临窗的坐榻上，设紫檀炕几，上面有象牙的把镜、粉盒等，慈禧在这里对镜梳妆。

储秀宫前的体和殿，是慈禧的用膳之地。外檐正中的殿额"翔凤为林"为慈禧所书，光绪皇帝的选后妃仪式就是在这里举行的。光绪十三年（1887）冬，慈禧在体和殿为光绪主持选后妃。参选者有五位，首位是叶赫那拉氏，是慈禧的弟弟都统桂祥之女，其次是江西巡抚德馨的两个女儿，最后是礼部左侍郎长叙的两个女儿。慈禧在靠后窗的长桌后面南而坐，光绪帝侍立，恭亲王奕訢的女儿荣寿固伦公主及几位福晋、命妇立于座后。长桌上放着嵌玉如意一柄、红绣花荷包两对。清宫旧例，选为皇后的赐如意，选为妃嫔的赐荷包。慈禧先坚持由光绪自选，而当光绪拿起如意来到德馨的长女前时，却被慈禧的一声断喝制止，示意他将如意给自己的侄女，光绪不得已只好把如意交给叶赫那拉氏。慈禧深恐皇帝属意的德馨之女入宫后，会有夺宠之患，匆匆命荣寿公主将荷包授予了长叙的两个女儿，即后来的珍妃和瑾妃。

储秀宫还住过嘉庆皇帝的孝淑皇后和孝和皇后、同治皇帝的孝哲皇后，末代皇帝溥仪的皇后婉容也曾在这里度过了短暂的逊帝皇后的生涯。

同治皇帝的皇后阿鲁特氏，是户部尚书崇绮的女儿，崇绮就是那位清代历史上罕见的蒙古族状元。出身书香门第的她性格端庄文静，尤爱书籍书法。她于同治十一年（1872）入宫封后，但两年后年仅十九岁的同治皇帝就病逝了。二十岁已成新寡，但这还不是最悲惨的。光绪皇帝继位后，慈禧封她为嘉顺皇后，令她陷入非常尴尬的境地，她没能成为皇太后，却成为了皇嫂。夫君的英年早逝、婆母的强势刻薄和对于未来的茫然无措，让这位年轻的皇后郁郁终日，两个多月后，即光绪元年（1875）二月二十就在储秀宫去世了。关于她的死因，一说是她的父亲崇绮进宫探视时给她的暗示，让她追随同治皇帝而去，他了解慈禧的性格为人，也理解女儿所处的尴尬境地，与其在绝望中日日煎熬，不如殉了夫君，还能留下节烈贤后的名声。据说父亲离宫后她就开始绝食。另一说是她在慈禧太后的逼迫下吞金而逝。

翊坤宫

翊坤宫，明初称万安宫，嘉靖十四年（1535）改称翊坤宫。原为二进院落，清晚期将翊坤宫后殿改成穿堂殿称体和殿，东西耳房改为通道，使翊坤宫与储秀宫相连，形成了四进院的格局。原有乾隆皇帝御笔匾额"懿恭婉顺"，现为慈禧御笔"有容德大"匾额。在这里居住过的有记载的妃子，有明代万历皇帝的郑贵妃、崇祯皇

帝的袁贵妃、乾隆皇帝的废后那拉氏和道光皇帝的祥贵人。

　　明代万历皇帝的宠妃郑贵妃于万历九年（1581）入宫，初封为淑嫔，后晋封德妃。她为万历皇帝共生下三子三女，在万历十四年（1586）生下皇三子朱常洵后，晋封皇贵妃。朱常洵是万历皇帝最宠爱的儿子，为了他，万历皇帝和朝臣们展开了一场长达十五年的"国本之争"。因为宠妃和爱子的缘故，万历皇帝欲立朱常洵为太子，但是大多数朝臣以维护立长的国法家法，坚持请立皇长子朱常洛（泰昌皇帝）。在这场拉锯战中，双方都颇伤元气。最后精疲力竭的万历皇帝终于向朝臣妥协了，在万历二十九年（1601）十月立朱常洛为太子，朱常洵为福王。据说当日万历皇帝曾信誓旦旦地向郑贵妃许诺立朱常洵为太子，并写下了手谕。郑贵妃珍重地装在锦匣里，放在翊坤宫的房梁之上。可是当有一日打开检视时发现，手谕已经让书虫啃噬得残破不全了，"常洵"两个字也已模糊难辨，连皇帝也只能叹息说这是天意吧。

郑贵妃从十九岁被皇帝宠幸，一直到她五十七岁时万历皇帝去世，一直圣宠不衰，可知她绝不是一个仅知以色事人的庸脂俗粉。万历皇帝因有腿疾，且因"国本之争"与内阁大臣们搞得势若水火，不但连续三十多年不再上朝听政，连阁臣都很少接见。晚年又身形肥胖臃肿，且常犯头疾，动辄头晕目眩，所以除了太后、妃嫔和内监几乎不见任何人，但是只有一个人他无法离开，那就是郑贵妃。从日间的羹汤饮食，到夜间的陪侍照顾，他对郑贵妃的依赖到了须臾不可离的地步。在王皇后于万历四十八年（1620）四月病逝后，万历皇帝完全不顾王皇后的尸骨未寒和自己的病体支离，迫不及待地要让郑贵妃继任皇后之位，急着吩咐礼部操办册封郑贵妃为皇后的礼仪，但册封礼尚未完备，当年七月万历皇帝就崩逝了。不可思议的是，即位后的泰昌皇帝朱常洛居然命令礼部继续操办郑贵妃的册封礼仪，因遭到内阁大臣的反对而再次搁浅作罢。郑贵妃为了将自己的儿子朱常洵扶上太子之位苦心经营了这么多年，作为太子的朱常洛不可能不知晓，而作为利益针锋相对的双方可谓是宿敌，郑贵妃能让朱常洛如此礼遇自己，除了证明朱常洛确实宽厚仁孝外，不得不说郑贵妃处世手腕的高超，也难怪她在后宫即使人老珠黄也依然能够盛宠不衰。

乾隆皇帝的第二位皇后乌拉那拉氏也曾居住过翊坤宫，并以悲情的方式在这里离开了人世。她是乾隆皇帝在潜邸的侧福晋，乾隆二年（1737）封为娴妃，乾隆十年（1745）晋为娴贵妃，乾隆皇帝的原配孝贤皇后病逝后第二年晋为皇贵妃。乾隆十五年（1750）八月，册立为皇后。生皇十二子永璂、皇十三子永璟和皇五女。虽然不是乾隆皇帝的心头之宠，但十五年来作为皇后主理六宫也无失德失检之处。而在一次与皇帝南巡之后，帝后的关系却急转直下，终至芥蒂难消，恩断义绝。

乾隆三十年（1765）正月，乾隆皇帝奉母第四次南巡，那拉氏皇后同行，一起随行的还有令贵妃魏佳氏、容嫔和卓氏等，一路风平浪静并无波折。二月初十是那拉氏四十八岁的生日，当时行至宿迁陈家庄行宫，虽然出巡途中一切从简，停止了行礼筵宴，但依然赐食扈从王公大臣及江南大小官员以示庆生。二月十八在杭州丁家山"蕉石鸣琴"进早膳时尚无异样，且当时皇帝还赏赐了皇后攒盘肉一品。但当天的晚膳就不见了皇后的踪影。膳底档上"皇后"二字被用纸糊上，换上了"令贵妃"（嘉庆皇帝生母）。后来才知道，在晚膳前，那拉氏在房中屏退了左右剪了头发，乾隆皇帝发现后，震怒之下即派额驸福隆安扈从那拉氏回京。关于那拉氏为何剪发，之前因何事冲突，我们已不得而知。《清史稿·后妃列传》的记载也语焉不详："……三十年，从上南巡。至杭州，忤上旨，后剪发，上益不怿，令后先还京师……"南京博物院藏有一份乾隆皇帝朱批的谕折，他在这份十五阿哥的请安折上批道："跟了去的女子三名，当下你同福隆安审问他们十八日如何剪发之事，他们为何不留心，叫他们出去他们就出去吗？要寻自尽难道他们也装不知道吗？……如此看来，他平日恨我必深。宫外圆明园他住处、净房，你同毛团（太监名）细细密看，不可令别人知道，若有邪道踪迹，等朕回宫再奏，密之又密。"乾隆皇帝认为那拉氏的剪发举动就是对他的诅咒，揣度"他平日恨我必深"，并怀疑她欲用巫蛊之术加害自己。这已经不是一般的帝后矛盾冲突了。四月底乾隆皇帝南巡回京，此时那拉氏已被幽禁在翊坤宫后殿，五月十四将此前册封那拉氏的皇后、皇贵妃、娴贵妃、娴妃四份金册收缴，

七月令将服侍她的宫女减至两名，除内监外，所有人一律不得出入探视。虽然没有废除皇后的封号，但她的实际待遇连位分最低的答应都不如。第二年七月十四，那拉氏在翊坤宫忧愤而死，终年四十九岁。那拉氏病逝时，乾隆皇帝正在去往承德避暑山庄的途中，只派年仅十四岁的永璂回来为生母奔丧，并另发了一道上谕说："据留京办事王大臣奏，皇后于本月十四日未时薨逝。皇后自册立以来尚无失德。去年春，朕恭奉皇太后巡幸江浙，正承欢洽庆之时，皇后性忽改常，于皇太后前不能恪尽孝道。比至杭州，则举动尤乖正理，迹类疯迷。因令先程回京，在宫调摄。经今一载余，病势日剧，遂尔奄逝。此实皇后福分浅薄，不能仰承圣母慈眷，长受朕恩礼所致。若论其行事乖违，即予以废黜亦理所当然。朕仍存其名号，已为格外优容。但饰终典礼不便复循孝贤皇后大事办理。所有丧仪，只可照皇贵妃例行，交内务府大臣承办。着将此宣谕中外知之。"[1] 根据内务府的档案记载，整个丧礼花费了仅仅二百多两白银，可谓寒酸至极。不仅如此，那拉氏死后被归葬于乾隆皇帝纯惠皇贵妃的陵寝内，一代皇后竟然做了妃子的陪葬，遭际实在令人唏嘘。

永寿宫

明初称长乐宫，嘉靖时改称毓德宫，万历四十四年（1616）又更名为永寿宫。殿内有乾隆皇帝御笔匾额"令仪淑德"，乾隆六年（1741），乾隆皇帝将东西六宫匾额重新书写，并都照他先前题写

---

1 《上谕档》乾隆三十一年七月十五。

的永寿宫匾额样式制造悬挂。并下谕旨："谕众总管知悉：御笔匾十一面，着挂于十二宫。其永寿宫现在有匾，此十一面匾俱照永寿宫式样制造。自挂之后，至千万年不可擅动，即或妃、嫔移往别宫，亦不可带往更换。"[1]

在永寿宫居住过的有明代孝宗朱祐樘的生母纪氏，万历皇帝和崇祯皇帝都曾在永寿宫暂居。清代顺治皇帝的恪妃、嘉庆皇帝的如妃曾在此居住。乾隆三十七年（1772）和硕和恪公主下嫁、乾隆五十四年（1789）固伦和孝公主下嫁，均在永寿宫设宴庆贺。

明孝宗朱祐樘的生母纪氏一生可谓命运多舛。她是广西贺县人，父亲是当地的一个少数民族土官，因参与叛乱被朝廷出兵剿灭，年幼的纪氏被掠入京中为奴，后入宫做了女史，因其警敏通文字，命掌管内藏库。宪宗朱见深有次去内藏库视察，遇见纪氏，向其询问库藏情况，纪氏答对得体从容，宪宗一时兴起临幸了她。

宪宗很快就忘记了此事，而孝宗朱祐樘却在纪氏的腹中孕育着，身形也慢慢显现出来。当时宪宗宠妃万贵妃恃宠而妒，尤其是在她的儿子出生夭折后，她更是无法容忍任何妃子有孕，若得到消息便用尽手段使其堕胎。纪氏的孕体已经遮掩不住了，万贵妃派婢女前去堕纪氏胎，婢女一时心软无法下手，就回去向万贵妃报告说纪氏患了一种痞病，只是看上去腹大如鼓若孕妇，但实际并无胎儿。因此，纪氏得以养病为由搬到宫外的安乐堂居住。此事仅有几个服侍的宫女和宪宗的近侍太监张敏知晓，张敏一直偷偷地关照着纪氏。孝宗朱祐樘生下来后，纪氏因为惧怕万贵妃，险令张敏将婴儿溺死，

---

1 《国朝宫史》卷四，乾隆六年十一月十二上谕。

张敏为了保住龙脉将孩子妥当地隐匿起来，并一直协助纪氏悄悄地将朱祐樘养到了六岁。

自从万贵妃所生的长子夭折和悼恭太子朱祐极在成化八年（1472）去世后，因万贵妃的严防死守，后宫妃嫔一直未见孕育。成化十一年（1475）五月，张敏奉召来为宪宗梳头，二十八岁的宪宗对着镜子发出感叹说，都快老了，还没有儿子啊。张敏认为时机已到，跪地向皇帝请恕，告知皇帝已经有儿子了。宪宗喜不自胜，马上派使者去宫外迎接皇子回宫。使者到来后，纪氏喜惧交加，喜的是儿子终于可以得见天日，恐惧的是她知道万贵妃不会就此善罢甘休，纪氏抱着儿子流泪嘱咐他："儿去吾不得生，见黄袍有须者

固伦和孝公主

即儿父也。"[1] 六岁的朱祐樘被一乘小辇抬进宫中，被簇拥着来到宪宗面前。看到穿着黄袍且有胡须的宪宗，小小的他拖着垂地的胎发径直跑到父亲怀中。宪宗将他抱到膝上，抚摸端详良久，看着容貌酷肖自己的儿子，含泪说道："我子也，类我。"[2]

纪氏也被迎入宫中，安置在永寿宫居住。在这里纪氏度过了她人生中最后的美好而短暂的幸福时光，儿子虽然还未正式册立，但作为皇长子已然是既定的储君了，宪宗还经常召唤他去陪侍，共享御馔美酒。然而短短的一个月后，纪氏便在永寿宫暴病而亡，年仅二十四岁。关于纪氏之死，宫人大多以为是万贵妃所为，一说是她投毒所致，一说是她逼迫纪氏自缢而亡。这倒是符合万贵妃一贯的刻薄狠辣手段。据说朱祐樘被迎回宫中后，万贵妃被气个仰倒，终日愤恨怨泣，说："群小给我。"[3] 意思是奴才们欺骗了她。对于皇储她不敢轻举妄动，只有拿纪氏来出气泄愤了。朱祐樘即位后，大学士尹直曾为纪氏做哀册，其中有"睹汉家尧母之门，增宋室仁宗之痛"之句，朱祐樘读后唏嘘涕泣。尧母之门是汉昭帝刘弗陵生母钩弋夫人宫门的别称，因钩弋夫人与尧的母亲都是怀胎十四月才诞育而得名。汉昭帝八岁即皇帝位，他的父亲汉武帝为防"子少母壮"而致女主乱政，所以在刘弗陵即位前赐死其母。宋仁宗赵祯的生母李宸妃，原为父亲宋真宗宠妃刘德妃的侍女，赵祯一生下来就被刘德妃据为亲子，后刘德妃晋封皇后，赵祯被立为皇太子。宋仁宗即位后，生母于明道元年（1032）去世，时年四十六岁。当时即有李宸妃死于非命之说，暗示是被刘皇后加害。第二年刘皇后去世，仁宗才被告知自己的身世并听到了生母被毒害的传闻，仁宗悲痛不能

1、2、3　《明史·卷一一三·列传第一·后妃》。

自已，并下罪己诏自责。但生母被毒害之说终因查无实据，最后只能不了了之。尹直的哀册里非常明显地指出了纪氏的遭际，是步了这两位悲剧女性的后尘。

永寿宫还是乾隆皇帝最宠爱的小女儿固伦和孝公主出嫁时的筵宴之地。乾隆皇帝有十个女儿，有五个还未及加封就夭折了，和孝是第十位公主。和孝公主生于乾隆四十年（1775）正月初三，乾隆皇帝那时已经六十五岁了，老来得女，宠爱异常。当乾隆皇帝不管因国事还是家事气怒，只要抱来小公主偎依膝上怀中，都能顿解皇帝烦忧，龙颜喜悦，及长又经常被带在父皇身边巡行狩猎。和孝公主长得和父亲很像，清秀英气，喜戎装，善弯弓，乾隆皇帝曾对她说："汝若为皇子，朕必立汝储也。"[1] 虽然作为皇女无缘储位，但宠爱她的父皇却给了她作为公主的最高荣耀——固伦公主。清朝公主的封号有和硕和固伦两个等级，固伦满语"国家"之意，和硕满语"地方"。一般皇后所生嫡女封固伦，妃嫔所生的封和硕。和孝十三岁就被封为固伦公主，乾隆皇帝还特别赐予她金顶轿在宫中行走。乾隆五十四年（1789）十一月固伦和孝公主下嫁和珅之子丰绅殷德，嫁妆之丰厚远远超过她的几个姐姐。虽然在父亲的宠溺中长大，但和孝公主却并无骄纵之色。乾隆皇帝去世后，嘉庆皇帝即位，列和珅擅权、贪污、违制等二十项大罪赐自尽，抄没家产几亿白银。但对和孝公主这个幼妹还是关照有加，将和珅的府第一分为二，一半给了自己的同母弟弟永璘，一半留给和孝公主和她的夫婿丰绅殷德。

---

1 清·昭梿《啸亭续录》。

咸福宫

明初称寿安宫，嘉靖十四年（1535）改称咸福宫。前殿匾额原为乾隆皇帝御笔"内职钦承"，后殿原乾隆皇帝御笔的"滋德含嘉"、东室"琴德簃"、西室"画禅室"到咸丰时换成了"同道堂""译经粹室"和"克敬居"。明代有记载住过这里的有万历皇帝的李敬妃，清道光皇帝的成嫔、琳贵人、常贵人、彤贵人。嘉庆皇帝、道光皇帝和咸丰皇帝都曾居此宫为其父守孝。

嘉庆四年（1799）正月初三，乾隆皇帝去世，嘉庆皇帝住在咸福宫守孝。在丧期的头一个月，不设床，只铺白毡和灯草褥子，直到二月初三大祭期满，同年十月嘉庆皇帝才移居到养心殿。

居丧期间，嘉庆皇帝在此处理政务，引见大臣，并写下了多首追忆父皇的诗文。嘉庆四年乙未的《御制春日咸福宫诗》写道："春气年年好，今春只觉悲。临风时飒泪，触目总凄其。风律惊频换，龙髯恨莫追。敬恭守遗训，此志永无移。"[1]

道光皇帝的孝静成皇后博尔济吉特氏，也就是恭亲王奕䜣的生母，也曾在咸福宫暂居。她的父亲为刑部员外郎花良阿，道光五年（1825）四月入宫，时年十四岁，赐号静贵人。道光六年（1826）十二月封为静嫔，累晋为皇贵妃。生三子一女，所生皇六子就是恭亲王奕䜣。皇四子奕詝（咸丰皇帝）的生母孝全皇后在他十岁时去世，道光皇帝指派静妃来抚育看护，静妃怜其幼年丧母，对其视若己出，疼爱有加。奕䜣和奕詝年龄仿佛，一起相伴长大，感情自然比别的皇子之间来得亲密。论资质，文武双全的奕䜣要比自小体弱多病的

---

1 《清仁宗御制诗初集》卷二十五之《春日咸福宫》。

铜镀金点翠凤钿／上

金指甲套／下

奕詝略胜一筹，事实上，道光皇帝在立储这件事情上也是斟酌权衡了很久。道光三十年（1850）正月十一日皇帝驾崩，大臣们在乾清宫正大光明匾后取出建储匣，发现居然有两份谕旨，一份是："皇四子奕詝着立为皇太子，尔王大臣等何待朕言，其同心赞辅，总以国计民生为重，无恤其他。"另一份是："皇四子奕詝立为皇太子，皇六子奕䜣封为恭亲王。"从这两份遗诏里，可以想见道光皇帝做出这个抉择时有多么纠结。

　　道光皇帝的九个儿子中，其中皇二子奕纲和皇三子奕继夭折，皇长子奕纬也是早逝，所以皇四子奕詝是实际上的皇长子，因皇五子奕誴过继给了道光皇帝的弟弟和硕惇恪亲王绵恺为嗣，其余的皇七子、八子、九子尚年幼无知，所以皇位继任的竞争就在奕詝和奕䜣之间。清代除了道光皇帝自己，都不是嫡长子即位，在没有立嫡立长的传统下，作为实际皇长子的奕詝其实并没有太多优势可言。他自己也深知并无长处和六弟相比，后来他能顺利地继承皇位，应该说得益于他老师杜受田的教诲与指点。《清史稿·杜受田传》记载，道光皇帝有一次带诸皇子去南苑打猎，杜受田深知自己的学生弓马骑射样样不如奕䜣，临行前密授机宜，嘱咐奕詝不要发一枪一矢。最后奕䜣果然毫无悬念地拔得头筹，猎获的禽兽最多。等父皇问起奕詝为何毫无斩获时，他回答父皇说："时方春，鸟兽孳育，不忍伤生以干天和。"道光皇帝非常欣慰地说："此真帝者之言！"认为奕詝是心怀天下万民苍生的真天子，这样仁爱的胸襟，日后也一定会善待诸弟，和弟弟们兄友弟恭地和谐相处。还有一次是道光皇帝病时要召见奕詝和奕䜣，杜受田知道论口才自己的学生也比不过奕䜣，就嘱咐奕詝：皇帝要是说起自己病势沉重将不久于世，会问你们有何安邦治国大计，你什么都不要讲，只管"伏地流涕以表孺

"慕之诚"就行了。结果，一切如杜受田所料，奕訢应该也是有备而来，面对父皇的问询侃侃而谈，章法思辨一如既往的优秀，而奕詝则只是跪在父亲的床前，抱住父皇的双脚默默地垂泪，在父皇说到病势恐将不起时，更是哭得气咽声堵。这一切让道光皇帝心中的天平最终向奕詝倾斜了。

咸丰皇帝奕詝即位后当年就遵从父皇遗嘱将弟弟奕訢加封为恭亲王，尊封抚养他长大的静贵妃为皇考康慈皇贵太妃。对于这位养母，咸丰皇帝确实尽到了孝道，虽然是皇贵太妃的封号，但一切供奉都是比照皇太后的规格，咸丰皇帝对养母问安侍宴是极尽周到和体贴的，与弟弟恭亲王也确实度过了一段兄友弟恭的温馨岁月。

而打破和谐的起因是为恭亲王生母的封号。咸丰五年（1855）六月奕訢生母病重，咸丰皇帝来到寝宫探视，正好奕訢从里面出来，询问太妃病情如何，奕訢流泪跪下回禀说，已经无力回天，但想等到封号才能瞑目。咸丰皇帝一时不知如何作答，随口应付了声："哦！"奕訢认为皇帝已经允诺了，回到军机处就拟定了皇太后封号事宜，这让咸丰皇帝大为不满。但是诸事已定，咸丰皇帝不得已在七月初一传旨，尊康慈皇贵太妃为康慈皇太后。七月初九康慈皇太后去世，旨令恭亲王奕訢参与办理丧事，然而就在丧礼期间，七月二十一咸丰皇帝便颁发了谕旨："恭亲王奕訢于一切礼仪多有疏略之处，着勿庸在军机大臣上行走，宗人府宗正、正黄旗满洲都统均着开缺；并勿庸恭理丧仪事务、管理三库事务，但在内廷行走、上书房读书，管理中正殿等处事务，俾日知敬慎，勿再蹈愆，尤以副（负）朕成全之至意。特谕。"罢免了奕訢的一切职务，令他去上书房反省。八月初十为康慈太后上谥号时，特下旨不系宣宗谥，不祔太庙。咸丰五年八月初十内阁奉上谕："钦惟大行皇太后德懋温恭，仪昭恪慎……特命廷臣议崇谥号，兹据大学士九卿等会同集议敬谨拟上尊谥，并博考载籍，酌敷以闻，朕忍痛撼诚，弥难自已。伏念缘情制礼……详阅诸臣所奏，援引古礼，请于尊谥之下不加庙谥，爰考会典所载，太祖高皇帝三后惟孝慈高皇后配祔太庙……朕不敢以感恩之故稍越常经，景铄鸿名。朕何敢以尽孝之私致逾定礼，自应俯如廷议。谨就徽号康慈二字合之恭上。尊谥称曰：孝静康慈弼天抚圣皇后。庶几体谦冲之至德，亿祀咸钦，展尊敬之微忱……"[1] 咸丰皇帝在这份上谕中表示的总体意思是，他自己很愿意成全养母的祔庙，系宣宗的"成"谥，但大臣们的集体意见和祖制不允许，他也很痛心，但是不能为了尽孝而罔顾祖宗家法，而且这也是为了成全养母的谦冲之德。说得确实冠冕堂皇让人无法反驳，可是谁都知道，你皇帝要是想给，可以找出千种理由，要是不想给，也能找出万般借口。太后的名分是给了，但这个太后的身份却有些尴尬，也让奕䜣很是难堪，奕䜣的压抑和郁闷可想而知，因为这次的请封和争谥事件，两兄弟彻底失和。虽然后来在咸丰七年（1857）五月奕䜣重新被任命为都统，但两人的情谊已经无法回到当初了。

咸丰十年（1860）八月英法联军入侵北京，咸丰皇帝出逃到热河，命恭亲王奕䜣为钦差大臣留守北京。咸丰十一年（1861）七月咸丰皇帝在热河病逝，临终前遗命载垣、端华、景寿、肃顺等八大臣辅政，而恭亲王奕䜣则被排除在核心政务群之外。无论是作为君臣还是兄弟，这让奕䜣都难以接受。作为皇弟，在同一个母亲的抚育下长大，不是同胞胜似同胞；作为臣子，临危受命，代君上坐镇京师，而皇兄临终托孤的人却不是自己。所以当慈禧向他伸出橄榄枝，要与他

---

1 《上谕档》咸丰五年八月初十。

恭亲王奕訢／上
醇亲王奕譞／下

联手除掉辅政大臣时，他欣然接受了。辛酉政变成功后，他也一度受到慈禧的倚重，也忠心地辅佐着年幼的同治皇帝。但是，他与皇兄的这一个心结终于还是再也无法解开，正如当日道光皇帝为奕訢赐下"恭"字，对两子兄友弟恭的希冀一样，也终于落寞成空。

琳贵人是道光皇帝晚年比较宠爱的妃子。她于道光十七年（1837）入宫，初封琳贵人，就住在咸福宫。她比道光皇帝小四十岁，入宫后先后生下皇七子奕譞、皇九女固伦寿庄公主、皇八子奕詥和皇九子奕譓，累晋为琳贵妃。她于同治五年（1866）去世，谥号庄顺皇贵妃。无论是琳贵妃还是庄顺皇贵妃，这个名号都过于陌生了，但是她的孙子和曾孙我们却都耳熟能详，那就是光绪皇帝和逊帝溥仪。

光绪皇帝的生父和溥仪的祖父就是琳贵妃的长子醇亲王奕譞，他成年后娶了慈禧的胞妹为福晋，也是辛酉政变中的核心人物，因此深受慈禧的器重，被授予都统、御前大臣、领侍卫内大臣并管理神机营。作为咸丰皇帝的弟弟、同治皇帝的叔叔、慈禧的妹夫、光绪皇帝的父亲，应该说是一个集各类光环于一身的人物，然而观其一生，一贯小心谨慎，清廉自勉，不肯越雷池一步，不枉负皇恩半分，历咸丰、同治、光绪三朝，生得崇信倚赖，死得哀荣厚重。这一切都得益于其母琳贵妃的谆谆教诲之功。琳贵妃教子极严，根据奕譞的回忆，他在年幼时，曾向太监李进喜要了一个珊瑚佩件，琳贵妃见到后，盘问此物的来历，奕譞告知其母，琳贵妃非常生气，认为他小小的年纪已生贪婪的念想，这样发展下去，将来当差办事，必定是一个贪婪的败类昏官。觉得这样的儿子，实在对他也不能有什么指望了，因此气急而泣，并要为此杖责奕譞。奕譞连忙痛哭发誓，保证以后绝不再犯，母亲才渐渐平息了怒气。这次训诫，深深地触动了奕譞，让他时时铭记母训，将为人清廉、谨慎小心、恪尽职守

孝贤皇后半身像／上
孝贤皇后制作火镰荷包／下

的处世风格贯穿了一生。他为子孙留下的家训里写道："财也大，产也大，后来子孙祸也大，若问此理是若何，子孙钱多胆也大，天样大事都不怕，不丧身家不肯罢。财也小，产也小，后来子孙祸也小，若问此理是若何，子孙钱少胆也小，些微产业知自保，俭使俭用也过了。"

长春宫

　　长春宫在明嘉靖时期曾改称永宁宫，万历四十三年（1615）复称长春宫，前殿为乾隆皇帝御笔匾额"德洽六宫"。咸丰九年（1859）拆除长春门，并将启祥宫后殿改为穿堂殿，咸丰皇帝题匾额为"体元殿"，长春宫、启祥宫两宫院由此连通。

　　乾隆皇帝敬爱的孝贤皇后曾以此为寝宫。孝贤皇后是乾隆皇帝做皇子时，雍正皇帝为其聘娶的嫡福晋，即位后被册立为皇后。孝贤皇后出身于清代著名的勋贵大家族——富察氏，先祖即追随清太祖努尔哈赤起事，驰骋疆场，南征北战，立下赫赫战功。祖父米思翰，历任内务府总管、礼部侍郎、户部尚书兼议政大臣。父亲李荣保是米思翰的第四子，历官佐领、护军参领、察哈尔总管。富察氏不但美丽端庄，而且恭敬俭约，贤淑纯孝。平日不御珠翠，仅以通草线绒花为饰。侍奉婆母崇庆皇太后，克尽妇职，深得皇太后的欢心。乾隆皇帝对这位皇后非常敬爱，称其"治事精详、轻重得体，自妃嫔以至宫人无不奉法感恩，心悦诚服"[1]。认为自己能"得以专心国事，有余暇以从容册府者，皇后之助也"[2]。

1、2　《大清高宗纯皇帝实录》卷三一八。

孝贤皇后先后为乾隆皇帝诞下二男二女。然而造物弄人，二子一女皆早夭，只有皇三女固伦和敬公主长大成人，嫁作人妇。长女生于雍正六年（1728），早殇。长子永琏，生于雍正八年（1730），雍正皇帝亲为赐名，"隐然示以承宗器之意"[1]。乾隆皇帝极为喜爱此子，称其"聪明贵重，气宇不凡"[2]。乾隆元年（1736）七月初二即将传位于永琏的密旨放在了乾清宫"正大光明"匾后。不料乾隆三年（1738）十月十二，九岁的永琏就去世了。乾隆皇帝深为悲悼，命"一切典礼着照皇太子仪注行"[3]。谥号端慧皇太子。面对爱子早殇，孝贤皇后也伤恸欲绝。次子永琮生于乾隆十一年（1746），聪颖殊常，不仅深受父母喜爱，连皇太后也钟爱异常。经历了端慧皇太子的伤痛，孝贤皇后终于可以在可爱的永琮身上得到稍许的慰藉，乾隆皇帝也对永琮寄予厚望，盼望将他教养成人，日后可承大统。然而，天不遂人愿，乾隆十二年（1747）十二月，刚满两岁的永琮因出痘夭折。乾隆皇帝伤痛莫名，恨天不敬，怨地无凭，竟然深深地责备起自己来："本朝自世祖章皇帝以至朕躬，皆未有以元后正嫡，绍承大统者。岂心有所不愿，亦遭遇使然耳，似此竟成家法。乃朕立意私庆，必欲以嫡子承统。行先人所未曾行之事，邀先人所不能获之福，此乃朕过耶！"[4]悲痛的孝贤皇后看到乾隆皇帝如此伤心自责，生恐有伤圣体，她强忍眼泪到皇帝面前温言抚慰，然而，这份失子之痛又如何藏得？一边是温言细语，一边是泪湿衣襟。看着如此忍情的皇后，乾隆皇帝更是怜惜不已。

乾隆十三年（1748）正月，乾隆皇帝与皇太后带着孝贤皇后东巡，希望借名川胜景，以慰皇后失子之痛。一路上，祭孔庙、拜少昊、

1、2、3　《大清高宗纯皇帝实录》卷七十八。

4　《大清高宗纯皇帝实录》卷三〇五。

登泰山、幸趵突。然而，湖光山色未尝解忧怀，舟车劳顿以致患轻疾。皇后因微感风寒病倒在济南。体贴的皇帝遂不令车驾前行，让皇后安心调养。将息了数日，贤惠的皇后生恐耽误了回銮，反而催促着皇帝起程。三月十一，皇帝驾至德州登舟，一路颠簸，病势沉重的皇后被抬入御舟中，当夜，即崩逝于舟次中。才失幼子，又亡爱妻，乾隆皇帝悲不能自已。他命庄亲王允禄、和亲王弘昼随侍皇太后御舟缓行，自己兼程护送大行皇后回京。大行皇后的梓宫回京后，由东华门入，送至她一直居住的长春宫祭奠。皇帝持素服，九日不御殿；命皇子祭酒；妃嫔以下、皇子、皇子福晋咸服白布，截发辫；王以下文武百官俱成服，齐集举哀；诸王以下文武官员俱斋宿二十七日。皇帝命以最隆重的丧礼发送皇后，自己则日日到长春宫，亲临奠酒以寄哀思。

拟皇后谥号时，皇帝忆起乾隆十年（1745）正月，皇贵妃高佳氏去世，定谥号为慧贤。皇后在侧戏言道："吾他日期以孝贤可乎？"[1]虽是戏语，皇帝却认为此二字堪配皇后一生淑德，遂定谥号为孝贤。

永失内佐之痛让皇帝性情大变，原本温文儒雅的皇帝变得暴躁易怒，屡屡迁怒于人。在皇后丧礼期间连连处分大臣。皇长子永璜因在丧礼中"只如照常当差，并无哀慕之忱"[2]，而首当其冲受到皇帝的严厉训饬。永璜的师傅和亲王、来保、鄂容安也因未克尽师责，而被各罚食俸三年。翰林院误将"皇妣"的满文译为"先太后"，盛怒的皇帝将管理翰林院的刑部尚书阿克敦以"大不敬"议罪，处斩监候，并牵连尚书盛安、汪由敦等刑部官员。随后工部、光禄寺、礼部的多名官员均因在皇后丧礼中办事不谨而受到处分。最让人不

1 《清史稿·后妃列传》。
2 《大清高宗纯皇帝实录》卷三一七。

长春宫内景

可思议的是皇帝对一些外省官员的处罚，他们获罪的原因仅仅是因为没有写奏请赴京叩谒皇后梓宫的折子！皇帝对此怒气冲冲，尤其是满族官员，皇帝认为他们遇此大事理应号痛奔赴，不该如此漠不关心。各省凡没有奏请来京的满族督抚、将军、提督、都统、总兵大都受到降级或销去军功的处分。一向待下极为宽仁的乾隆皇帝，动辄严词以对臣下，什么"丧心悖逆""好名无耻之徒""丧心病狂"，简直让人无法相信这就是那个锦心绣口的风雅帝王。看来，皇后之死给予皇帝太大的打击，饱受哀伤折磨的皇帝已无法控制自己的情绪。

长春宫从此成为伤心缅怀之地，皇后所御食具、服饰、一应陈设，皇帝均不令撤去。面对着画像中盛装的皇后，皇帝还是不由自主地想起她平日淡装素裹的样子。曾经的相濡以沫让皇帝一直对皇后念念不忘，而且这种思念并未随着时间的流逝而淡化。乾隆三十年（1765），孝贤皇后已经去世十七年了，乾隆皇帝第四次南巡，路过济南，绕城而过，然而，身未入城，心绪难平，皇帝饱含深情地写下："四度济南不入城，恐防一入百悲生。春三月昔分偏剧，十七年过恨未平。"[1] 这一份伤痛，在十七年后还依然如此鲜明，实在令人感叹，原来帝王之爱也可以如此真挚动人。

启祥宫（太极殿）

明初称未央宫，嘉靖皇帝的生父兴献王朱祐杬生于此宫，他以藩王继承大统后，为纪念其父，将其更名为启祥宫。清晚期改建时，

---

1 《清高宗御制诗三集》卷四十五之《依皇祖南巡过济南韵》。

太极殿西暖阁

前殿改称太极殿，后殿为体元殿。明成化皇帝的邵贵妃（嘉靖皇帝的祖母）、万历皇帝、崇祯皇帝的田贵妃、清代的隆裕皇太后和同治皇帝的瑜妃都曾居住过这里。

邵贵妃出生在杭州昌化，因幼年家贫，父亲邵林将其卖给当时镇守在杭州的太监。在太监的着意培养下，邵氏很快就出落得秀外慧中，并在太监回京后被带回送入了宫中。据说宪宗朱见深初次宠幸邵氏是在皇宫外的御苑中，当时邵氏正在御苑中诵读她刚刚写成的红叶诗："宫漏沉沉滴绛河，绣鞋无奈怯春罗。曾将旧恨题红叶，惹得新愁上翠蛾。雨过玉阶秋气冷，风摇金锁夜声多。几年不见君

◆ 太极殿外琉璃门\上
◆ 太极殿之五福流云影壁\下

王面，咫尺蓬莱奈若何。"诗中将一个深宫少女的孤寂、无奈以及对天颜难见的幽怨倾诉得淋漓尽致，朱见深被深深触动了。在宠幸后，邵氏被带回宫中安置在了未央宫（启祥宫）。初封为宸妃，后晋贵妃，为皇帝生下了兴献王朱祐杬（嘉靖皇帝之父）、岐惠王朱祐棆和雍靖王朱祐枟三位皇子。宪宗朱见深去世后，孝宗朱祐樘即皇帝位，兴献王朱祐杬远赴湖北安陆自己的藩邸就藩。邵贵妃对这个长子非常疼爱，因此更深切地体会到了骨肉分离的痛苦。正德十四年（1519）朱祐杬在湖北安陆藩邸去世，年仅四十三岁。邵氏闻讯后伤痛欲绝，日日以泪洗面，最后终于哭瞎了双眼。在大家连邵氏自己都认为这一生注定要这样悲凄地结束时，命运却峰回路转，出现了戏剧性的转折。

孝宗朱祐樘在位十八年后去世，他唯一的儿子朱厚照十五岁即位，比他父亲还要短命，于正德十六年（1521）三月去世，年仅三十一岁。不仅短命，而且没有留下任何子嗣，按照"兄终弟及"的传统，内阁选定了他的堂弟、十四岁的朱厚熜承继大统，就是后来的嘉靖皇帝。听闻自己的孙子要即皇帝位，此时已经双目失明缠绵病榻的邵氏悲喜交集，悲伤的是没有等到母子重逢，喜悦的是等到了孙子的荣耀归来。当邵氏在未央宫等到前来拜见祖母的嘉靖皇帝时，喜出望外的她自顶至踵地摸遍了朱厚熜的全身。少年青首的天子，白发目盲的祖母，这一幅令人喜极而泣的慈孝画面，让随侍的宫人看到此情此景也感动得泪落不止。嘉靖元年（1522），嘉靖皇帝为祖母上尊号"寿安"，十一月十八，邵氏在未央宫安然而逝。

贰

勤政亲贤

养心殿北接西六宫，南为御膳房，外院东墙有遵义门，门外是贯通南北的西一长街，隔街正对乾清宫西庑间的月华门，自遵义门南行，过内右门，就是分隔内廷与外朝的横街——乾清门广场，掌管枢密要政的军机处，就设在内右门西侧。养心殿地处内廷，又邻近外朝，安全静谧，交通四达。自清雍正皇帝开始移居养心殿后，这里就成为皇帝日常起居和处理政务的重要场所。

　　养心殿这一组建筑布局紧凑得体，分前后两区。前区自遵义门进入，是一东西狭长的院落，迎门设一座山影壁，黄色的壁身，五彩的花饰，鸳鸯戏水的中心图案，下部承以汉白玉石雕的须弥座。绕过影壁，院落东西两端，建有卷棚歇山式屋顶的值房，中间为养心门，是一座歇山九脊的琉璃门楼，两侧各出随山影壁。

　　养心殿主体建筑沿南北轴线排列，次要建筑左右对称，四周廊庑相接。前殿面阔三间，进深三间，黄琉璃瓦歇山顶。前檐明间和西次间接建抱厦，东次间则窗前开敞，这种不对称的布局非常别致。殿前东西各建有配殿五间，组成一个三合院的形式。后殿为五开间，黄琉璃瓦卷棚硬山顶,明间有短廊与前殿相接,形成"工"字形的格局。前殿办公,后殿休息,颇为便利。后殿之东为体顺堂,西为燕喜堂,呈"一"字形并列,是后妃的暂息之所。

"养心"一词来源于《孟子》一书:"养心莫善于寡欲。其为人也寡欲,虽有不存焉者,寡矣;其为人也多欲,虽有存焉者,寡矣。"指修养身心的最高境界就是克制自己的各种欲望。养心殿正殿分明间、东暖阁、西暖阁三大间,每间又用方柱分隔成三小间。明间是引见官员的场所,正中设宝座,上方是雍正皇帝的御笔匾额"中正仁和"。座前置御案,后设屏风,天花正中是浑金的蟠龙藻井。东暖阁被分隔为数间,分别是召见军机大臣的"勤政亲贤"、书房"三希堂"和佛堂。

"勤政亲贤"匾悬于暖阁北墙正中,两边的联对是:"惟以一人治天下,岂为天下奉一人。"皆雍正皇帝御笔。中间的挂屏是乾隆皇帝的御制诗:"一心奚所托,为君止于仁。二典传家法,敬天及勤民。三无凛然奉,大公何私亲。四序协时月,熙绩在抚辰。五

鸟瞰养心殿

养心殿明间内景

◆　三希堂内景／上

◆　金瓯永固杯／下

事惟敬用，其要以备身。六府赖修治，其施均养人。七情时省察，惧为私欲沦。八珍有弗甘，念彼饥饿伦。九歌扬政要，郑卫慢亵陈。十联书屏扆，式听师保谆。"这里是皇帝召见军机大臣商议机要大事的地方，室内西门上，原来挂有全国各省总督以下知府以上、将军以下总兵以上的职官名表，皇帝观此表，可知地方军政大员任缺情况。

三希堂是皇帝的书房，原称温室，由两间小阁组成，每间只有四平方米，但室内装修精致典雅。隔扇以楠木雕花窗格中间夹透地纱做成，外间以蓝白两地几何图案的瓷砖铺地。迎门的西墙上挂着通天连地的《人物观花图》，是乾隆三十年（1765）由宫廷画家郎世宁、金廷标所绘。画面上的窗格与瓷砖皆仿照室内的装修而绘制，并运用了透视原理，看上去好像画里面还有一间房子。临窗的坐榻上，有楠木的炕几、靠垫、玉制文房四宝，东墙上是乾隆皇帝的御笔匾额"三希堂"，联对为"怀抱观古今，深心托豪素"。乾隆皇帝在此收藏有晋代王羲之的《快雪时晴帖》、王献之的《中秋帖》和王珣的《伯远帖》，乾隆皇帝视这三本字帖如"合浦之珠，龙泉之剑"一样的稀有珍贵，并时时在此临写鉴赏。"三希"语出宋代周敦颐的《通书》"圣希天，贤希圣，士希贤"，即圣人希望成为知天命之人，贤人希望成为圣人，士人希望成为贤人。

康熙六十一年（1722）十一月十三，康熙皇帝病逝于畅春园，雍正皇帝以养心殿为倚庐为其父亲守孝。按规制，他应于二十七天的守孝期满后，搬回乾清宫，但他却坚持要为其父守孝三年。他在谕旨中说："诸王大臣佥云持服二十七日后，应移居乾清宫。朕思乾清宫乃皇考六十余年所御，朕即居住，心实不忍。朕意欲居于月华门外养心殿，着将殿内向日一应陈设敬谨收彻，茸改务令垩素，以备朕居。朕不敢谓遵古谅阴之礼，然必如此守孝二十七月以尽朕心。"[1] 但是守孝期满后，他也并未移居乾清宫，而是选择留在养心殿，直到十三年后去世。此后清代的七位皇帝都以此为寝宫，直到末代皇帝溥仪，他于1912年退位后在养心殿一直住到1924年11月离宫。

乾隆皇帝在养心殿的居住时间是最久的。雍正十三年（1735）八月，雍正皇帝病逝于圆明园，二十五岁的乾隆皇帝以上书房为倚庐，二十七日居丧期满后就住进了养心殿，一直到八十九岁病逝于此，在这里度过了六十四个春秋。

乾隆皇帝的文化素养在有清一代的帝王里堪称卓越，万几余暇的燕闲时分，他都醉心游艺于翰墨丹青。他一生留下了四万三千多首诗作，抛开艺术性不谈，数量上几可媲美《全唐诗》了，全唐诗共收录四万八千九百余首诗作，但是有二千二百余名作者，而乾隆皇帝仅凭一己之力几乎要赶超《全唐诗》了。由于乾隆皇帝经常是诗性勃勃的，所以当时的军机大臣和南书房的词臣，有很大一部分工作量就是为他誊录诗稿。乾隆皇帝的诗作通常是用朱笔写就，然后再由词臣誊录，所有引经据典的出处都需要一一注解，然后汇总编辑成册。有时皇帝灵感来了，还常常即兴吟咏，随侍的词臣要默记于心，回去后默诵誊录下来再交皇帝御览。乾隆时期的军机大臣、《四库全书》的正总裁官于敏中就是依靠着自己超凡的记忆力得到乾隆皇帝的倚重，盛宠不衰。据说有一次，于敏中随乾隆皇帝游幸御花园，乾隆皇帝即兴赋诗七首、文章两篇。当夜，乾隆皇帝就收到于敏中所记之言，完整准确，几无疏漏，令他拍案称奇。乾隆三十八年（1773），梁国治入职军机处，乾隆皇帝将掌管诗文的

1　《皇朝通典》卷六十一。

工作交给他，令于敏中可以专心国家政务。而这位善书法、工诗文、曾经夺得乾隆十三年（1748）状元的大才子却无法胜任这份工作。有一天，乾隆皇帝召见于敏中和梁国治，兴之所至的皇帝又开始吟咏起来，于敏中赶紧给梁国治使眼色，意思是让他用心记下来，但梁国治茫然不知其意。等到召见完毕回到军机处，于敏中就等着梁国治誊写诗文，但好长时间都不见动静，便问他皇上的诗文誊写好没有。梁国治这时才醒悟过来，但是惭愧惊慌之际更是无从记起。于敏中对他说：我以为你是专管圣上诗文的，所以就不再默记了，可现在事已至此，又该怎么办呢？梁国治愧悔失措，无以作答。于敏中无奈长叹说：让我试着回忆一下吧。然后默默地独自一人坐在屋里仔细回想，最后居然背写出来，全篇只有一个字的误差。这让梁国治万分钦服，拜谢不已。

养心殿前殿东暖阁内原有隔间为"明窗"，在西头南面，和西暖阁的"三希堂"相对称。隔间的罩门向东，门上曾镶嵌两面双针表一座，内设面东宝座床一座，紫檀炕案在左手，右侧即以窗台为案。明窗曾是清代皇帝进行开笔仪式的地方。开笔仪式始于雍正皇帝，每年的岁末皇帝有例行的封笔仪式，开笔在元旦子时，在明窗的炕案上要陈设金瓯永固酒杯、玉烛、毛笔还有香炉。开笔时，酒杯里注入屠苏酒，点燃"玉烛长调"的蜡烛，皇帝用刻有"万年青"字样的毛笔先用朱笔书福，再用墨笔书写"福寿长春""天下太平"之类的吉语，以祈求四海升平、政事和顺。

开笔书福的地点虽然在乾隆二年（1737）被移到了漱芳斋进行，但这个仪式却一直沿袭到了咸丰时期。作为固定陈设器的金瓯永固酒杯也被视为祖宗法器珍视尊藏。根据清宫造办处活计档记载，在乾隆五年（1740）和乾隆六十二年（1797）承造过两只金瓯永固杯，

般若波羅蜜多心經

觀自在菩薩行深般若波羅蜜多時照見五蘊皆空度一切苦厄舍利子色不異空空不異色色即是空空即是色受想行識亦復如是舍利子是諸法空相不生不滅不垢不淨不增不減是故空中無色無受想行識無眼耳鼻舌身意無色聲香味觸法無眼界乃至無意識界無無明亦無無明盡乃至無老死亦無老死盡無苦集滅道無智亦無得以無所得故菩提薩埵依般若波羅蜜多故心無罣礙無罣礙故無有恐怖遠離顛倒夢想究竟涅槃三世諸佛依般若波羅蜜多故得阿耨多羅三藐三菩提故知般若波羅蜜多是大神咒是大明咒是無上咒是無等等咒能除一切苦真實不虛故說般若波羅蜜多咒即說咒曰揭諦揭諦波羅揭諦波羅僧揭諦菩提薩婆訶

般若波羅蜜多心經

趙松雪好書梵典流傳人間凡四藏皆多心經幾有數卷大抵視梅林仿宋右軍本乾隆九年春日勅幾清讌手寫大士像因倣松雪筆意書經像下

乾隆帝写字像／上
乾隆帝御制诗稿／下

养心殿东暖阁垂帘听政处／上

养心殿后殿皇帝寝宫／下

但现在只有乾隆六十二年（1797）的这只留存了下来。酒杯很小巧，只有12.5厘米。造型也极为别致，用三个幼象为足，两个小龙为耳。外壁满錾宝相花，花蕊嵌以珍珠、红蓝宝石、碧玺。杯子的口沿錾回纹一周，一面正中錾篆书"金瓯永固"，另一面錾"乾隆年制"四字款。根据造办处记载，承造此杯共向内库领用九成金二十两、珍珠十一颗、红宝石九块、蓝宝石十二块、碧玺四块。"金瓯"指代国家，语出《南史·朱异传》："我国家犹若金瓯，无一伤缺。"无论是"金瓯永固"还是"玉烛长调"都是一种大清国能够一统万年的祈愿罢了。

东暖阁在同治年间为了慈禧垂帘听政的需要，进行了室内改造，拆除了明窗的隔间。在暖阁正中是皇帝的御座，面西，后面是一层黄色的纱帘，纱帘后是皇太后的御座，有两米长，因当时慈安皇太后还健在，所以垂帘听政时后面御座上是慈安和慈禧两位皇太后。咸丰十一年（1861）七月，咸丰皇帝在热河避暑山庄病逝，他的长子也是唯一的儿子载淳刚刚六岁，所以临终前遗命肃顺、端华等八名大臣辅弼幼主。载淳的母亲即慈禧，因不满八大臣专权，与咸丰皇帝的弟弟恭亲王奕訢联手，计划除掉辅政大臣。九月三十，咸丰皇帝的灵柩由热河返京的第二天，慈禧就在这里下达了赐死载垣、端华的谕旨。至于肃顺，则以悖逆狂谬较载垣等尤甚，拟凌迟处死，后改斩立决。肃顺被斩之日，白衣白靴，面无惧色且骂不绝口，"其悖逆之声，皆为人臣子者所不忍闻"[1]。至菜市口刑场又拒不跪，被刽子手打断腿骨，才下跪就刑。1861年为辛酉年，史称"辛酉政变"。

---

1 清·薛福成《庸庵笔记》。

溥仪坐像（1917年）

自此，慈禧历经同治、光绪两度垂帘，一次训政，实际执掌政权长达四十八年之久。

养心殿最后一位主人是末代皇帝爱新觉罗·溥仪，他的爷爷是醇亲王奕譞，父亲是奕譞的第五子载沣，也是光绪皇帝载湉的异母弟弟，生母苏完瓜尔佳·幼兰是军机大臣荣禄的女儿。他是慈禧临终前选定的嗣皇帝，光绪三十四年（1908）十一月初九在太和殿即位，时年只有三岁。宣统三年（1911）十二月二十五在养心殿由隆裕皇太后代理宣告退位，时年六岁。1924年11月5日，溥仪被驱逐出宫，结束了他十五年的深宫生活，这一年，他也才只有十八岁。

溥仪登基时还只是个奶娃娃，退位时也仍然懵懂无知。那一场盛大繁缛的登基典礼在他的记忆里只留下了寒冷和父亲不停的抚慰：别哭了，快完了。退位的时候，他没有哭，而是看着他名义上的母亲隆裕太后和一个大胖子在悲泣不止。等他慢慢长大才知道那个他眼中的大胖子就是袁世凯，这个场景是袁世凯在向隆裕呈递退位诏书。正如隆裕在临终前向他哀泣的一般："汝生帝王家，一事未喻，而国亡，而母死，茫然不知……"

溥仪虽然实际和名义上的母亲有好几位，包括生母瓜尔佳氏、隆裕太后、端康太妃（瑾妃），但实际上并未从她们身上获得过母爱。生母瓜尔佳氏出身显贵，父亲荣禄在同治、光绪两朝备受器重，她自己品貌不俗，又嫁给皇帝的弟弟，从小养尊处优成就的大小姐脾性，溥仪出生后即由奶母仆从照顾着，也未见她对儿子付出多大的精力和疼爱。当慈禧遗命召溥仪进宫即位时，她也还平静，倒是她的婆母、溥仪的祖母刘佳氏当即心疼得晕了过去。进宫后，隆裕太后成为他的母亲，可她更是从未有过为人母的体验。隆裕去世后，光绪的瑾妃（端康太妃）成为宫中位分最高的妃子，也就顺理成章地接任了溥仪母亲的角色。但这位胖娘娘远没有她外表所表现出的这么憨厚和豁达，在婆母慈禧和正宫皇后隆裕相继离世后，后宫终于轮到了她来当家做主了，跟着慈禧耳濡目染地也学了些颐指气使的霸道作风，因此也时时想摆出家长的威严拿出太妃的款来。可溥仪哪里会将一个太妃放在眼里，对她的管教训诫往往置若罔闻。据溥仪在自传《我的前半生》里记载，民国十年（1921）九月，两人之间爆发了激烈冲突，起因是端康太妃私自辞退了御医范一梅，溥仪老师陈宝琛对此表示非常不满，说："身为太妃，专擅未免过甚！"总管太监张谦和也敲锣边说："万岁爷这不又成了光绪了吗？再说太医院的事，也要万岁爷说了算哪，奴才也看不过去……"年轻气盛的溥仪旋即跑到端康太妃那里，冲她大发脾气道："你凭什么辞掉范一梅？你太专擅了！我是不是皇帝？谁说了话算数？"端康太妃也很生气，觉得家长的权威被挑战，可是她又不能拿溥仪怎么样，于是就把溥仪生母瓜尔佳氏和祖母刘佳氏召进宫兴师问罪，不但让两个人在她的寝宫永和宫殿外跪了大半天，传进去还严词训诫让她们好好管教自己的儿孙。性子孤介高傲的瓜尔佳氏从未受过如此的挫辱，回到家就吞鸦片自杀了。为防事态扩大，家里人只告诉溥仪母亲是患痰症去世的，很久以后溥仪才知道母亲去世的真相。自此，深知理亏的端康太妃收敛了许多，两人也就此相安无事了。

唯一给予过溥仪母爱的是他的乳母王焦氏，溥仪降生后，她以"体貌端正、奶汁稠厚"被选进醇王府做了溥仪的乳母，后随溥仪进宫，一直哺育他到九岁。这位乳母体貌端庄，心地善良，对溥仪来说，她是这深宫中唯一的良善和温暖。在《我的前半生》里，溥仪追忆这位善良的女性，说她虽然不识字，不会讲什么"仁恕之道"和历史上的英主圣君故事，但是她是宫中唯一能阻止溥仪恶作剧行为的。

作为一个儿皇帝，从三岁即被奉上皇位，即使在退位后，他依然生活在一个唯我独尊的小朝廷里，在多方逢迎和百般依顺的情形下，让溥仪养成了以虐待别人来取乐的恶习。

有一次，有个会玩木偶戏的太监，给溥仪表演木偶戏。他看得挺开心，想赏他一块鸡蛋糕吃，但是他捉弄人的恶趣味又发作了，他把自己练功夫的铁砂袋撕开，掏出一些铁砂子，藏在蛋糕里。乳母看见了，就问他："老爷子，那里头放砂子可叫人怎么吃呀？""我要看看他咬蛋糕是什么模样。""那不崩了牙吗？崩了牙就吃不了东西。人不吃东西可不行啊！"他想想这话也对，可是还是想看他崩牙的模样取乐，就坚持要放，乳母说："那就换上绿豆，咬绿豆也挺逗乐的。"由此还可以看出，乳母不但善良还很有智慧，既保全了那位太监又满足了顽童的恶趣味。还有一次，他玩气枪，用铅弹向太监的窗户打，看着窗户纸打出一个个小洞，觉得很好玩。大家又去请了乳母来规劝："老爷子，屋里有人哪！往屋里打，这要伤了人哪！"这才让他住了手。在溥仪的眼里，别人都只不过是奴才和庶民，而乳母却用她朴素的语言告诉他，别人都是有血有肉的和他一样的人。

在溥仪九岁那年，王焦氏被端康太妃遣散出宫，理由居然是溥仪太过依赖于她。那时的溥仪还是个孩子，还无力与太妃们抗衡，1922年溥仪大婚后，他派人找到了乳母，时常接乳母进宫居住。伪满时期，溥仪在长春，还将乳母接去奉养。

溥仪六岁开始读书，授课的师傅们都是博学鸿儒，有同治年间的状元陆润庠、进士陈宝琛，光绪年间的进士朱益藩、梁鼎芬、袁励准，光绪年间的国子丞徐坊，还有英文老师庄士敦。其中陈宝琛和庄士敦对溥仪的影响是最大的。陈宝琛是福建福州人，二十一岁

庄士敦（1922—1924）

中进士，官至内阁学士兼礼部侍郎。宣统三年（1911），陈宝琛成为六岁溥仪的老师，溥仪逊位后，他也一直追随，溥仪曾评价陈宝琛，说他是遗老中最稳健谨慎的一位。民国十三年（1924）十月，溥仪被逐出皇宫后见到陈宝琛，放声大哭说："我无颜见祖宗啊！"陈宝琛忙劝慰道："皇上切莫悲伤，自古以来哪有不灭亡的朝代呢？而我大清到了今日地步，并非是因为失德而被篡位，皇上也不是亡国之君……"民国二十年（1931）十一月，溥仪被日本侵略者利用引诱至东北充当伪满傀儡，陈宝琛竭力反对，劝说他："贸然从事，只怕去时容易回时难。"[1]事态后来的发展果然如他所料，但溥仪已深陷其中无法自拔了。

对溥仪影响重大的另一位就是他的英文老师庄士敦，苏格兰人，牛津大学的文学硕士，1898年赴中国，先后在香港、威海卫的英殖民政府任职，是一位地道的"中国通"。1919年3月，经李鸿章之子李经迈引见，庄士敦应邀至紫禁城担任溥仪的老师，教授英语、数学、地理等。十三岁的溥仪对这位"苏格兰老夫子"以及他带来的西方事物充满好奇和崇敬，庄士敦则对这位特殊的学生竭诚尽忠，倾其所知相授。溥仪赏其"头品顶戴""毓庆宫行走""紫禁城内赏乘二人肩舆"，月俸银一千两。对于庄士敦讲起的西方文明包括宗教、信仰、生活方式等等，溥仪都充满了向往，他学着老师的样子穿起了西装、打起了领带、吃起了西餐，甚至还一度想剪掉辫子去留学。庄士敦还给他起了个英文名字：亨利。和这位学生恰恰相反，老师倒是从衣着到做派宛然一个清朝遗老的作风，他穿着溥仪赏赐的朝服马褂和顶戴花翎，言必有之乎者也，还给自己起了个中

1 溥仪《我的前半生》。

婉容大婚像（1922年）

文名字叫志道，取自《论语》"士志于道"。庄士敦一生未婚，晚年用其著作《紫禁城的黄昏》的版税在苏格兰买了个小岛，给岛上的居室分别命名为松竹厅、威海卫厅和皇帝厅等，并于每日升起龙旗。还在其住所办了个陈列馆，陈列着溥仪赏赐给他的朝服、顶戴、饰物等。终其一生，庄士敦都热爱、眷恋着中国和中国文化，并一直追忆怀念着他的这位特别的中国学生。

1922年12月1日，逊帝溥仪大婚，娶了一后一妃，即婉容和文绣。婉容住进了储秀宫，文绣住进了长春宫。皇后郭布罗·婉容，字慕鸿，号植莲，是满洲正白旗人，内务府大臣荣源之女。婉容从小受到很好的教育，琴棋书画都很有素养，父亲是位开明人士，甚至还为她请了英文老师。她容貌清丽脱俗，身姿纤秀窈窕，是八旗出名的美人。妃子额尔德特·文绣，镶黄旗人，字蕙心，自号爱莲。文绣的祖父锡珍，官至吏部尚书，父亲端恭是内务府主事。文绣从家世到容貌都不如婉容，但戏剧性的是溥仪最初圈定的皇后人选却是她。据溥仪在《我的前半生》回忆录里记述，议婚时给他看的几位候选人的照片都是旗装照，根本就看不出有什么分别，唯一能比较的就是旗袍的花色，他之所以圈定了文绣，仅仅是因为她的旗袍花色比较别致。但当时宫中主事的端康太妃却力荐婉容，认为文绣家贫长得也不好看，溥仪的母亲也认为家贫的女孩子恐有小家子气。在她们的力主下，最后选定了婉容，但被圈定的文绣也不能再嫁他人，所以就一起入了宫。

婉容和溥仪同岁，进宫时也只有十六岁，文绣比他们还小三岁。婚后，三个都还未成年的小儿女在宫中倒也度过了两年相对安稳温馨的岁月，直到1924年11月5日被驱逐出宫。婉容人长得娇俏，性情又活泼开朗，和溥仪相处得颇为和谐，两个人都爱好西餐，还常以彼此的英文名字亨利和伊丽莎白互称。而开始靠着旗袍花色胜出的文绣，在入宫后却因相貌平平和尚未发育完全的身体，和溥仪相处得客气而又疏离。文绣貌不惊人，但是早熟而内秀，文采很好，溥仪对此也颇为欣赏，还与她互通诗词。婉容和文绣之间的相处模式很耐人寻味，她们好像没有一般后妃之间那么严格的等级差异，从她们彼此互寄的纸笺上来看，婉容流露出来的是调侃戏谑，更像是个小女孩的娇嗔；而文绣行文笔端流露出来的却是超过她年龄的冷静和理智。有一次，文绣抱恙，传御医萧炳炎问诊，收到婉容让太监传送给她的纸笺："爱莲女士惠鉴：才闻傅（传）萧炳琰（炎），想是欠安否？见（现）痊愈否？望君赐以回函，以慰余之疑念。Elizabeth。"婉容的慰问信里称呼文绣的爱莲字号，落款又署自己的英文名字，应该是想要模糊彼此后妃的差距。但是她没想到的是，她照顾文绣的感受，文绣可是一点面子都不给她留。文绣的回函不但连个抬头和落款都没有，还将她信中的错别字标识更正退还给她："现在无有何等不适，不过每日必令萧诊脉一次。因午间有事，故今晚间来，you 放心可也。来函笔误甚多，兹特更正还回。"被文绣这样驳了面子的婉容好像也未见不爽，还继续在信笺里戏谑调侃她："爱莲女士惠鉴：数日不见，不知君还顾影自怜否？余今甚思构（购）一镜，以备顾君之影。念有一曲，以还君之一笑。""爱莲女士吉祥：爱莲女士弹琴弹的好？爱莲女士唱的好？爱莲女士的娇病好点了？爱莲女士进药拉（了）吗？爱莲女士进的好、拉的香？祝君晚安。"这次文绣没有改她的错别字，大概是真的生气了。毕竟还没有经历过残酷的世事，和她们出宫以后蹉跎凄凉的际遇相比，这些小小的芥蒂和嫌隙都显得太过于美好了。

养心殿后殿是寝室，正中三间仅以雕镂精细的花罩分隔，分设御榻、宝座。正中宝座床上方是光绪皇帝御笔"乾元资始"匾额，

中间是大臣潘祖荫抄录唐李峤"喜雨""喜雪"律诗。室内陈设的文玩书画、奇珍异宝有七百余件，有碧玉盘、芙蓉樽、水晶杯、玛瑙碗、翡翠花插、白玉山子等不一而足。东西梢间是皇帝的卧室，各有皇帝的龙床一张。东梢间的卧室更为精致，据说是皇帝与皇后同居时使用。卧床通体镶嵌着玻璃水银镜子，床上铺大红毡、明黄毯。帐幔、被子等都是由江南三织造特供的丝织品。床帐上挂有香囊、荷包，内装香料，一入寝宫，便如入芝兰之室。床上方匾额原为乾隆皇帝御笔"攸芋斋"，现为慈禧所书"又日新"，语出自《礼记》："汤之铭盘曰'苟日新，日日新，又日新'。"意即精神上的洗礼，德行需日日更新。卧床西侧是净房，里面的马桶为木质，净盆是银质的，使用后由太监捧出倒入专用的收取秽物的车内，集中清运出宫。

宫内的厕纸，明代用的是四川进贡野蚕茧织的帛，和纸很像。相传有宫人将用过的"厕纸"洗涤干净做帘帐用。清代慈禧的厕纸就更讲究了，用薄丝绵加高丽纸，高丽纸使用前还要拿熨斗将毛刺熨平，这样更加滑爽和干净。

　　皇帝没有专用的餐厅，在哪里居住就在哪里传膳，因此寝宫也是餐厅，养心殿的进膳地点通常是在明窗。皇宫中的外膳房（御茶膳房）位于紫禁城东南部，在箭亭之东，距离养心殿较远，因此在养心门外又设立了内膳房，主要负责外膳房已烹制好食物的保温与加热，预备皇帝两顿正餐之间的加餐以及军机处、上书房、南书房大臣们的餐饮。

　　帝后妃嫔的餐饮都有既定的标准，开列规定得极为详细。比如皇太后的每日份例："猪一口，羊一只，鸡、鸭各一只，新粳米两升，黄老米一升五合，高丽江米三升，粳米粉三斤，白面十五斤，荞麦面、麦子粉各一斤，豌豆三合，芝麻一合五勺，白糖二斤一两五钱，盆糖八两，蜂蜜八两，核桃仁四两，松仁两钱，枸杞四两，晒干枣十两，猪肉十二斤，香油三斤十两，鸡蛋二十个，面筋一斤八两，豆腐二斤，粉锅渣一斤，甜酱二斤十二两，清酱二两，醋五两，鲜菜十五斤，茄子二十个，王瓜二十条。"当然皇太后一个人是无论如何无法消化这许多食材的，只是御膳房要依此定例供给保障。只看细目就可以推想为了保障宫中用膳的排场，食物的浪费是在所难免的，对此，雍正皇帝还曾下谕旨训诫："谕膳房：凡粥饭及馔肴等类，食毕有余者，切不可抛弃沟渠，或与服役下人食之。人不可食者，则哺猫犬。再不可用，则晒干以饲禽鸟，断不可委弃。朕派人稽查，如仍不悛改，必治以罪。"[1]

1　《上谕档》雍正二年六月十二。

清宫锡便盆

皇帝的正餐每天只有两顿，非常符合养生的标准。早膳一般是在七点到九点，晚膳是下午两点至四点。当然其他时间看皇帝需要可以随时加餐。传膳时，菜品都放进专用的食盒，外边用黄布包裹系紧，一是保温，二是保障传递过程中的卫生和安全。皇帝进膳时通常都是一个人，如召陪侍共餐是非常罕见和极为恩典的事。雍正元年（1723）正月，雍正皇帝即位后第一次主持祈谷仪式，回宫后召时年十二岁的皇四子弘历来养心殿与他共食。十三年后，雍正皇帝去世，弘历即皇帝位，是为乾隆皇帝。乾隆皇帝回忆起那一次特殊的赐食，明白了其中的深意，原来父亲在那时就已经在心中确认了他的继承人身份。

绿原小试倍佶闲
骊俞骑鸿铜锶
五游滕日寻芳
鱼示度雕龙何
用赋素蔻云润
青衢草气豯阳
和举目化机合
兔一日双还倍彼
三中八兔生风耳後
最豪情付廿年
前绣壤平不痕
武还思谏课简
中吾自有权衡
南苑行围即事三首
乙亥暮春尚笔

叁

在祀与戎

斋宫

　　东六宫之南为斋宫，建于雍正九年（1731），原为明代宏孝殿旧址。斋宫是前后两进院落。前殿为斋宫，面阔五间，黄琉璃瓦歇山顶，前出抱厦三间。殿内大花为浑金龙纹，正中为八角形浑金蟠龙藻井。匾额为乾隆皇帝御笔"敬天"，联对为："克践厥猷，聪听祖考之彝训；无斁康事，先知稼穑之艰难。"东暖阁为书屋，有联对为："天道钦崇永保命，万几敕愆屡省成。""一念纯诚昭格本，万缘清静旦明中。" 西暖阁为佛堂，曾供奉有释迦牟尼、观音、弥勒佛、画像佛以及各种供器和法器。联对为："皓月空悬心镜朗，妙云拥护智珠圆。"后殿面阔七间，黄琉璃瓦歇山顶，初名孚颙殿，也曾为乾隆皇帝御书，后改为诚肃殿。殿东西耳房各两间，各设游廊十一间，与前殿相接。殿内额匾为"庄敬日强"，联对为："慎独谨几，旦明怀帝载；思艰图易，宵旰念民依。"东室联对为："一编金鉴怀无逸，五夜铜签警未央。"西为寝室，额匾为乾隆皇帝御笔"敬止"，

叁

在祀与戎

斋宫 箭亭

联对有："午夜端居钦曰旦，寅衷昭事格维馨。""洗心宥密钦羲传，致德精明禀礼经。""吉蠲致敬先三日，昭格维诚矢一心。"

凡祭天、祀地、祈谷以及常雩（祈雨）大祀前，皇帝要在宫中致斋，届时将斋戒牌和手捧"斋戒三日"简书的铜人设立在乾清门前，斋宫建成后，在斋宫丹陛左侧也摆放斋戒牌和铜人。后来雍正皇帝还亲自酌定了斋戒牌的样式和材质，缩小了尺寸，并谕令官员将斋戒牌佩戴于胸前，以触目儆心，使言动起居不敢简慢懈怠。

"国之大事，在祀与戎。"[1] 祭祀历来是国家最为重大的事情。人类最原始的两种信仰是天地信仰和祖先信仰，源于对自然界和祖先的崇拜，拜天地、祭神明以祈福消灾。因此，永乐皇帝朱棣兴建紫禁城时，即在南城永定门内建天坛以祭祀天地，嘉靖九年（1530），嘉靖皇帝接受了当时给事中夏言的建议："古者祀天于圜丘，圜丘者，南郊地上之丘也，丘圜而高，以象天也；祭地于方丘，方丘者，北郊

---

1 东周·左丘明《左传·成公十三年》。

斋宫 / 上

斋宫匾额 / 下

泽中之丘也，丘方而下，以象地也……是故兆于南郊，就阳之义也；瘗于北郊，即阴之象也。此分祭天地，各正其所，凡以顺天地之性，审阴阳之位也……" [1] 决定将天地分别祭祀，随即在北城安定门外建地坛，并同时在东城建朝日坛（日坛），西城建夕月坛（月坛）。

在《大清会典》的祭祀通例中，对于斋戒的日期、行止、服饰等都有严格的规定。祭天、祀地、太庙、社稷坛以及祈谷、常雩为大祀，需斋戒三日；朝日坛、夕月坛、历代帝王庙、文庙、先农坛为中祀，斋戒二日；太岁神祇、先医、东岳、城隍等庙为小祀，斋戒一日。大祀一般都由皇帝亲自祭祀，中祀和小祀大都是派遣官员代祭。斋戒期间，陪同祭祀的官员也要一同致斋："不饮酒，不食葱韭薤蒜，不问病，不吊丧，不听乐，不理刑名，不与妻妾同处。" [2] 祭服的颜色根据祭祀的神祇不同而有异，祭天时衣天青色礼服，祭地时为明黄色，祭日为大红色，祭月为月白色。

关于在紫禁城修建斋宫的缘起，有学者认为是雍正皇帝为确保自己的人身安全而设立的。根据礼制规定，凡遇祭祀天地的大典，皇帝都要提前在宫中斋戒二日，在天坛内的斋宫斋宿一日，而雍正一朝历时十三年，虽然祭祀仪礼如常，但雍正皇帝确实从无在天坛斋宿的记录。在激烈的皇子储位之争中胜出的雍正皇帝，虽然最终坐上了皇位，但政局未稳，兄弟离心，一直让他充满了忧患之感："向日朕在藩邸时，坦怀接物，无猜无疑，饮食起居，不加防范，此身利害，听之于命，盖未任天下之重也。今躬膺圣祖付托神器之重，安可怠忽，不为长久之虑乎？" [3] 而在雍正皇帝即位之初，确也出现

1 《皇明经世文编》卷二〇二。
2 《大清会典》卷七六六。
3 《大清世宗宪皇帝实录》卷十。

过两次险情，一次是出宫祭祀时，一次是去东陵谒陵，虽然这两次险情事后都被证实是虚惊一场，但无疑让本就小心翼翼的雍正皇帝更加谨小慎微。

关于雍正皇帝的即位，不但民间传说纷纭，史学界对此也莫衷一是。流传最广的说法是雍正皇帝矫旨篡位，传闻康熙皇帝本拟将皇位传于十四子胤禵，作为皇四子的雍正皇帝将"传位于皇十四子"的遗诏篡改为"传位于皇四子"，由此得以荣登大宝。还有他的母亲于他即位当年病逝，也引起民间各种揣测，认为是他逼迫所致。雍正皇帝继位之后，对他几位弟弟或夺爵，或圈禁，或迫害致死，更让他留下了刻薄恶毒的口实。野史笔记中关于雍正皇帝的谋父、逼母、弑兄、屠弟、贪财、好杀、酗酒、淫色、好谀、任佞等流言甚嚣尘上，以至于在雍正八年（1730），他不得不组织编辑刊发了《大义觉迷录》，企图以正视听。在《大义觉迷录》中，对针对于他的种种指责进行了一一驳斥。对于谋父、逼母之说他辩解道："……至康熙六十一年十一月冬至之前，朕奉皇考之命，代祀南郊，时皇考圣躬不豫，静摄于畅春园，朕请侍奉左右，皇考以南郊大典，应于斋所虔诚斋戒，朕遵旨于斋所至斋。至十三日，皇考召朕于斋所，朕未至畅春园之先，皇考命诚亲王允祉、淳亲王允祐、阿其那、塞思黑、允禟、允䄉、怡亲王允祥、原任理藩院尚书隆科多至御榻前，谕曰：'皇四子人品贵重，深肖朕躬，必能克承大统，着继朕即皇帝位。'……及朕驰至，问安皇考，告以症候日增之故，朕含泪劝慰。其夜戌时龙驭上宾，朕哀恸号呼，实不欲生。隆科多乃述皇考遗诏，朕闻之惊恸，昏仆于地。诚亲王等向朕叩首，劝朕节哀。朕始强起办理大事。此当日之情形，朕之诸兄弟及宫人内侍与内廷行走之大小臣工，所共知共见者。夫以朕兄弟之中，如阿其那、塞思黑等，久蓄邪谋，

斋戒牌

希冀储位，当兹授受之际，伊等若非亲承皇考付朕鸿基之遗诏，安肯帖无一语，俯首臣伏于朕之前乎？而逆贼忽加朕以谋父之名，此朕梦寐中不意有人诬谤及此者也。又如逆书加朕以逼母之名，伏惟母后圣性仁厚慈祥，阖宫中若老若幼，皆深知者。朕受鞠育深恩，四十年来，备尽孝养，深得母后之慈欢，谓朕实能诚心孝奉。而宫中诸母妃咸美母后，有此孝顺之子，皆为母后称庆，此现在宫内人所共知者。及皇考升遐之日，母后哀痛深至，决意从殉，不饮不食。朕稽颡痛哭，奏云：'皇考以大事遗付冲人，今圣母若执意如此，臣更何所瞻依，将何以对天下臣民，亦惟以身相从耳。'再四哀恳，母后始勉进水浆。自是以后，每夜五鼓，必亲诣昭仁殿，详问内监，得知母后安寝，朕始回苫次。"《大义觉迷录》刊行后，雍正皇帝要求朝廷上下、地方官吏人手一册，所有地方官、学官必须根据《大义觉迷录》的内容及论点向百姓讲解说明。但是令雍正皇帝始料未及的是，这一正面的解读和回答不但没能遏制流言的传播，反而使其愈演愈烈，这一大力推行的普及读物，实际上成为了捕风捉影传闻的官方背书。

康熙末年诸皇子的储位之争暗流汹涌，康熙皇帝对此也是深以为虑，尤其是皇八子允禩才干出众，为人世故圆润，善与人交接，因此在众皇子中颇有拥趸，这让康熙皇帝很是忌惮，曾经在众皇子和大臣面前当众指出允禩的野心："允禩乘间处处沽名，欺诳众人，希冀为皇太子。朕惟据理，毅然独行，以定国家大名，正君臣大义耳。允禩自幼性奸心妄，其纠合党类，妄行作乱者有故。"[1]并且对于自己的身后事表示了深深的忧虑："日后朕躬考终，必至将朕躬置乾清宫内，尔等束甲相争耳。"[2]"停尸不顾，束甲相攻"这个典故来源于春秋时期的齐桓公，齐桓公死了之后，停尸于他的寝宫床榻之上，还没有入殓，五个儿子就为了争夺王位率领各自的部队相互残杀，齐桓公的尸体在床上停放了六十七天，都生了蛆，直到确立了新君无亏后才入土。

虽然这样惨烈的政权更迭并未在康熙皇帝去世后出现，雍正皇帝顺利地承继了皇位，但允禩及其身边的朋党一直被他视作自己政权的巨大威胁，他曾对王公九卿坦言道："历年以来，朕之数弟，昏昧无知，不安本分，其奸伪逆乱之行，尔众大臣从前虽略晓一二，何能尽知。尔等且不能尽知，外间小人，又何由知之。伊等为人，存心行事，朕因三四十年共在一处，知之甚悉。伊等僭妄之心、悖逆之行，及其党与，于国家大有关系……"[3]雍正皇帝认为自己

1、2 《大清圣祖仁皇帝实录》卷二三五。
3 《大清世宗宪皇帝实录》卷四十四。

对这些弟弟们已经仁至义尽了："十数年来，费尽苦心，委曲调剂，此诸兄弟内廷人等所共知者。及朕即位，以阿其那（允禩）实为匪党倡首之人，伊若感恩改过自新，则群邪无所比昵，党与自然解散，是以格外优礼，晋封王爵，推心任用，且知其素务虚名，故特奖以诚孝二字，鼓舞劝勉之，盖朕心实实望其改恶迁善也……"[1]但允禩一党不知感恩戴德，反而变本加厉："而悖逆妄乱，日益加甚。时以蛊惑人心、扰乱国政、烦朕心、激朕怒为事……"[2]雍正三年（1725）七月，以贝子允禑殴打生员、藐视钦差为由，削去贝子头衔。同年十二月，以廉亲王允禩杖毙护军又隐瞒不报之事，将其革去亲王并圈禁，后旨令允禩自改其名为"阿其那"[3]，皇九子允禟被改称"塞思黑"[4]。雍正四年（1726）六月，群臣及诸王共同议奏，罗列允禩罪状四十款，允禟二十八款，允䄉十四款，雍正皇帝一一列数他们的秉性奸险、立心诡诈、虚伪不孝、希图储位、结党钻营、图买人心、以谋大位等悖逆之举，将允禩、允禟逐出宗谱玉牒，分别圈禁，允䄉被圈禁于景山寿皇殿。

允禩和允禟在被圈禁后不久死去，民间也传言是被雍正皇帝毒害致死。但即使在政敌消失之后，雍正皇帝还是不能安居于宝座之上，他曾经对内阁说："盖以朕之兄弟阿其那、塞思黑等密结匪党，潜蓄邪谋，遇事生波，中怀叵测，朕实有防范之心，不便远临边塞……"[5]由此可见，对于允禩朋党残余势力的忌惮始终未能让雍正皇帝放下警惕。从祭祀的仪礼上来说，尤其是每年的冬至祀天大典，皇帝都要亲自主持并提前一天至天坛斋宿。雍正皇帝在位的十三年间，除

1、2　《大清世宗宪皇帝实录》卷四十五。

3　阿其那为满语，一说是畜牲，一说为不要脸之意。

4　塞思黑为满语，讨人厌之意。

5　《清世宗宪皇帝上谕内阁》雍正四年十月初二。

了雍正八年（1730）因病而派遣了裕亲王广禄代为行礼致祭，其他都是亲至祭祀，但是都没有在天坛斋宿的记录。而雍正八年出现的月食，进而接踵而至的京畿大旱，都让雍正皇帝心存畏惧："京师自冬及春，未得雨雪。畿辅地方，及近京各省，虽有奏报得雪者，亦未普遍霑足。因思上年十一月十五日月食，据钦天监观候，曾引占书，燕赵旱，禾麦有伤之语，朕心甚为忧惧。拟于正月祈谷之期，虔祷上帝，以迓天和。后因朕躬偶感风寒，医家奏请避风静摄，是以未曾躬亲祀典，此心愈加乾惕。惟兹数月以来，雨雪未降，显系上天垂象以示儆，甚可畏也……"[1]也许仅仅是为了弥补这一礼仪上的缺疏，同时又能保障自身的绝对安全，雍正皇帝才在紫禁城内修建了斋宫，来表达自己虔诚修省，以期仰格天心之意。

箭亭

奉先殿之南为箭亭，面阔五间，进深三间，黄琉璃瓦歇山顶，四面出廊。它不设窗户，东西两面是砖墙，南北开八扇大门，南五北三，也并不对称。箭亭正中设有宝座，东西各有一座石碑，分别是乾隆和嘉庆皇帝的御笔。

箭亭始建于顺治四年（1647），初名射殿，后改称箭亭。箭亭周围地带空旷舒朗，是皇帝在这里练习骑射和考试武进士的地方。武进士殿试的项目有骑射、步射、开弓、舞刀和掇石，皇帝钦定中试武进士名次后，也是在太和殿进行传胪仪式。《清实录》上记载，

1　《大清世宗宪皇帝实录》卷一一四。

乾隆元年（1736）十一月，乾隆皇帝至箭亭阅视武进士："赐殿试
武举马负书等九十八人武进士及第出身有差，引见弓马技勇最优者
十人，及王大臣等拣选可充侍卫者二十五人。上御箭亭亲试，授一
甲一名马负书为一等侍卫，二名韩锜、三名李星垣为二等侍卫，二
甲万岱、许成麟、孟绍先、马扬远、塞尔特、熊良臣、史誉、许忠朝、
唐绍尧、马捷元为三等侍卫，三甲王国宗、刘士清、郭璞、袁勋、
吕文英、王曰敏、王振元、左秀、田怀孝、温达勇、解逊、李渌、张拔、
马云鹏、赵登高、邱良乐为蓝翎侍卫。"[1]

---

1 《大清高宗纯皇帝实录》卷三十一。

皇帝在箭亭练习骑射时，有"十五善射"陪侍在侧，就是从八旗兵丁内每旗各选善射者十五人，赏六品蓝翎顶戴，皇上御射时，听候皇帝旨令，陪同射击。奉旨可在紫禁城骑马的王公大臣，由东华门进宫的，一律要在箭亭前下马，箭亭周围也是当时拴歇马匹的地方。

修建箭亭的初衷，是为了防止满族被汉族同化而逐渐荒废骑射的功力，丧失了民族的骁勇和彪悍。清太祖努尔哈赤创建了八旗制度，是清代满族实行的一种社会组织形式，由女真人狩猎时实行的牛录[1]组织演变而来，初时以每十人为一牛录。万历二十九年（1601），努尔哈赤整顿编制，规定每三百人为一牛录，五牛录为一甲喇[2]，由甲喇额真[3]统辖，五甲喇为一固山，由固山额真[4]统辖，每个固山都有属于自己的特定颜色旗帜，所以汉语译固山为"旗"，当时只有黄、白、红、蓝四旗。万历四十三年（1615），由于归附者日众，又增设镶黄、镶白、镶红、镶蓝四旗，原来的四旗前加"正"，改称正黄、正白、正黄、正蓝，八旗之制由此确立。后来随着努尔哈赤与皇太极征服地域的不断扩大，归附的蒙古、汉人逐渐增多，又相继整编成蒙古八旗和汉军八旗。八旗制度作为一种社会组织形式，在其建立初期，入则为民，出则为兵，是一种兵农结合、耕战结合的组织，兼有军事、行政和生产三方面的职能。由于高效的组织和管理，让八旗军队的战斗力勇猛异常，也是清朝入主中原的强大保障。

自立国始，如何避免八旗军队被同化，习染汉俗被弱化，让每

---

1 牛录为满语箭之意。

2 甲喇为满语队之意。

3 甲喇额真，汉意为参领。

4 固山额真，汉意为都统。

一位清朝的统治者都深为忧虑。崇德元年（1636），清太宗皇太极改国号金为清，当时就有大臣屡屡进谏，请皇帝改满人衣冠，仿效汉人的服饰。崇德元年十一月十三，皇太极在翔凤楼召来诸王公大臣们谆谆教导说："先时儒臣巴克什达海·库尔禅，屡劝朕改满洲衣冠，效汉人服饰制度，朕不从，辄以为朕不纳谏。朕试设为比喻，如我等于此聚集，宽衣大袖，左佩矢，右挟弓，忽遇硕翁科罗巴图鲁·劳萨挺身突入，我等能御之乎？若废骑射，宽衣大袖，待他人割肉而后食，与尚左手之人何以异耶？朕发此言，实为子孙万世之计也。在朕身岂有变更之礼？恐日后子孙忘旧制、废骑射以效汉俗，故常切此虑耳。我国士卒初有几何？因娴于骑射，所以野战则克，攻城则取，天下人称我兵曰：立则不动摇，进则不回顾。威名震慑，莫与争锋……"[1]

秉持着国俗家训，清代皇帝对于皇子们的体育教育也是非常重视，除了"四书""五经"和满文的学习，弓马骑射也是他们的必修功课，并且常于皇家园囿中进行实地练习，而每年的木兰秋狝则是皇子们的一个重要实操场地。清代自康熙皇帝开始，每年秋季在承德木兰围场举行盛大的围猎活动，称为木兰秋狝，事实上它也是检验军队战斗能力的军事演习，借此来保障八旗军队崇武尚勇的本色。康熙皇帝在晚年曾自豪地回忆起自己的狩猎战绩，并感念当时教习的严格督促和指导："朕于骑射哨鹿行猎等事，皆自幼学习，稍有未合式处，侍卫阿舒默尔根即直奏无隐，朕于诸事谙练者，皆阿舒默尔根之功……朕自幼至今，凡用鸟枪弓矢，获虎一百三十五，熊二十，豹二十五，猞猁狲十，麋鹿十四，狼九十六，野猪一百三十二，哨获之鹿凡数百。其

---

1 《大清太宗文皇帝实录》卷三十二。

余围场内，随便射获诸兽不胜记矣。朕曾于一日内射兔三百一十八，若庸常人，毕世亦不能及此一日之数也。"[1]

然而随着清朝享国日久，四海升平，满汉文化的交融终成水乳之势。满人的王公官员，不但渐渐地废弛了弓马技艺，连自己的满文清语都慢慢生疏了。到了乾隆时期，有的满人官员除了能用满语自报家门外，别的就一问三不知了。这让乾隆皇帝深为痛恨，下旨训诫说："朕恭阅开国方略，昔太宗文皇帝时，恐我满洲骑射清语，日久生疏，曾经特降谕旨。是以朕临御以来，诰诫再三，务令各勤旧业。今看八旗文武大臣官员子弟射，甚属平常。清语除履历外，再问竟不能答。皆由伊父兄等，不知训迪子弟，以致本业渐荒。因思各旗教场、箭亭石碑，均刻太宗文皇帝圣旨，诸臣岂未经瞻仰乎？自此次朕谕之后，八旗大臣官员，务严饬子弟学习娴熟，倘引见时技艺平常，朕必将伊父兄一并治罪。将此旨通行晓谕八旗，及各省都统官员等知之。"[2]

乾隆皇帝在谕旨中提到的箭亭石碑，就是现在箭亭内东侧的御制碑刻，设于乾隆十七年（1752），名《训守冠服骑射碑》，俗称《下马即亡碑》或《居安思危碑》。碑上刻录了清太宗皇太极登上翔凤楼，对臣子们的谆谆教导，然后是乾隆皇帝自己的读后感："朕每敬读圣谟，不胜钦凛感慕。深惟国家开创之时，我祖宗躬亲劳瘁，勤求治理，矩矱相传，罔敢渝越，以立万世之丕基……"[3]并再次重申立国之根本，国语骑射要时时练习，勿使生疏："我朝满洲先正遗风，自当永远遵循，守而勿替……"[4]嘉庆十三年（1808），嘉庆皇帝又

1　《大清圣祖仁皇帝实录》卷二八五。

2　《大清高宗纯皇帝实录》卷一二二八。

3、4　《大清高宗纯皇帝实录》卷四一一。

乾隆帝《训守冠服骑射碑》

于箭亭内西侧立碑，再次告诫子孙"期复旧俗，永保无疆"。

为了捍卫和坚守本民族的文化和精神，皇帝对臣子们屡屡训诫，对皇子们的督促更是不曾松懈。乾隆三十一年（1766）五月十二，乾隆皇帝看到六岁的十五阿哥颙琰（嘉庆皇帝）手里拿把折扇，扇面上的书画颇为可观，不由得拿过来细赏，并问及是何人所作，颙琰说是哥哥永瑆画的。乾隆皇帝本来颇为赞许，毕竟那时的永瑆也不过才十四岁，有这样的才情灵性很是让他这个父亲感到高兴。但当他看到落款写着"兄镜泉"时，就很不以为然了。他认为以别号为美称，是酸腐的书生习气，和皇子的身份大不相宜。认为皇子读书，只当讲求大义，这些寻章摘句、诗词唱和的浮华之事都是末流俗务。并提及自己当年在藩邸时，也对诗文很感兴趣，但是从来都没有与人唱酬题赠的事情，也不敢私自妄取别号，自己"长春居士"的别号还是父亲雍正皇帝所赐，但是也从未用它来署款题识。他将这些训诫旨令张贴在皇子们读书的上书房，以期时时警醒，务必牢记恪守国家的根本在于国学骑射。

嘉庆九年（1804）二月，嘉庆皇帝展读高宗的实录，看到这段往事，想起父亲的教诲，不免引发感慨说："至词章之学，本属末节。况我朝家法相传，国语骑射，尤当勤加肄习。若竟以风雅自命，与文人学士争长，是舍其本而务其末，非蒙以养正之意也。"[1]并仿效其父也将此旨意贴到了上书房。

1　《大清仁宗睿皇帝实录》卷一二六。

肆

慎终追远

奉先殿，位于乾清宫东侧，紧邻毓庆宫。明永乐时初建，清顺治十四年（1657）重建。奉先殿四周围以宫墙，自成一体。西宫墙开琉璃门一座，门内北为奉先门，随墙琉璃门五座。南有群房十三间，为神库、神厨，东侧小院内有一座三间的小殿为崇先殿，是明嘉靖皇帝朱厚熜为奉其父兴献王朱祐杬神位而建。奉先殿为工字殿，建筑在白石须弥座之上，正殿面阔九间，进深四间，黄琉璃瓦重檐庑殿顶。后殿面阔九间，进深两间，黄琉璃瓦单檐庑殿顶，前后殿连以穿堂。殿前有月台，陈设日晷、嘉量。按清代规制，凡遇朔望、万寿圣节、元旦及国家大庆等，在前殿大祭。遇列圣列后圣诞、忌辰及元宵、清明、中元、霜降、岁除等日，于后殿上香行礼。凡上徽号、册立、册封、经筵、耕耤、谒陵、巡狩、回銮及诸庆典，均于后殿祭告祖先。

明太祖朱元璋建都南京后，建太庙追尊其四祖，即高祖德祖、曾祖懿祖、祖父熙祖和父亲仁祖。但太庙在宫外，毕竟不方便朝夕祭祀，洪武三年（1370），朱元璋拟建奉先殿，召来礼部尚书陶凯对他说："事死如事生，朕祖考陟遐遐已久，不能致其生事之诚，然于追远之道岂敢怠忽。"并感叹："养亲之乐不足于生前，思亲之苦徒切于身后，今岁时致享则于太庙，至于晨昏谒见节序告奠，古必有其所，尔考论以闻。"陶凯回奏说："宋太庙一岁五享，宫中自有奉先天章阁、钦先孝思殿奉神御画像，天子日焚香，时节朔望帝后生辰皆遍祭，用常馔，行家人礼。古者宗庙之制，前殿后寝。尔雅曰：室有东西厢曰庙，无东西厢有室曰寝，庙是接神之处，故在前；寝是藏衣冠之处，故在后。自汉以来，庙在宫城外已非一日，故宋建钦先孝思殿于宫中崇政之东，以奉神御。今太庙祭祀已有定制，请于乾清宫左别建奉先殿以奉神御，每日焚香，朔望荐新，节序及生辰皆于此祭祀，用常馔，行家人礼。"[1]这番话正合了朱元璋的心意，于是"上从之"，遂于乾清宫东侧建奉先殿。

永乐皇帝朱棣营建紫禁城时，遵照南京宫殿体制，也将奉先殿

---

1 《大明太祖高皇帝实录》卷五十九。

奉先殿

建在乾清宫东侧。根据史料记载，当时的奉先殿为十一开间，左右有东西庑房，庑房东西各有小院，东小院为神厨，西小院为神库。明洪武时将"天子七庙"[1]定为"天子九庙"，并且只有嫡后才能祔庙。由于严格的嫡长子继位制度，明前期的皇位更迭，先帝神主顺序入庙，皆顺理成章，并无波折。孝宗朱祐樘继位时，父亲宪宗朱见深的神主要升祔太庙，但当时九庙已满，有德祖、懿祖、熙祖、仁祖、太祖、太宗、仁宗、宣宗和英宗。遵照祧庙的礼法，需要将最远祖祧出，德祖居中位，不祧迁，于是就将居第二位的懿祖祧迁出去，以放入宪宗的神主，并在太庙之后另建祧庙，安放懿祖牌位。后武宗朱厚照继位，迁熙祖于祧庙，奉入孝宗神主；世宗朱厚熜即位，武宗神主升祔太庙，迁仁祖至祧庙。

嘉靖皇帝以藩王继承大统后，在追谥生父的"大礼议"中取得了决定性的胜利。嘉靖三年（1524），在奉先殿西侧增建观德殿供奉兴献王神主，嘉靖四年（1525），在太庙里为生父另建世庙，嘉靖六年（1527），以观德殿"事出仓促，其规制窄隘，不足以竭虔妥灵，朕意未惬"[2]，又在奉先殿东侧另辟小院，建崇先殿，将父亲神主移至此享祭。但是这些离嘉靖皇帝的目标，还有一段比较遥远的距离，为了达成这一终极目标，嘉靖皇帝可谓煞费苦心和周折。

嘉靖十年（1531），以尊祀太祖朱元璋为名，将位居正位的德祖迁至祧庙："圣祖在御，固宜尊德祖居尊。其在今日，当以朕圣祖为始祖，居始祖之位。"[3]德祖被祧迁，太祖朱元璋奉正位。此时的九庙变成了八庙，格局排序为：太祖朱元璋居中，太宗朱棣居左

---

1 《礼记·王制》载："天子七庙，三昭三穆，与大祖之庙而七。"顺序是，始祖居中，左昭右穆。父居左为昭，子居右为穆。

2 《大明世宗肃皇帝实录》卷六十六。

3 《大明世宗肃皇帝宝训》卷四。

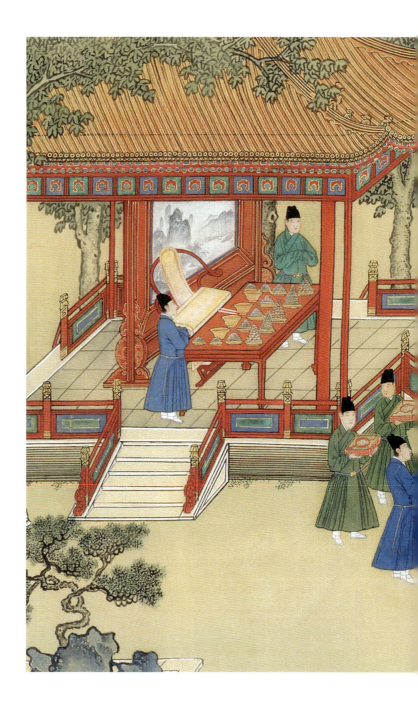

（昭）第一室，仁宗朱高炽居右（穆）第一室，宣宗朱瞻基居左（昭）第二室，英宗朱祁镇居右（穆）第二室，宪宗朱见深居左（昭）第三室，孝宗朱祐樘居右（穆）第三室，武宗朱厚照居左（昭）第四室。

嘉靖十七年（1538）九月，更太宗朱棣庙号为成祖，并为生父兴献皇帝上庙号睿宗，上谕礼部曰："朕（以）为，我国家之兴始，皇祖高皇帝也；中定艰难，则我皇祖文皇帝也；二圣同创大业，功德并焉，宜称祖号。我皇考献皇帝，躬备大德，是以延及朕身入嗣，祖位宜荐宗称。矧今大享已成，议奉皇孝（考）配，将当举事之期，先用荐上鸿号，尊文皇帝庙号为成祖，谥曰：启天弘道高明肇运圣武神功纯仁至孝文皇帝。以十一日行礼。尊皇孝（考）庙号为睿宗，谥曰：知天守道洪德渊仁宽穆纯圣恭俭敬天献皇帝。同日异时行礼。"[1]由此兴献帝升祔太庙功成，与孝宗并列一庙。然而，这还不是嘉靖皇帝的终极目标。

嘉靖二十四年（1545）六月，太庙失火后重建竣工，要将暂安在别殿的神主归位，礼部来请示该如何排序这些列祖列宗，嘉靖皇帝乾纲独断地说："既无昭穆，亦无世次，只序伦理。太祖居中，左四序成、宣、宪、睿，右四序仁、英、孝、武。"[2]按照嘉靖皇帝的指示，具体的排序是这样的：太祖朱元璋居中，成祖朱棣居左（昭），仁宗朱高炽居右（穆），宣宗朱瞻基居左（昭），英宗朱祁镇居右（穆），宪宗朱见深居左（昭），孝宗朱祐樘居右（穆），睿宗朱祐杬居左（昭），武宗朱厚照居右（穆）。

在这个排序中可以看出，睿宗不仅摆脱了与孝宗共处一室，屈居孝宗之下的尴尬局面，而且在父居左为昭、子居右为穆的王制大

---

1 《大明世宗肃皇帝实录》卷二一六。

2 《大明世宗肃皇帝实录》卷三〇〇。

礼里，他还占据了武宗父亲的位置。也就是说，大臣们没能让嘉靖皇帝认了孝宗（嘉靖皇帝的伯父）这个爹，他反而将自己的爹（武宗的叔父）变成了武宗他爹。这场开始于嘉靖初年的血雨腥风的大礼议，至此彻底落下帷幕，而这个结局却是如此反讽和戏剧，隔着四百多年尘封的时光，我们仿佛依然能够看到嘉靖皇帝那狡黠的目光和讽刺的冷笑。

明代的庙制，只有嫡后才能入祀太庙，宪宗朱见深是明代第一位庶出的皇帝，他的生母是英宗朱祁镇的周贵妃，宪宗即位后，封母亲为圣慈仁寿皇太后。这位皇太后非常长寿，儿子去世后她又活了十七年，所以她死后祭祀的问题就留给了孙子朱祐樘。孝宗继位后，首先面临的问题不是康健硬朗的祖母圣慈太皇太后，而是他早已去世的生母，就是那位被他父亲宠妃万贵妃毒害的纪淑妃。母亲悲凄的遭际和过早的离世，都是他心中无法消除的隐痛。孝宗继位一个多月后，就追尊生母纪淑妃为孝穆皇后，并祔葬宪宗。作为明朝第一个被追赠的皇后，即赠后，如何安奉她的神主就成了问题。孝宗让礼部去议定，最后礼部商议后回奏皇帝说："则惟旧史有可考。谨按宋史太宗懿德皇后以太祖开宝八年薨，太宗即位，追册定谥神主，享于别庙，又二十余年始祔太庙。元德皇太后乃真宗之母，以太平兴国二年薨，至真宗即位尊为皇太后，咸平三（年）祔葬永熙陵，神主享于别庙，又十四年始祔太庙。真宗章献皇太后以仁明道二年崩，葬永定陵西北，神主享于奉慈庙，又十四年始祔太庙。章懿皇太后乃仁宗之母，以明道元年薨，二年尊为皇太后，陪葬永定陵，神主享于奉慈庙，亦至庆历五年始与章献皇太后同祔太庙。当时议礼之臣，皆据成周特建庙以祀姜嫄而言，故有别庙奉慈之制，此盖古今之通义也。故臣等议谓孝穆慈慧皇太后祔葬，异日神主亦宜特建别庙奉享，

庶合古制。"[1] 于是孝宗依宋代奉慈庙的旧例，将奉先殿西侧的神库进行了改造，称为奉慈殿，安奉生母的神主。弘治十七年（1504）三月，圣慈仁寿太皇太后去世，孝宗追谥祖母为孝肃皇后，祖母也非元后，依祖制也是不能入祀太庙和奉先殿的，于是祖母的神牌也被安奉进奉慈殿。

嘉靖七年（1528）十月，朱厚熜的嫡后陈皇后去世，他对这位皇后很有意见，据说是因为她善妒，所以朱厚熜不但削减了她的丧仪，

---

1 《大明孝宗敬皇帝实录》卷七。

还给了她一个奇怪的恶谥"悼灵"，并将她的神主放到了奉慈殿中。

嘉靖十五年（1536）七月，朱厚熜旨令把孝肃、孝穆、孝惠三位庶后的神主，从奉慈殿迁到皇陵天寿山陵殿。他自己解释的理由是，庶后们的神主不能配享太庙，还要别庙安置，没有抬举之意，反而"近于黜之，非亲之也"[1]。三位太后可以迁到丈夫的陵殿，可悼灵陈皇后却没有地方可迁。这时候朱厚熜又良心发现了，觉得当年的恶谥确实不好听，于是改悼灵皇后的谥号为孝洁皇后，并将她的神主迁到奉先殿西室暂安，奉慈殿就此废置。

嘉靖二十六年（1547）十一月，坤宁宫失火，朱厚熜第三位皇后被烧死，这位皇后就是当年把嘉靖皇帝从谋逆的宫女手中救出来的方皇后。方皇后谥号孝烈，神主先被安放在太庙朱厚熜母亲献皇后旁边。嘉靖二十九年（1550）十一月，朱厚熜又突然下旨，将孝烈方皇后神主升祔太庙，并祧迁仁宗朱高炽。当时九庙已满，为此需要祧迁九庙中的一庙，太祖和成祖已被确立"万世不祧"，所以按顺序就轮到了仁宗朱高炽。大臣们虽然对这位"忽智忽愚""忽功忽罪"脑回路清奇的皇帝早已习惯，但对这完全颠覆礼法规制的诏令也还是感到震惊。礼部商议之后战战兢兢地回奏皇帝说：奉先殿孝烈皇后的神位未设是我们礼议的疏忽，可以将孝烈皇后神位安奉在慈孝献皇后（嘉靖皇帝母亲）旁边。但是突然要祧迁庙次，我们臣子不但不敢也实在是不忍啊。嘉靖皇帝看到这份奏疏当然很不高兴，打回去让礼部再议。礼部尚书徐阶和给事中杨思忠揣摩了一番圣意后，又拿出一个他们认为是可行性的方案，就是在太庙和奉先殿各增两室，这样孝烈皇后可以升祔，仁宗也不必祧出。又说皇上您圣体康健，要祧迁庙次也是以后您的圣子神孙该操心的事。大臣们觉得这回皇帝该满意了吧，结果皇帝似乎更生气了。皇帝说：我说祔庙和祧迁，你们就该奉旨拟请就完了，这才是你们臣子的正差，别的不需要你们瞎操心。几个回合下来，徐阶终于明白了皇帝的意思，皇帝真正的意图并不是要尊祀皇后，而是要让皇后去给他自己占位置。随后仁宗朱高炽的神主被迁出太庙，至祧庙安奉，孝烈方皇后的神主被奉在第九庙，也就是嘉靖皇帝的神主将来要被奉祀的位置。但是这也没让嘉靖皇帝彻底满意，还嫌大臣们没有即时奉旨，跟他打了好几轮的太极。

嘉靖皇帝朱厚熜去世后，穆宗朱载坖继位，在隆庆元年（1567）正月，追谥生母杜康妃为孝恪皇太后。孝恪杜太后同样没有资格升祔太庙和奉先殿，于是在奉慈殿原址修建神霄殿以供奉，同时安奉进神霄殿的，还有穆宗早逝的发妻孝懿李皇后的神主。然后穆宗皇帝又拨乱反正，修正了他父亲不合礼制的做法，把继后孝烈方皇后的神主从奉先殿迁出，安奉到了奉先殿旁边的景云殿（后更名弘孝殿），同时将屈就在奉先殿西室的嫡后孝洁陈皇后的神主移至正殿，配享朱厚熜。

穆宗去世后，万历皇帝朱翊钧继位，把穆宗皇帝和他的元后孝懿皇后一起升祔太庙和奉先殿，神霄殿里就只剩下了孝恪杜太后。万历三年（1575）正月，内阁首辅张居正奉万历皇帝圣旨，迁孝烈方皇后和孝恪杜太后的神主至奉先殿享祀，停罢神霄殿和弘孝殿的祭祀。与其说是奉万历皇帝的圣旨，不如说是皇帝母亲慈圣太后的懿旨，因为那时万历皇帝不过才十二岁。慈圣太后作为赠后，也同样面临着身后无法配享太庙的问题，抬举了这两位婆婆，就为自己身后升祔太庙做好了铺垫。自此，无论嫡后、继后还是庶后，皆可以配享太庙和奉先殿，成为钦定成例。之后穆宗的继后孝安皇后陈氏、赠后孝定皇后李氏（慈圣太后），神宗的赠后孝靖皇后王氏，光宗的赠后孝和皇后王氏、孝纯皇后刘氏五位都按例入祀太庙和奉先殿。

相比明代皇家家庙起伏跌宕的传奇故典，清代家庙的享祭入祀就风平浪静得多。奉先殿于顺治十四年（1657）重建完成后，后殿辟为九间，顺序升祔列祖列宗神牌。至宣统元年（1909），后殿神位格局依序为：明间为天命、天聪和顺治皇帝，东次间为康熙和乾隆皇帝，西次间为雍正和嘉庆皇帝，东再次间为道光和同治皇帝，西再次间为咸丰和光绪皇帝。直到清朝结束，东三次间、西三次间和东西夹室都还是虚室以待，只是再也不会等到它们的后继神主了。

伍

颐和养性

宁寿宫，原为明代仁寿宫、哕鸾宫、喈凤宫等宫殿旧址，康熙二十八年（1689）重建为宁寿宫。现在的宁寿宫区，是乾隆皇帝为退位归政而修建的养老之地。乾隆皇帝在即位初年就曾默祷上苍，若能坐满六十年的皇位，即当传位于太子。乾隆三十七年（1772）至四十一年（1776），历时五年，耗银一百四十三万余两，对宁寿宫区进行了大规模的改建。

　　宁寿宫区占地 4.6 万平方米，四面高墙环绕，自成一区。整体布局也传承了"前朝后寝"的规制。前部以皇极殿和宁寿宫为主。后半部分三路，中路是养性殿、乐寿堂、颐和轩、景祺阁；东路为畅音阁、阅是楼、庆寿堂、景福宫、梵华楼和佛日楼；西路是宁寿宫西花园，俗称乾隆花园。

　　皇极殿与宁寿宫前后序列，位当中轴。四围的廊庑连檐通脊，东西各开旁门，为凝祺门和昌泽门。前面的正门宁寿门，坐落在白石须弥座上，两侧的八字琉璃影壁，制若内廷的乾清门。前为皇极

伍

颐和养性

宁寿宫区

门，为随墙琉璃门三座，坐落于汉白玉须弥座上，三座门洞皆为券顶、上覆门楼，黄琉璃瓦庑殿顶。皇极门前是一座琉璃九龙照壁，长 29.4 米，高 3.5 米，下部是汉白玉须弥座。壁心由二百七十块琉璃砖拼砌而成，在七十余平方米的墙面上，采用浮雕手法塑造出九条色彩绚丽、姿态各异的蟠龙。九条游龙首尾相接，左右呼应，在缭绕的云朵、翻卷的海水之间，或舒身凌云，或盘曲戏浪，形象生动传神。皇极门和宁寿门之间，点以苍松翠柏，郁郁葱葱。

皇极殿是太上皇临朝受贺的正殿，黄琉璃瓦重檐庑殿顶，面阔九间，进深五间，内外檐装修多仿太和殿形制。殿内匾额为慈禧所书"仁德大隆"，楹柱上的对联为光绪皇帝御笔："日之升月之恒，八表同登仁寿城；天所覆地所载，万年常巩海山图。"皇极殿建于青白石须弥座上，汉白玉石雕龙凤栏杆，前设露台，一条宽六米、长三十米的甬路直达宁寿门。

宁寿宫坐落的石台基四周围以透风灯笼矮墙，以黄绿相间的琉璃砖砌成。面阔七间，进深三间，黄琉璃瓦歇山顶。宁寿宫仿坤宁

皇极殿内天花藻井

宫规制而建，是祭祀的场所。乾隆皇帝在《宁寿宫铭》中写道："宁咸万国，寿先五福。宫用题额，文叶义淑。于赫皇祖，奉养慈闱。孝惠爱居，爱日延晖。小子践阼，兹历卅年。设复廿岁，八旬五臻。敬思仁皇，卜号康熙。六十一载，今古诚稀。同以为艰，敢期过益？况值耄耋，归政理得。通新是宫，以待天麻。企予望之，愿可如不。授终奉懿，其礼自殊。斟酌损益，匪曰侈图。殿称皇极，重檐建前。宫仍其旧，为后室焉。执豕敬神，我朝旧制。异日迁居，礼弗敢废。清宁坤宁，祖宗所奉。朔吉修祀，宁寿斯踵。虽谢万几，宁期九畿。始予一人，寿同黔黎。告我子孙，毋逾敬胜。是继是绳，永膺福庆。"[1]表达了营建宁寿宫的初衷和将来归政的心念。

养性殿，仿养心殿而建，体量尺寸略小，空间的分隔也仿养心殿而为。明间设宝座，东暖阁有明窗、随安室，西暖阁有墨云室、长春书屋和佛堂。养性殿是乾隆皇帝归政后的寝兴之所，他在《新正养性殿》诗中写道："他年颐养处，新岁豫游辰。颇觉在兹近（计复十三年即当居此矣），可能居此真。孜孜勉勤政，霭霭喜迎春。三白昨冬渥，鸳楼尚积银。"[2]

养性殿后为乐寿堂，面阔七间，进深三间，黄琉璃瓦歇山顶。形制高大，前临广庭，左右设游廊，廊间嵌有《敬胜斋法帖》石刻。室内额匾为"与和气游"，联对为"座右图书娱画景，庭前松竹蔼春风"。室内的隔扇与仙楼，皆以香楠、紫檀为之，金玉镶嵌其上，精美华丽。隔扇心以王公臣子的绘画书法装饰，更具风雅之韵。慈禧六十岁生日后，一直以此为寝宫。

乐寿堂内，陈设有三件和田玉雕，前厅地平前东为《丹台春晓》

---

1 《清高宗御制文二集》卷三十八之《宁寿宫铭》。

2 《清高宗御制诗四集》卷四十六之《新正养性殿》。

景祺阁飞桥

玉山，西为雕云龙玉瓮，后厅安设有《大禹治水》玉山。这座玉雕自乾隆五十三年（1788）起就被陈放在这里，玉雕高 2.24 米，宽 0.96 米，重达 5300 多公斤。玉质晶莹光润，雕琢古朴细腻。玉料采自新疆和田密勒塔山，用了三年多的时间运到北京，乾隆皇帝命宫内造办处根据内府所藏《大禹治水图》画轴为稿本，先制成蜡样，后刻成木样，随玉料一同发往扬州，由扬州的著名匠人精心雕制而成。"玉禹山"巧妙地结合材料原有的形状，灵活安排山水人物。瀑布湍急，古木参天，在险峻的山岩与峭壁之间，聚集着成群结队、凿山开水的劳动大军，生动地再现了大禹率领百万民众改造山河的壮阔历史画面。"玉禹山"从运输、设计、雕刻到安陈，前后共用了十年的时间，是中国玉器史上用时最久、雕琢最精、器形最巨的玉器。

乐寿堂后为颐和轩，面阔七间，进深一间，黄琉璃瓦歇山顶，前檐出抱厦五间，后檐出抱厦三间。额匾为"太和充满"，联对为"景欣孚甲含胎际，春在人心物性间"。东西两壁为乾隆皇帝御制文《西师诗》和《开惑论》。后厦有剔红嵌螺钿匾额"导和养素"，联对为"静延佳日春长益，茂对祥风景总宜"。

颐和轩后是景祺阁，中间连以穿堂，穿堂南北门皆为月亮门式，南门额匾为"挹明月"，北门额匾为"引清风"，皆为乾隆皇帝御笔。景祺阁为二层楼阁式，面阔七间，进深三间，黄琉璃瓦歇山顶。底层四面出廊，前檐明间开门，连穿堂与颐和轩相接。

景祺阁后，几竿湘竹掩映的矮墙畔，有一口枯井，因珍妃亡于此井，故俗称珍妃井。光绪二十六年（1900）八国联军入侵北京，慈禧带上光绪皇帝出逃前，命太监把珍妃推入此井中淹死。第二年，慈禧一行从西安回到京城，珍妃的尸体才被打捞上来。据晚清私人笔记《瓜圃述异》所载，珍妃幼时与姐姐住在杭州，聪慧知礼，九

畅音阁

岁即能作诗，曾赋"月影井中圆"之句，不想竟成自己不幸命运的谶语。

东路的畅音阁是宫中最大的戏台，卷棚歇山顶，绿琉璃瓦黄剪边。通高 20.07 米，上下三层，最上层匾额为"畅音阁"，中间为"导和怡泰"，下层是"壶天宣豫"。戏台楹柱联对为"动静叶清音，知水仁山随所会；春秋富佳日，凤歌鸾舞适其机"。畅音阁这三层戏台又俗称为福台、禄台和寿台。福台中间设天井连接中层的禄台，禄台和寿台之间，有三个圆井连通。下层寿台的中间和四角共有五口地井，有扩大声音共鸣的作用，增强音响的效果。这些天井和地井还是重要的道具设施。上演神话传说戏曲时，仙人仙女被用辘轳从天井吊下，而妖魔鬼怪要从地井爬出。比如演《地涌金莲》这场戏，五朵硕大的金莲从地井中徐徐升起，每朵莲花中现出坐佛一尊，舞台效果极为生动逼真。

明清两代都专门设立有管理演戏的机构，明代的称教坊司，清沿明制，康熙时称"南府"，当时上演的《目连传奇》，用活虎、活马、活象上台演出。雍正七年（1729）改南府为"和声署"，掌管外朝朝会燕飨演奏。乾隆时将和声署移至南海与南长街之间的南花园。道光七年（1827）改为升平署，取歌舞升平之意。宫内特别选派一批太监学戏，称为"内学"。后又从江南、北京等地挑选优秀的伶人进内当差，称为"外学"。

看戏是宫中的主要娱乐活动，清代的大部分皇帝都是戏曲爱好者。慈禧太后也尤爱观剧，皇宫内频繁的演戏活动，使上至皇亲，下至太监、宫女，都成了戏迷。光绪十年（1884）十月初十是慈禧五十岁生日。从九月二十二开始至九月二十八，在畅音阁演大戏，十月初八至十月十六，又在畅音阁和长春宫同时演戏九天。这次演

戏活动，单购置戏衣、道具等，就花费白银十一万两之多。其排场之大、靡费之巨，创下了清代宫廷演戏的最高纪录。

每逢典礼庆贺、良辰吉日，都要在宫内或园子里（圆明园、颐和园）演戏。宫中的节日很多，所上演的大都为传统的固定剧目，内容也都是祥瑞、吉利、歌功颂德的题材。如除夕演《升平除岁》，上元节演《万花向荣》《升平宝筏》《太平公主》，中元节演《佛旨渡魔》，端午演《瑞雨丰禾》《灵符济世》，中秋演《登高览胜》，冬至演《玉女献盆》。皇帝和皇太后生日则演《四海升平》《万寿无疆》。

演戏的时间，一般是卯正或辰初（早六点至七点）开戏，未正或申正（下午两点至四点）散戏。难怪在溥仪大婚时奉召入宫演戏的京剧大师梅兰芳曾说："宫里的事真特别，娶媳妇是夜里娶，唱戏可早晨开锣，下午散戏！"

在宫里演戏当差，伶人们可是要字斟句酌、倍加小心的，因为稍有不慎，即可触犯天颜。雍正年间，有一次皇帝观看杂剧《郑儋打子》，戏本出自明代徐霖的《绣襦》，讲的是常州刺史郑儋教训不成器的儿子郑元和的故事。扮演刺史的伶人"曲伎俱佳"，皇帝非常喜欢，赐食以示褒奖。这位伶人不知是好奇还是有些忘乎所以，便向皇帝询问当今常州的任上是谁。雍正皇帝当即勃然大怒："汝优伶贱辈，何可擅问官守？其风实不可长。"[1] 结果，这位伶人被拖出去杖毙于阶下。

当然也有一些比较幸运的伶人。光绪年间，京剧艺人陈德霖入宫为慈禧演出《玉堂春》。在剧中他扮演苏三，有一段唱词是"来在都察院，举目往上观，两旁的刀斧手，吓得我胆战心又寒。苏三

---

1 清·昭梿《啸亭杂录》。

◈ 阅是楼／上

◈ 阅是楼内观戏处（1922年）／下

此去好有一比"，接下来的唱词应该是"羊入虎口，有去无还"，词未出口，陈德霖忽然想到，慈禧是乙未年生人，属羊的，这唱词岂不是犯了老佛爷的忌讳？他灵机一动，将唱词改作"鱼儿落网，有去无还"，文字更迭，而词意未变。此举大获慈禧欢心，对其厚加赏赐。陈德霖的急智也深得同行的赞许，这句被改动的戏词，一直流传了下来，至今仍被沿用。

畅音阁对面的阅是楼是观剧之所。坐北向南、两层、面阔五间、进深三间，卷棚歇山顶，黄琉璃瓦绿剪边。初建时有东西配楼，嘉庆二十三年（1818），拆去配楼改为厢廊。

下层明间开玻璃门三扇，东西次间靠南窗设宝座床，是皇帝、后妃观剧的地方。王公大臣在两边的厢廊陪观。臣子被传入宫中听戏，这当然是皇帝的恩宠，可一些大臣却深以为苦。光绪皇帝的老师翁同龢在他的《翁文恭公日记》里记述过入宫听戏的情况："皇太后（慈禧）圣寿节，寅正二刻（凌晨四点）起，卯初二刻（五点半）入座西朝房……北风甚厉，寒甚。辰初二刻（七点半）太后升慈宁宫，上率百官行庆贺礼毕……巳初（九点）入座听戏，先跪安，一叩、次叩、三跪九叩……午初（十一点）饭，未正（下午两点）酒果，申正二刻（下午四点半）饭，皆丰。酉初二刻（下午五点半）上灯，戌初二刻（下午七点半）戏毕。"虽然赐茶赐宴，酒果丰盛，然而"危坐终日，腰膂不支"。这一天的冷板凳坐下来，也确实让这些年高体衰的老臣无法消受。无怪乎有的大臣要找人代领这份浩荡的龙恩。冒名顶替的事情让皇帝发现了，当然很不高兴，为此特下谕旨，以后不许请人代为观剧！使人啼笑皆非。

阅是楼北为庆寿堂，由前后四进院落构成。庆寿堂各院正殿均面阔五间，进深一间，前后出廊，明间前后开门。屋顶交替使用黄

梵华楼

绿两色琉璃，前院为绿琉璃瓦黄剪边，后院为黄琉璃瓦绿剪边，外檐绘以苏式彩画，风格素净淡雅。第一进院正殿为寻沿书屋，第二进院正殿为庆寿堂，第四进院正殿西侧有小院，小院北墙开琉璃门，可通往景福宫。

景福宫面阔、进深各五间，三卷勾连搭卷棚歇山顶，绿琉璃瓦黄剪边，檐下饰苏式彩画，四周环以围廊。室内额匾为"五福五代堂"，乾隆皇帝御题并作《五福五代堂记》："五福堂者，皇祖御笔赐皇考之匾额也。我皇考敬谨摹渤奎章于雍和宫圆明园，胥用此颜堂，以垂永世。丙申年，予葺宁寿宫内之景福宫，以待归政后宴息娱老。景福者，皇祖所定名，以侍养孝惠皇太后之所也，予曾为五福颂以书屏，而未以五福名堂者，盖引而未发抑亦有待也。兹蒙天贶，予得元孙五代同堂，为今古希有之吉瑞。古之获此瑞者，或名其堂以芟其事，则予之所以名堂，正宜用此五福之名，且即景福宫之地，不必别有构作而重熙累庆。仍即皇祖皇考垂裕后昆，贻万世无疆之庥也。若夫获福，必归于好德，而好德尤在好其善以敛锡厥，庶民五章之中三致意焉，兹不复赘。予子孙曾元读是记及堂中五福颂者，应敬思皇祖皇考所以承天之福，必在于敬天爱民勤政亲贤，毋忘旧章。予之所以心皇祖皇考之心，朝乾夕惕，不敢暇逸，以幸获五代同堂之庆，于万斯年恒保此福奕叶云？仍可不勉乎可不慎乎？"[1]

景福宫后为梵华楼，二层，面阔七间，黄琉璃瓦绿剪边卷棚歇山顶。楼下明间供旃檀佛铜像，东西六间供奉掐丝珐琅佛塔六座，塔周围三面墙挂有通壁的护法神唐卡。各室的中央开天井直通二层，珐琅塔顶正在天井中央。二层围绕天井安设紫檀木围栏，明间供木

1 《清高宗御制文二集》卷十五之《五福五代堂记》。

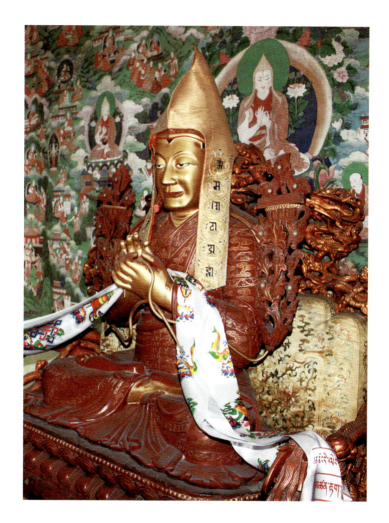

梵华楼二层内景

154 | 155

雕金漆宗喀巴像，其余六间由西向东依次为：般若品（显宗部）、无上阳体根本品（无上瑜伽部父续）、无上阴体根本品（无上瑜伽部母续）、瑜伽根本品（瑜伽部）、德行根本品（行部）、功行根本品（事部）。每个小室供密宗和显宗主尊铜像各九尊，供于北墙正中长案之上，东西壁为紫檀木千佛龛，六室供佛有七百余尊。

梵华楼西为佛日楼，二层，面阔三间，黄琉璃瓦绿剪边卷棚歇山顶。佛日楼一层分隔为数间，供奉藏传佛教五大密教主尊密集金刚、上乐金刚、大威德金刚、喜金刚、时轮金刚以及五方佛和释迦牟尼佛。二层正中的佛龛供奉铜镀金释迦牟尼佛像和绿度母造像，龛左右的藏式铜塔内各供奉一尊铜镀金不动佛像造像，供案上分三层供无量寿佛小铜像三百余尊。三面墙上则挂满了燃灯佛、释迦佛、弥勒佛、十八罗汉和四大天王的唐卡。

西路的乾隆花园，是皇帝游赏休憩之地。花园南北长一百六十米，东西宽四十米，狭长如带，占地仅六千四百平方米。花园以符望阁为主体，共分为四个景区。园内的亭台楼阁、苍松古柏，规划有条、错落有致，并以大量的叠山点缀景色，布局紧凑，婉约多姿。

第一景区自南面的衍祺门而入，迎门是一座玲珑的屏山，取"开门见山"之意。屏山背后，松柏青青，境界顿感清幽起来。脚下五颜六色的石片铺墁的小径曲折蜿蜒。坐北居中的是古华轩，五开间，卷棚歇山顶，黄琉璃瓦绿剪边。轩内是百花图案的楠木天花，古朴淡雅。一株古楸斜倚轩前，树冠丰茂，粉白色的花朵盛开在春夏之交。这株古楸是建轩前的故物，轩因古楸而得名，楸借此轩而展姿，可谓佳景天成。正如乾隆皇帝题写在轩内的对联："长楸古柏是佳朋，明月秋风无尽藏。"

古华轩西面的禊赏亭和东面假山上的承露台分列左右，相互呼

佛日楼

应。禊赏亭是一座四角攒尖的亭式建筑，面阔三间，进深三间，黄琉璃瓦绿剪边，檐下饰以苏式彩画。禊赏亭东、南、北三面出歇山卷棚式屋顶的抱厦，平面呈凸字形，周围的汉白玉石栏板上，雕刻着斑竹图案，姿态挺秀。抱厦内，地面凿石为渠，渠长二十七米，蜿蜒迂回，称流杯渠，是仿效晋人王羲之《兰亭序》中的"曲水流觞，修禊赏乐"的故事而建。水源来自亭南侧假山后的水井，旁有储水的大缸，经假山内暗渠流入渠内。饮宴时，将酒杯置于渠中，任杯漂流，可自取自饮，别有一番情趣。

古华轩东南，曲廊转折，围出一个小院。院内古柏苍劲，湖石玲珑。东南角叠石为山，上建绿琉璃瓦及黄琉璃檐、脊的攒尖方亭，名撷芳亭。院西曲廊转角处，衔接着另一座黄琉璃瓦绿剪边的攒尖方亭，称矩亭。矩亭东廊连接着一座面阔只有两间的小斋，卷棚硬山顶，黄琉璃瓦绿剪边，坐北向南，名抑斋，是静坐养性之地。

古华轩内

萃赏楼

第二景区的主体建筑是遂初堂，面阔五间，进深三间，前后带廊，卷棚歇山顶，绿琉璃瓦黄剪边。坐北向南，左右出转角游廊，与东西配房的前廊相通。配房南端出廊，与垂花门两侧的倒座游廊相接，廊房相间，构成一个简洁的三合院。院子的墙面，一反宫中朱红墙面的定式，改为青砖砌成，下衬彩色石片镶贴的冰裂纹台基，颇为赏心悦目。院内湖石点景，花木扶疏，静观其中，只觉满目清新，身心宁静，绝少皇家的富丽堂皇之气。

第三景区以叠山为主，山间洞谷相通，四围楼宇。主峰上建有一座绿琉璃瓦黄剪边方亭，挺拔秀丽，为耸秀亭。山北是萃赏楼，两层，面阔五间，黄琉璃瓦绿剪边卷棚歇山顶。山西配楼为延趣楼，面阔五间，进深三间，绿琉璃瓦黄剪边卷棚歇山顶。东南角为三友轩，三面回廊，西面为歇山顶，东借乐寿堂西廊，改作悬山式顶，建筑形式灵活别致。室内门窗及家具均装饰有松竹梅的图案，松寿、梅清、竹淡雅，是为岁寒三友。

第四景区以高大华丽的符望阁为主体。符望阁是一座面阔、进深各五间的楼阁，外观两层，内实为三层，四角攒尖顶，黄色琉璃瓦蓝剪边。阁内底层用精工细雕金镶玉嵌的装修纵横间隔，置身阁中，往往迷失其间，故有"迷楼"之称。阁前层峦叠嶂，峰顶上的碧螺亭，平面呈五瓣梅花形，五柱五脊，孔雀绿琉璃瓦顶，绛紫色琉璃剪边，翠蓝地白色冰梅纹宝顶，下部柱间安装折枝梅花图案的白石栏板。造型别致多姿，色彩丰富和谐。亭南有石桥飞架通往萃赏楼。

倦勤斋在符望阁后，北依宁寿宫宫墙。面阔九间，卷棚硬山式屋顶，绿琉璃瓦黄剪边。东西各有游廊与符望阁相接。斋内东五间顶棚为团花纹银花纸裱糊的海漫天花，从东次间东前檐柱至西次间西前檐柱建成凹字形仙楼，嵌竹丝万字锦地挂檐，檐间以玉璧镶嵌，

倦勤斋内景／上
倦勤斋内海漫天花／下

竹黄百鹿山林图裙板，夹纱双面绣隔心，装修极富江南细致婉约的风韵。西四间顶棚饰以竹架紫藤萝天顶画，西墙和北墙上的全景贴落画，绘有斑竹、丹顶鹤、山石、松柏。人在其中，紫藤低垂，竹篱环绕，白鹤起舞，喜鹊登枝，仿佛置身于大自然的美景之中，令人心旷神怡。室内有小戏台，方形四柱单檐攒尖顶，木制仿竹纹。乾隆皇帝有时在此观赏太监演唱岔曲，岔曲是当时流行于民间的小曲，演唱者用三弦、八角鼓伴奏。乾隆皇帝命词臣借用其调，重编新词，词句华丽清雅，迥异于民间的通俗浅显。

　　宁寿宫区是乾隆皇帝为自己打造的退位归政之所，前朝后寝、游赏休闲功能完备，但是他退位后却并没有搬到这里来居住。乾隆六十年（1795），为了实践当年即位时祭告上苍所许下的诺言，他将皇位传给了儿子颙琰即嘉庆皇帝，并于嘉庆元年（1796）在太和殿举行了盛大的禅位仪式。但是乾隆皇帝归政后仍然训政，他自认为身体尚属康健："兹天恩申锡，竟获周甲纪元，寿跻八十开五，精神纯固……一日不致倦勤，即一日不敢懈弛……"[1] 又觉得天下臣民、外藩属国都离不开他，不愿他归政，认为即使归政后，凡遇军国大事及用人行政等大事，也不能置之不理，需要他躬亲指教。另一方面，大臣们也联名上书请愿，列举尧舜禅位的典故，尧执政七十余年后禅位于舜，然后又指导了舜二十年，舜才独立执政，劝说乾隆皇帝百岁之后再归政于嘉庆。乾隆皇帝对于自己的寿数也颇有期许，认为上苍应该还会一如既往地眷顾他，让他活到百岁，到那时再彻底归政："迨朕寿臻颐庆之后，优游无为，岂不更为亘古

1　《清高宗御制文三集》卷六。

皇极殿内景

未有之盛事？"[1] 退位后，乾隆皇帝依然居住在养心殿内训政。颁布天下的历书都以嘉庆纪年，而宫中还依然延续着乾隆纪年，直到乾隆六十四年、嘉庆四年（1799）正月初三乾隆皇帝病逝于养心殿。这一次，上苍未能达成他"寿臻颐庆"的祈愿。

嘉庆元年（1796）正月初四，乾隆皇帝在皇极殿举行隆重的千叟宴，以庆祝其授玺归政。当日在太和殿的授玺典礼之后，又移至皇极殿进行千叟宴。在皇极殿檐下设中和韶乐，宁寿门内设丹陛大乐。皇极殿内的御案上陈设着乾隆皇帝的"太上皇帝"和"十全老人"之宝，乾隆皇帝端坐御座之上，嘉庆皇帝向父皇进酒，并率参加宴会的三千余名老叟和臣工山呼万岁，庆祝这旷世之盛事。

参加此次宴会的多达三千零五十六人，大部分都是七十岁以上的老者，还有部分六十余岁的。满蒙王公、贝勒、贝子、公和一二品大臣的宴席设于殿内，朝鲜、番部、安南等国使臣的宴席在皇极殿廊下，三品大臣官员的在丹陛和甬路上，四品以下的在丹墀左右，其余的护军和兵民匠人等在宁寿门外。太上皇召九十岁以上的老叟至御座前亲赐御酒，赏七品顶戴。其中百岁以上的有熊国沛和邱成龙两位老人，一位一百零六岁，一位一百岁，太上皇赏赐二人六品顶戴。兴致高昂的太上皇还与臣子一起诗词唱和，共得诗三千四百九十七首。这场盛况空前的宴会创造了清代的筵宴之最。

乾隆皇帝未能住进他精心营造的退位之所，也为继任者的入住设立了几乎无法逾越的条件限制。他在乾隆五十九年（1794）十月初四颁发的上谕中说："其宫殿永当依今制不可更改，若我大清亿万斯年，我子孙仰膺昊眷，亦能如朕之享国日久，寿届期颐，则宁

1 《清高宗御制文三集》卷六。

寿宫仍作太上皇之居。祥衍无疆，更属尽美尽善吉祥盛事……"[1] 然而一百多年之后，慈禧却打破了他的限制，堂而皇之地住进了宁寿宫区的乐寿堂。光绪十八年（1892），为迎接她六十岁大寿，花费白银六十万两修缮宁寿宫区，主要改造和修葺了乐寿堂作为她的寝宫。乐寿堂前面的皇极殿，是她接受朝贺和接见外国使节的地方，后面的养性殿是她的用膳之地。其实在同治和光绪年间，没有正式入住宁寿宫区之前，慈禧就经常在此燕闲游赏。她酷爱听戏，为自己庆生时，可以在畅音阁连续听上十几天。光绪皇帝主导的戊戌变法失败后，他与宠妃珍妃双双遭到软禁和囚禁，宫中的北五所、建福宫都曾经作为囚禁珍妃的地方。慈禧大概是觉得把珍妃放在身边便于监管，所以最后珍妃被囚禁在景祺阁后院的小屋内。很难想象一个曾被皇帝珍视宠爱的年轻女子是如何熬过这冷酷的监禁岁月的，与世隔绝、衣单衾寒，每日送来冷餐馊饭的宫女是她唯一能够看到的人，而这些人也受命不得与之交谈。唯一能听到的人语还是奉慈禧懿旨来教训数落她的训斥之句，此时的她不但要跪受聆听，有时还要接受掌嘴的"恩典"。

光绪二十六年（1900）七月二十，八国联军攻陷通州，慈禧决定带着光绪出逃，在出逃之前，她需要做一件事，那就是处理掉珍妃。据金易《宫女谈往录》载述，那天，在乐寿堂睡醒午觉的慈禧在榻上吸完了水烟，只带了贴身的侍从来到后面的颐和轩内，令侍立在身边的太监总管崔玉贵传唤珍妃，崔玉贵令小太监带来了珍妃。珍妃跪在地上聆听太后训话，慈禧说："洋人要打进城里来了，外头乱糟糟，谁也保不定怎么样，万一受到了污辱，那就丢尽了皇家的

1　《上谕档》乾隆五十九年十月初四。

脸，也对不起列祖列宗，你应当明白。"珍妃愣了一下说："我明白，不曾给祖宗丢人。"慈禧说："你年轻，容易惹事！我们要避一避，带你走不方便。"珍妃却非常冷静地说："您可以避一避，可以留皇上坐镇京师，维持大局。"本以为这两年的幽闭监禁、折磨挫辱能让珍妃低眉俯首，不敢再对她的权威有任何置喙的胆量，可是这个阶下囚竟敢质疑她的旨意，这令慈禧非常震怒，呵斥她："你死到临头，还敢胡说！"珍妃也倔强地说："我没有应死的罪！"这进一步激怒了慈禧："不管你有罪没罪，也得死！"珍妃还抱着最后一点希望说："我要见皇上一面，皇上没让我死！"慈禧不容珍妃再说，便下令太监将她扔进井里。崔玉贵和小太监拖起珍妃就走向颐和轩后面的水井，将她推了下去，这一年珍妃才只有二十五岁。

在包括对英、美等国赔款 4.5 亿两白银等多项不平等条款的《辛丑条约》签订后，光绪二十七年（1901）十一月二十八，慈禧一行回到了北京。在井中浸泡了一年多的珍妃遗体被打捞了上来，这一骇人听闻的悲惨事件在各国公使间传扬开来。毕竟是皇帝的宠妃，哪怕这个皇帝只是一个傀儡，一向标榜人权的他们纷纷派人打探询问此事。跋扈的慈禧可以在宫中为所欲为，但对强势的外国势力也不得不有所忌惮，于是就推出了崔玉贵做替罪羊，崔玉贵只得认下罪名，涕泣出宫。

陆

遗后宫院

慈宁宫区位于隆宗门外，与景运门外的宁寿宫区遥遥相对。包括慈宁宫、慈宁宫花园、寿康宫、寿安宫和英华殿，占地五万二千七百平方米。

慈宁宫区建筑群历经明清两代的不断改造和修缮，形成了以慈宁宫为主，其余各宫院相辅相随的局面。这几组建筑的中轴线并不在一条直线上，慈宁宫花园在慈宁宫前，轴线偏西南，寿康宫在慈宁宫之西，轴线与其并列，寿安宫在后，轴线偏西北。各条中轴线参差错落，不以规整取胜，而以灵活见长，是这组建筑布局最大的特色。

慈宁宫

正门慈宁门，面阔五间，进深三间，黄琉璃瓦歇山顶，坐落在白石雕栏的台基上，门外有八字形琉璃影壁，门前一对铜鎏金麒麟雄踞左右，威严肃穆的气氛仿佛乾清门。慈宁门前是一横向狭长的封闭庭院，东为永康左门，西为永康右门。当日皇帝来慈宁宫拜望母后时，要在永康左门降舆，然后步入慈宁门。

慈宁宫建成于明嘉靖十七年（1538），万历时毁于火灾后重建，那时的正殿是等级较低的单檐屋顶。清乾隆三十四年（1769）重建时，改为等级最高的重檐庑殿顶。慈宁宫的后殿称大佛堂，连接大佛堂与慈宁门的庑房东西相围，构成一个封闭而开阔的庭院。庑房之间东西各设有一门，东为徽音左门，西为徽音右门。慈宁宫是皇太后居住的正宫，每年的元旦、冬至、皇太后生日以及册立后妃等，要在这里举行盛大的庆典活动。

每年正月十六，皇太后要在慈宁宫宴请下嫁外藩的公主、郡主以及蒙古王公的福晋、夫人等，感谢她们为国效力。届时，皇后、妃嫔、诸王的福晋、命妇都要赴宴助兴。公主订婚时，太后在慈宁宫宴请额驸的母亲及其族中的女眷，以示结秦晋之好。

慈宁宫花园，位于慈宁宫以南，是太后太妃们游玩休憩的地方。花园占地六千八百多平方米，大小建筑十一座，布局舒朗，园中古

◆ ◆

慈宁宫／上

咸若馆内景／下

木参天，深邃幽静。

全园的主体建筑是咸若馆，位于花园中轴线北部。咸若馆建于明代，原名咸若亭，万历年间更名为咸若馆。正殿面阔五间，黄琉璃瓦歇山顶，正中出抱厦三间，抱厦为卷棚歇山顶，翘起的六个翼角各坠一个铜风铎，微风拂过，风铎送响，使园内愈加寂静。馆内藏储经文，供有佛像，内有乾隆皇帝的御笔匾额"寿国香台"，联对为："证最胜因，金界庄严欢喜地；赞无量寿，宝轮拥护吉祥云。"

以咸若馆为中心，东为宝相楼，西为吉云楼，北为慈荫楼，东南为含清斋，西南为延寿堂。宝相楼与吉云楼都是七开间的两层楼，慈荫楼面阔五间，三座楼都是卷棚歇山顶，绿琉璃瓦黄剪边。含清斋和延寿堂皆为卷棚硬山勾连搭式屋顶，面阔三间，灰色瓦顶，看上去朴素无华，实际上室内装修非常精致。含清斋前的楹联为："轩楹无藻饰，几席有余清。"延寿堂前的为："梳翎闲看松间鹤，送响时闻院外钟。"含清斋与延寿堂是乾隆皇帝为侍奉太后汤药而建。乾隆四十二年（1777）正月，崇庆皇太后病逝，乾隆皇帝就以含清斋为倚庐，为母守孝。

慈宁宫花园的南部，莳花种树，垒石叠山，构亭筑台。主要建筑为临溪亭，平面为方形，面阔进深各三间，四角攒尖顶，黄琉璃瓦蓝剪边。临溪亭建于桥上，桥架于长方形水池之上。水池四周围以汉白玉石雕栏杆，池底铺汉白玉石，池水晶莹清澈，养鱼植莲，水清荷香。花园的最南端，是一座太湖石叠山，山有两峰，峰间有谷，山间蹊径曲折。

慈宁宫花园内遍植树木花卉，树木以松柏为主，还有老槐、古柏、银杏、青桐，间以玉兰、海棠、丁香。松枝青翠，花影摇曳。春来

慈寧宮花園鳥瞰圖

丁香玉兰吐蕊，夏至荷花亭亭玉立，入秋银杏果实累累，冬日松柏常青。清雅幽静的景致吸引鹊鸟纷纷在这里停留驻足，禽语呢喃，愈增幽深之感。

慈宁宫是嘉靖皇帝为他的母亲蒋太后而建，嘉靖十五年（1536），嘉靖皇帝下旨拆掉了原来的太后宫和旁边的大善殿，开始营建慈宁宫。嘉靖十七年（1538）七月慈宁宫落成，但是蒋太后在入住几个月后，就于当年十二月病逝了。

万历皇帝的母亲李太后曾在慈宁宫居住了四十余年之久，得到万历皇帝的倾心奉养。她十五岁以都人（宫女）的身份进入朱载垕裕王府，为裕王生下第三子朱翊钧，进而由都人升为侧妃，裕王登基后被封为贵妃。万历元年（1573），朱翊钧即位，是为万历皇帝，尊封母亲为慈圣皇太后。万历即位时还不到十岁，正是贪玩贪睡的时候，为了时时在侧照顾督促，李太后从慈宁宫迁回乾清宫居住，直到万历皇帝大婚前才回去。每次皇帝在经筵听儒臣讲授完毕，李太后总是让他再复述所讲内容加以巩固。凡到上朝之日，李太后五更时就来督促皇帝起床："皇上应该起来了。"不管皇帝是否睡意正浓，都即令左右扶起皇帝，取水为他洗脸，然后陪着他乘辇去上朝。有一次，万历皇帝在酒宴上喝多了酒，命内侍唱新曲给他听，行为还颇多狎亵。内侍推辞说不会，他便取剑要杀内侍，幸亏左右加以劝解，才割去内侍的头发以代杀头之罚。听说此事的李太后异常气怒，当即传懿旨给内阁首辅张居正，让他上疏力谏，并令他为皇帝起草罪己的札子。她将皇帝召来跪罚，拿着张居正代拟的罪己札一一历数他的过错，还扬言要废掉他，在皇帝的痛哭忏悔之下，此事才告结束。

万历皇帝长子朱常洛的生母原来是李太后身边的一个王姓宫

女，万历皇帝来向母亲问安时，一时兴起宠幸了她。虽然后来因为朱常洛的诞生，他不得不册立这位宫女为恭妃，但万历皇帝始终以她的卑贱地位为耻，对这对母子异常冷落。在他的宠妃郑贵妃生下皇三子朱常洵之后，他一直想要立此子为太子，因此和朝臣们展开了一场长达十五年的"国本之争"。在这场拉锯战中，李太后坚定地站在太子一边。有一天，万历皇帝到慈宁宫来拜见母后，李太后便问起他为何迟迟不立太子，他没过脑子随口答道："他是都人之子。"这下惹恼了李太后，她怒气冲冲地说："你也是都人之子。"万历皇帝反应过来，惶恐惭愧不已，跪伏在地上不敢抬头正视母亲。

也难怪儿子的话语这么刺痛她，李太后低微的出身始终是她的一块心病。现实中的出身无法改变，她将希望寄托在了佛家轮回上。

在成为了一个虔诚的佛教徒之后，她终于真的把自己念成了一座菩萨。万历四年（1576），慈宁宫中的莲花错时开放，被视为祥瑞之兆，万历皇帝召群臣前来观赏吟咏，这应该是出自李太后的授意。李太后对大臣和宫人说，她晚上做了一个梦，梦中遇见了一位菩萨，这位菩萨穿着七宝霞帔，骑坐一凤，有九个头。九首菩萨对李太后传授经文，这经文她还记得，于是背诵了出来，这部经文就叫作《九莲经》。于是，在我们众多菩萨的仙谱中又多了一位九莲菩萨。接下来，为菩萨修庙造寺就顺理成章了。这一年，首辅张居正主持在北京城西（海淀区阜成门外八里庄）肇建慈寿寺，于万历七年（1579）建成。寺内设慈寿殿，殿后建九莲阁，阁内供奉九莲菩萨，当然菩萨的面容就是李太后的。由此，李太后就被奉为九莲菩萨的转世，成功地将自己奉上了神坛。时任国子监祭酒的王锡爵还写了一篇《瑞莲赋》，被摹刻篆碑立于慈寿寺内。

在崇祯年间发生过一件与九莲菩萨李太后有关的异事。崇祯十三年（1640）七月，崇祯皇帝最宠爱的皇五子朱慈焕夭折于启祥宫，年仅五岁。临终前他忽然清晰地说："九莲菩萨来云，上薄待戚属不改，殇折且尽。"[1] 听闻此事的崇祯皇帝惊骇异常。因为当时为了筹措军费，他听从大学士薛国观的建议在皇亲国戚中募捐，但募捐政令推行不畅。武清侯李国瑞富甲一方，是九莲菩萨李太后哥哥的孙子，崇祯皇帝决定从他身上突破。李国瑞在父亲去世分家产时对他的异母兄弟李国臣非常刻薄，致使李国臣怀怨在心。李国臣借机就给皇帝进言说，他父亲李铭诚遗产有四十万两，他应当得到一半，愿意拿出来资助国家作为军费。皇帝就去向李国瑞征用这四十万两

1 《崇祯实录》卷十三。

银子，并强硬地说如不答应就限期严加追查。李国瑞不肯就范，做戏哭穷，把家里的家具器皿都拿出来摆到大街上去叫卖，意思是皇帝逼得他倾家荡产了。崇祯皇帝非常生气，剥夺了李国瑞的爵位以致他惊吓过度而死。联想到此事，崇祯皇帝后怕不已，急忙下旨令李国瑞七岁的儿子李存善袭爵，并将他缴纳的部分金银也全部退还了，募捐政令草草收场。关于九莲菩萨显灵的真伪，有一种说法是，皇亲国戚们在崇祯皇帝的逼迫追缴下想出法子，去买通贿赂了朱慈焕的乳母，让她不断地教孩子重复这句话，临终神志不清时随口说出。但不管真假，崇祯的七个儿子确实殇折殆尽，有的夭折，有的失踪于战乱，再无后继者。

清代住在这里的第一位太后是孝庄皇太后。孝庄姓博尔济吉特，名布木布泰（意为天降贵人），蒙古科尔沁部贝勒赛桑之女，十三岁时嫁给皇太极为侧福晋。皇太极死后，她的儿子、六岁的福临即皇帝位，是为顺治皇帝。清军入关后，孝庄先与顺治皇帝居住在乾清宫，后顺治皇帝移居保和殿，孝庄仍然住在乾清宫。顺治十年（1653）慈宁宫被修缮一新，孝庄迁居于此。

孝庄是清代历史上最负贤名的皇太后，她先后辅助了顺治、康熙两位幼帝，对清初政坛的稳定起到了举足轻重的作用，堪称功勋卓著。康熙皇帝玄烨与这位祖母的感情尤为深厚。康熙皇帝八岁即位，十岁时生母佟佳氏就病故了，所以饮食起居都由太皇太后照看。孝庄不但在生活上对玄烨照顾入微，对他的教育更为严格。在帮助康熙皇帝除掉权臣鳌拜后，孝庄又放手让他理政，让他在实践中得到锻炼，并谆谆教诲他要谨慎用人、安勿忘危、勤修武备等。康熙皇帝对祖母也非常敬重，不但朝夕去祖母寝宫问安，重大事件也无不征询祖母的意见。康熙二十六年（1687）十二月，七十五岁的孝

顺治帝朝服像

庄病重，康熙皇帝不仅日夜守候在旁，奉汤侍药，还亲率众大臣迎着凛冽的寒风，步行至天坛为祖母向天祈愿，愿减少自己的寿命，以增祖母之寿。康熙皇帝捧读祝文，每至哽咽，祝文中的字字句句，皆发于肺腑，流露着对祖母深切的感念之情，令在场的大臣无不动容。然而至诚纯孝之情也终无回天之力，十二月二十五，孝庄太后病逝于慈宁宫。康熙皇帝扶灵痛哭，以慈宁宫为倚庐为祖母守孝，甚至在除夕之夜也没有回到乾清宫去。

在孝庄去世前不久，慈宁宫东侧刚刚建起一座五间的新宫，因孝庄在世时曾屡次称赞过，所以康熙皇帝下诏将此殿拆运至孝庄的陵寝，以慰祖母在天之灵。这就是清东陵内昭西陵的隆恩殿。

作为太后，孝庄无疑是成功的，她睿智、冷静、坚忍，辅佐了儿子顺治和孙子康熙两位幼帝。在顺治时期清军入关和康熙时期辅政大臣专权这两个重要的历史节点上，她都起到了稳定朝局的关键作用，因此也被史家称为清代最贤明的皇太后。但是作为女人，她无疑也是悲情的，她壮年丧夫，中年丧子，为人妻未得丈夫宠爱，为人母又被儿子视作冷酷无情，她的理性和儿子的感性无法兼容，彼此都无法理解对方的世界，母子之间的情感敬谨而又疏离。

孝庄和她的姑母哲哲、姐姐海兰珠都嫁给了皇太极，姑母哲哲十六岁嫁与皇太极，十一年后，十三岁的布木布泰嫁过来做了侧福晋。九年之后，二十六岁的姐姐海兰珠也嫁了过来。在那时，二十六岁才出嫁是非常罕见的，所以有推测说海兰珠之前应该是嫁过人的，只是被皇太极看中才娶过来，但关于她二十六岁之前的经历却无史可查。我们现在只知道海兰珠所受到的堪称极致的宠遇。崇德元年（1636），皇太极在盛京称帝，建国号大清，当时册封了五大福晋，第一位哲哲，为中宫清宁宫皇后；第二位就是海兰珠，为东宫关雎

孝庄文皇后像

宫宸妃；第三位，西宫麟趾宫娜木钟；第四位，次东宫衍庆宫淑妃巴特玛·璪；而先于海兰珠九年进宫的布木布泰则仅位列第五，是为次西宫永福宫庄妃。崇德二年（1637）七月初八，海兰珠生下了皇太极第八子。皇太极欣喜若狂，很快就决定立此子为继承人。他大宴群臣，还颁发了大清朝第一道大赦令。诏令中写道："自古以来，人君有诞子之庆，必颁大赦于国中，此古帝王之隆规。今蒙天眷，关雎宫宸妃诞育皇嗣，朕稽典礼，欲使遐迩内外政教所及之地，咸被恩泽……"[1] 赦令中除十恶之罪不赦外，其余等罪，皆"咸赦除之"。但此子未来得及命名，就于崇德三年（1638）正月廿八夭折了。两天后，孝庄的儿子福临出生，这是皇太极的第九子，但此时的皇太极还沉浸在深深的丧子之痛里，根本无暇他顾。和第八子轰轰烈烈的庆生仪式相比，这个儿子的诞生未免过于冷清和无声无息了。这样天差地别的境遇难免让孝庄暗自伤怀，而且这还是一份不能宣之于口的隐痛，因为那一方是自己的亲姐姐。

清崇德六年（1641）九月，皇太极率军与明朝军队洪承畴部进行松山锦州决战，这是一场决定两朝命运的关键战争。十二日接到盛京使节来报，说海兰珠生病了。皇太极不顾双方数十万大军征战正酣，连夜匆匆召集诸将布置好守防，次日凌晨即起驾返还盛京。一路疾行，十七日夜里使节传来海兰珠病危的消息，皇太极连夜拔营启程。十八日凌晨，使节来报海兰珠已逝，听闻噩耗的皇太极犹如五雷轰顶。车驾抵盛京后，他直接赶到了关雎宫，在海兰珠棺前痛哭不止，并数度气闭晕厥了过去。诸王大臣们惶然无措，孝庄的情感就更为复杂，长姐新丧，姊妹永诀是伤心的，而面对丈夫如此

1　《大清太宗文皇帝实录》卷三十七。

的哀痛欲绝，她既是忧心又是伤情。大臣们纷纷劝解："皇上宜仰体天意，自保圣躬，勿为情牵，珍重自爱。"[1] 皇太极也非常自责："天之生朕，原为抚世安民，今乃过于悲悼，不能自持……朕从今当善自排遣也。"[2] 但是真爱无法掩饰，一腔哀痛需要寄托。他为海兰珠举办了隆重的葬礼，谥号敏惠恭和元妃，并在她身后的月祭、大祭、冬至祭、周年祭都致以尊祀哀礼。第二年正月元旦，他以敏惠恭和元妃丧，免朝贺，停止筵宴乐舞。二月，松山锦州大战告捷，清军取得了决定性胜利，明朝将领洪承畴、祖大寿被俘后降清。四月，皇太极在盛京皇宫的大政殿为二人赐宴庆贺，但他却并未出席此次盛宴，给出的解释是："朕未服视朝衣冠，又不躬亲赐宴，非有所慢于尔等也。盖因关雎宫敏惠恭和元妃之丧未过期，故尔。"[3]

这样的深情，足以令人感佩动容，但对孝庄来讲，恐怕是别有一番滋味在心头。自己的夫君对另一个女人如此倾心以待，对于任何一个女人来讲都应该是锥心的刺痛吧。但是更令人绝望和痛苦的是，这熟悉的一幕在二十年后又被她的儿子福临倾情演绎了一遍，而且更加彻底和决绝。

皇太极和福临这一对父子情种，在宠爱女人的路数上也都如出一辙。董鄂氏顺治十三年（1656）入宫，当年八月二十二即被册封为贤妃，然而还未等礼部准备好册封的册宝玺印，九月二十八，顺治皇帝又下旨晋封董鄂氏为皇贵妃，并于十二月初六为她举行了隆重的册封典礼，并颁诏大赦天下："帝王临御天下，庆赏刑威，虽当并用。然吉祥茂集之时，尤宜推恩肆赦，敬迓天麻。朕遵圣母皇太后谕旨，思佐宫闱之化，爰慎贤淑之求。于本月初六日，册封内

1、2　《大清太宗文皇帝实录》卷五十七。

3　《大清太宗文皇帝实录》卷六十。

大臣鄂硕之女董鄂氏为皇贵妃，赞理得人，群情悦豫。逢兹庆典，恩赦特颁……"[1]在大清历史上，因为册立妃嫔而大赦天下的，这是绝无仅有的一次。第二年十月董鄂妃生下皇四子，顺治皇帝更是欢欣异常，只可惜此子未足四月，还未来得及命名就夭折了。董鄂氏也是红颜薄命，二十二岁就去世了。相比父亲的深情，顺治皇帝可谓有过之而无不及，不仅破例追封董鄂氏为皇后，还令三十余名宫女为她殉葬。还有他在董鄂氏丧礼期间要自杀、要出家这些癫狂不可理喻的行止，都让身为母亲的孝庄太后焦头烂额、欲哭无泪。严防死守的看护、苦口婆心的开导劝解，终于让他看上去平静了许多。但是董鄂氏离世四个多月后，顺治十八年（1661）正月初七，他还是在养心殿去世了，死因是天花引起的全身感染，这一年他也只有二十四岁。也许在董鄂妃离世的那一刻，他就已经放弃了自己，当疾病袭来，他不再做任何的挣扎和抵抗，而是任由疾病将其带上归途，在归途的尽头，也许能够和心爱的女人再度重逢。

白发人送黑发人，是人间至悲至痛之事。在乾清宫顺治皇帝的丧礼上，大臣们都看到了一身黑服、扶栏哀泣的孝庄太后。但是她还不能倒下，因为她刚刚即位的八岁孙子康熙皇帝还需要她的扶助，事实上，也只有这个孙儿给予了她晚年无限的慰藉，让她悲情的一生终于拥有了这一抹温情的暖色，使其两世哀戚之怀，终得宽释。

清代五福俱全的皇太后当数乾隆皇帝的母亲崇庆皇太后，她是满洲镶黄旗人，四品典仪官凌柱的女儿，十三岁时以格格的身份入侍雍亲王府，康熙五十年（1711）生下儿子弘历。雍正即位后被封为熹妃，雍正八年（1730）晋封为熹贵妃。雍正皇帝去世后，弘历

---

1 《大清世祖章皇帝实录》卷一〇五。

崇庆皇太后朝服像

即位是为乾隆皇帝。她被尊为皇太后，上徽号崇庆皇太后。乾隆皇帝即位时，她四十四岁，入主慈宁宫后，在这里尊享了儿子四十二年的奉养，直至八十六岁寿终正寝。

《清史稿·后妃列传》上记载："高宗事太后孝，以天下养……上每出巡幸，辄奉太后以行，南巡者三，东巡者三，幸五台山者三，幸中州者一，谒孝陵，狩木兰，岁必至焉，遇万寿，率王大臣奉觞……"乾隆皇帝对母亲可谓克尽人子之孝，无论是南巡还是东游，秋狝还是谒陵，奉母同行时总是关照备至，每日早晚要去行幄中问安，遇道路艰险不平时，总要降辇步行，到母后轿前，为母后扶辇。

不仅南巡北狩奉母以游，京中御苑胜景更是常常携母同观。在乾隆皇帝留下的四万多首御制诗文中，几百首都是记叙了奉母游赏、观花赏剧、承欢侍宴、进果呈鲜的母慈子孝的温馨画面。如春天赏芍药："公田膏泽足，上苑翠华移。喜见慈颜豫，欣依爱日迟。锦丛迷蛱蝶，绿萼绽胭脂。堪作花王殿，疑逢梦雨祠。秾华天与丽，芳馥夏偏宜。晓露凝珠彩，如擎献寿卮。" [1] 夏天赏雨："雨后园林景物闲，六龙时幸奉慈颜。花迎步辇饶生意，峰入窗棂濯宿鬟。隔院疎钟偏得得，会心好鸟亦关关。亲承色笑忘烦暑，多少欢欣柳外还。" [2] 中秋赏月："节到中秋好，波连太液虚。壶天涵月宇，佛地敞云居。色净舟荷舫，香真坐桂疏。寿康无量寿，如是乐何如……" [3] 奉鲜果："琉璃盘贮碎琼瑶，照眼清凉暑欲消。为进寿康供夏清，西池六月胜秋朝。" [4] 进野禽："积雪满郊垧，三冬农务停。鸣筎齐队伍，布令疾雷霆。马足奔如电，鹰眸迅似星。山禽味鲜洁，飞骑

1 《清高宗御制诗初集》卷五之《园中芍药盛开恭奉皇太后游宴》。

2 《清高宗御制诗初集》卷三之《夏日奉皇太后幸静明园》。

3 《清高宗御制诗初集》卷二十三之《中秋日侍皇太后万善殿礼佛因游览瀛台诸胜》。

4 《清高宗御制诗初集》卷九之《园中摘果恭进皇太后》。

崇庆皇太后
六旬圣寿点景

进慈宁。"[1] 游御苑："柳眼花心各待春，传言青帝驾青轮。香霏寒囿飘金粉，色转晴丝惹曲尘。最爱风光迎午夜，却离宫阙未由旬……"[2] 幸汤泉："翠辇驻云庄，春晖载小阳。灵波暄不冻，胜地景偏长。数八称功德，龄千益寿康。不须分别见，是水一如汤。"[3]

乾隆十六年（1751）十一月二十五，是崇庆皇太后六十圣寿。寿诞前夕，自西华门至西直门外高粱桥十余里，一路搭设彩棚，演出南北戏曲。沿途的景致，有以彩绢结成的山岳，有数间屋之大的蟠桃，有以孔雀尾做成的翡翠亭，玻璃砖砌成的黄鹤楼。一路走来，令人佳音入耳，目不暇接。

从十六日开始到三十日，乾隆皇帝每天向母亲进献寿礼，整个六旬圣寿期间，共进献寿礼两千多件，包括佛像佛经、金玉古玩、珍稀香料、朝珠簪饰、貂褂衣料、插屏陈设、手卷字画等等，不一而足。

从二十一日至二十五日太后生日这天，连续五天，寿礼开始以九九之数进献，即每天九种，每种九件。如第一天是九尊佛像、九对宫灯、九件玛瑙花瓶、九件玉器、九件古铜器、九盒果品、九幅挂轴、九本册页、九件手卷。第二天是九件玻璃陈设、九件象牙大盆景、九对髹漆香几、九柄玉石玛瑙如意、九盘蜜蜡果品、九盒香料、九件彩漆手炉、九个葫芦匏器、九件牙雕陈设。《黄帝内经·素问》中载："天地之至数，起于一，止于九焉。"偶数为阴，奇数为阳，九是阳数，是个位数中最大的数字，所以自古以来九被作为一种多、大、极的标志性数值来使用，乾隆皇帝是借此来祝福母亲万寿无疆。

1 《清高宗御制诗初集》卷二之《南苑获野禽恭进皇太后》。
2 《清高宗御制诗初集》卷二十之《新春恭奉皇太后驾幸圆明园》。
3 《清高宗御制诗初集》卷二十三之《恭奉皇太后幸汤泉》。

寿康宫

慈宁宫之西为寿康门，门内就是寿康宫。寿康宫前后三进，各宫殿之间都以工字殿的组合方式相互连接，便于起居。

正殿寿康宫，坐北朝南，面阔五间，进深三间，黄琉璃瓦歇山顶。殿内悬乾隆皇帝御笔匾额"慈寿凝禧"，东西梢间辟为暖阁，东暖阁是皇太后日常礼佛之地。第二进院后殿为寝殿，与前殿规制相同，额匾为"长乐敷华"，第三进院落为后罩房。

寿康宫建于乾隆元年（1736），也是崇庆皇太后的实际居所。崇庆太后居此时，乾隆皇帝每日必到此问安，在她去世后，乾隆皇帝仍于每年圣寿节（太后生日）和上元节前一日至寿康宫拈香礼拜，以致哀思。

乾隆皇帝的颖妃和婉妃在嘉庆朝被尊为颖贵太妃和婉贵太妃，就住在寿康宫。二人都很长寿，婉贵太妃薨年九十二岁，颖贵太妃七十岁。但是颖贵太妃的结局并不太圆满，事实上，她是被嘉庆皇帝的一道谕旨惊吓而亡，这道谕旨是处分她的养子庆亲王永璘的。永璘是嘉庆皇帝的同胞弟弟，九岁时因生母令仪皇贵妃病故，乾隆皇帝指派颖妃抚养。颖妃自己没有生育，因此对永璘全心地照拂，母子关系很是亲厚。嘉庆五年（1800）正月二十九，是颖贵太妃七十寿诞，古稀之庆，自然比平常的生辰要来得隆重，先期永璘为养母准备了丰厚的庆生礼送进寿康宫，这是他一片孝心，本也无可厚非，但是却惹得嘉庆皇帝大光其火，因为他没有报备私自呈进："庆亲王永璘自幼蒙颖贵太妃抚养，现值颖贵太妃七十寿辰，备物申祝本属谊所应有，但必应在朕前先行奏明方可呈进。今永璘竟不预行陈奏，辄令护卫太监等径赴寿康宫陈递。经颖贵太妃处太监奏

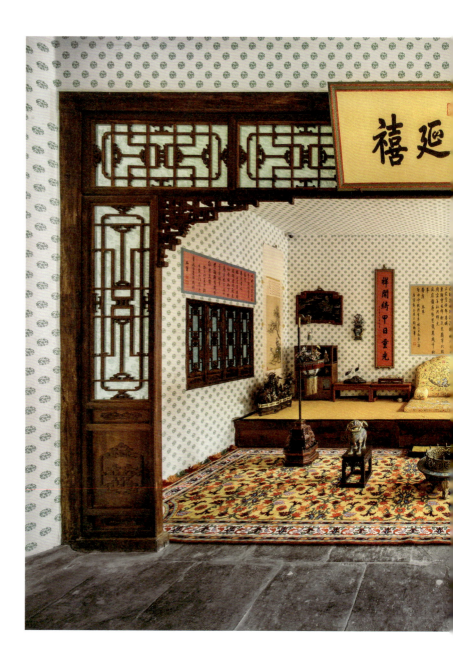

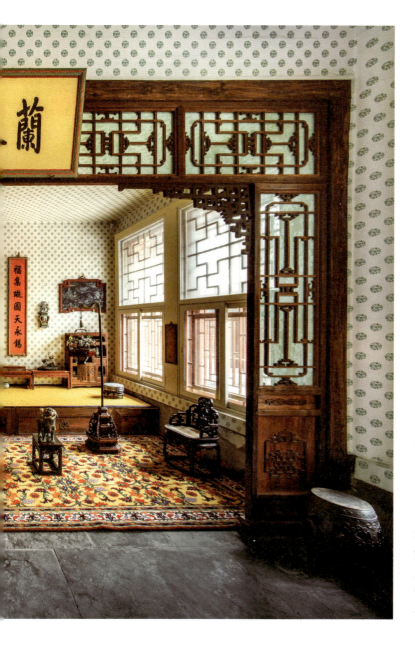

寿康宫后殿内景

寿安宫／上
寿安宫匾额／下

明，朕始得知。从前孝圣宪皇后每遇万寿庆辰，如和亲王、果亲王及内外臣工等备物申悃，无不奏明皇考始行呈进，从未有擅自呈进者……"[1]嘉庆皇帝指责永璇结交近侍，还翻出陈年旧账，说他当日随父皇巡幸时就总是偷懒，自己和众兄弟随驾扶辇不敢稍离，他经常就去躲清净。即位后去父皇陵寝拜祭，随驾的永璇依然我行我素，不知道随侍左右。这种种不识大体的行为让皇帝很生气，后果也很严重："着退出乾清门并交宗人府议处，加恩仍留内廷随仪亲王永璇等当差以观后效。如再不知改悔，则当退出内廷，令随同闲散诸王行走，不能全齐颜面矣，钦此。"[2]养子因为自己而背上了这样一个严厉的处分，可想而知颖贵太妃的寿诞已无欢庆可言，一方面忧心养子的前程，一方面是天颜难测的惶恐，颖贵太妃在生辰二十天后就惶遽而死。

寿安宫

寿安宫在寿康宫的北面，始建于明代，初名咸熙宫，嘉靖四年（1525）改称咸安宫。清雍正七年（1729），为清内务府三旗子弟设立咸安宫官学。乾隆十六年（1751）为庆贺崇庆皇太后六十寿诞，将咸安宫官学迁出至西华门内尚衣监，后在此建新咸安宫仍做官学使用。修葺一新的旧咸安宫改称寿安宫，专为崇庆皇太后做圣寿庆贺之用。

寿安宫为三进院落，第一进院落正殿为春禧殿，面阔五间，黄琉璃瓦歇山顶。第二进院落正殿为寿安宫，面阔五间，进深三间，黄琉

1、2 《上谕档》嘉庆五年正月二十七。

璃瓦歇山顶，殿两侧山墙各出转角延楼，向南与春禧殿山墙相连，当中形成一座天井式的庭院。后面是第三进院落，内有湖石堆砌的假山，东有福宜斋，西有萱寿堂。院内曲廊佳石，树影婆娑，别有洞天。

明天启年间，天启皇帝朱由校的乳母客氏曾居住在这里。客氏是河北定兴人，十八岁入宫做了朱由校的乳母。客氏精于烹饪，朱由校的膳食都须经她亲手调制，如果她几日不在宫中，朱由校便觉饮食无味。《天启宫词》有诗记此："大官枭脍惜芳牙，玉食须供自外家。乞得余沘争问讯，珠盘擎着漫矜夸。"诗注中说："帝每日进膳，皆客氏名下内官办送，名曰'老太家膳'。"[1] 客氏用炙蛤、鲜虾、燕菜、鲨翅等十几种海味一起烩制的炖菜最为朱由校喜爱。精于烹饪的客氏更善于迎合帝意，因此朱由校对她极为依赖。朱由校十六岁即位后，封客氏为"奉圣夫人"，特为其制金印"钦赐奉圣夫人客氏印"并赐居咸安宫，这些都是违制又僭越的事，但朱由校对她的尊崇还远远不止这些。这位奉圣夫人的排场在宫中堪比皇太后，出行都有太监抬行的软轿，前有红纱灯引导，后有皇帝赏赐的荷兰国进呈的水晶灯，一众宫女前呼后拥，宫中内侍见到她的仪仗都要跪迎跪送。客氏体丰怯热，每至夏日皇帝便命人在咸安宫搭设凉棚乘凉，并不断派人送来冰块为她祛暑。平时令宫女用梳子沾了唾液为她梳头，称之为"群仙液"。

朱由校对这位乳母的纵容可谓没有原则和底线。客氏原来与宫中的太监魏朝结为对食，对食即相好，后来喜欢上了大太监魏忠贤。魏忠贤与魏朝二人为她争风吃醋，竟然在皇帝寝宫乾清宫公然大打出手，时值半夜，朱由校从梦中被吵醒，不但不生气，还居然亲自

---

1 明·蒋之翘《天启宫词》。

解决了这场三角恋。他把客氏请来说："客奶奶，你虔心要跟着谁？我替你断。"由此，客氏与魏忠贤一拍即合，联手横行内廷，诬陷忠臣，残害妃嫔。当时的北京曾流传着一句民谣："委鬼当朝立，茄花遍地红。""委鬼"指魏忠贤，"茄花"即指客（音且）氏。

朱由校对这位乳母的依赖远远地超出世俗常理，即使在朱由校十七岁大婚后，客氏依然每天清晨就到乾清宫伺候皇帝起居，一直到夜晚才回到咸安宫。她对于朱由校的感情也近乎扭曲，见不得他宠幸他人，凡得其宠爱的妃子，她必然要去构陷迫害，妃嫔有孕她也必设法迫使其堕胎，连皇后都不能幸免。朱由校的张皇后为人耿直，对客氏从不奉迎，客氏对她很是嫉恨，与魏忠贤设计陷害张皇后的父亲，但未能得逞。又在张皇后怀孕时买通宫女，为皇后按摩时令其流产。还有矫旨赐死、幽禁、饿死妃嫔等种种令人发指的行止，致使天启皇帝的三子两女都夭折，连活到周岁的都没有。宫中的妃嫔为避祸，都以不得圣眷为幸事，时《天启宫词》云："漫论打鸭着鸳惊，春恨时随碧草生。裹玉紫香已何限，始知无宠是深情。"

朱由校于天启七年（1627）八月二十二病逝，临终前召见弟弟信王（崇祯皇帝朱由检），还特别嘱咐他要"善事中宫""委用忠贤"[1]。崇祯皇帝即位后，朝臣们纷纷上疏弹劾两人的罪行，崇祯皇帝深知二人在宫中的党羽众多、眼线密布，故先下旨将魏忠贤发往凤阳看守祖陵，然后才命锦衣卫前去捉拿逮捕，魏忠贤闻讯后惧罪自杀。对于劣迹斑斑的客氏，崇祯皇帝下旨抄没其家产，发落到浣衣局并命太监王文政严加审讯。没想到客氏又交代出更令崇祯皇帝震怒的事情，宫里居然有她藏匿的八名怀孕的宫人。她承认这是她

---

1 清·谷应泰《明史纪事本末》卷七十一。

从宫外私带进去的婢女，是想模仿吕不韦的故事，将生下的孩子假充皇子以承袭帝位，来达到她继续掌控皇帝的目的。崇祯皇帝简直是出离于愤怒了，旨令当即乱棍打死，将其尸体运往净乐堂（焚化宫女、太监之地）焚化，挫骨扬灰。

英华殿

寿安宫之北的英华殿，是太后太妃们礼佛的地方。这组建筑由前后两进院落组成，正门为山门，开三间砖砌券门，门内的庭院里仅植松柏几株。第二道门就是英华门，迎门甬路正中是攒尖顶式碑亭一座，上刻乾隆皇帝题写的《英华殿菩提树诗》。英华殿面阔五间，黄琉璃瓦单檐庑殿顶，殿前有宽阔的月台。殿内有七座木制重檐庑殿顶的神龛，供西番佛像。英华殿的庭院里，有七株菩提树，是明代万历皇帝的母亲慈圣皇太后亲手所植，至今已历四百余年，春来夏至，这几株菩提依然枝繁叶茂，如伞如盖。也有植物学家提出质疑，认为真正的菩提树是无法在北方种植成活的，即使有也无法结子，它们不过是椴树的一个分支。但是这几棵树所结之子确和菩提子几无差别。乾隆皇帝在御制《英华殿菩提树诗》中吟咏称颂了这几株菩提："何年毕钵罗（菩提树），植兹清虚境。径寻有旁枝，蟠拏芝幢影。翩翩集佳鸟，团团覆金井。灵根天所遗，嘉荫越以静。我闻菩提种，物物皆具领。此树独擅名，无乃非平等。举一堪例诸，树以无知省。"[1] 既是太后手植，又有皇帝题碑认证，英华殿菩提树

1 《清高宗御制诗初集》卷九之《英华殿菩提树诗》。

英华殿

的真身就此无可置疑了。

明清两代的佛事频繁，清代尤盛。据记载，从九月到第二年的三月，每月祀神供果六次，平均每五天一次。到春秋两季，每月要祀神供果十次，平均每三天一次。每次用苹果一百零六个，葡萄八斤，核桃、黑枣各四升。

太后太妃们的寡居岁月是漫长而单调的，日子平静得几乎毫无变化。花开花落，年复一年。空虚寂寞的太后太妃们，也只有到虚无缥缈的佛国里去寻找精神的寄托了。除了英华殿，慈宁宫后殿大佛堂，寿康宫、寿安宫的佛堂也是常年供佛之所，慈宁宫花园内的咸若馆、慈荫楼、吉云楼也都是佛堂。当咸若馆檐下的风铎叮咚作响，清扬的木鱼声、呢喃的诵经声伴着袅袅的香烟在空中回旋，这些遗后宫苑直如佛国净土一般，神秘而纯净起来。

柒

潜邸重华

东六宫和西六宫之北，各有一组对称的宫殿群。东六宫之北为乾东五所，西六宫之北为乾西五所。东西五所都是五座南北向的宫殿院落，每所有正殿三座，配殿四座。东西五所合为"十"，为天干之数；东西六宫合为"十二"，为地支之数。明代东西五所是地位较高的宫女或者是皇帝的乳母所居。至清代，主要用作皇子们居住。乾东五所在嘉庆以后改作机构和库房使用，有清宫画院如意馆、储存药材和医药用具的寿药房、太监首领的办事机构敬事房、收贮掌管皇帝冠袍带履和铺陈帷帐等物的四执库和存储古玩器皿的古董房。

乾西五所，原来也是皇子所居。雍正五年（1727），十七岁的弘历（乾隆皇帝）大婚，娶富察氏为福晋，雍正皇帝将其中的二所赐予他居住。八年后，弘历即皇帝位，随将潜龙邸进行了全面的改造。头所与二所合并改造重装，是为重华宫区，三所保留原貌装修为重华宫厨房，四所、五所合并改建为建福宫区。

与西六宫西二长街北端百子门斜对的是重华门，门内为崇敬殿，面阔五间，进深三间，黄琉璃瓦歇山顶，前殿正中接抱厦三间。殿内匾额为"乐善堂",是乾隆皇帝做皇子时所书。雍正十一年(1733)二月,弘历被封为和硕宝亲王,雍正十二年(1734)嘉平,弘历题写了"乐善堂"匾挂于潜邸。潜龙邸改建后,此匾被安挂在崇敬殿内。

殿内正中设宝座,宝座后为紫檀剔红屏风,两旁的楹联是大臣张廷玉所书:"圣训光昭敬诚常自勖,天伦敦叙忠孝在躬行。"

中殿为重华宫,面阔五间,进深一间,黄琉璃瓦硬山顶,前接抱厦三间。殿内明间与东、西次间均以紫檀雕花隔扇相隔,东次间隔扇于光绪年间,改为子孙万代葫芦落地花罩。"重华",是虞舜名,《尚书·舜典》载:"帝舜曰重华,协于帝。"尧、舜是中国上古时代的明君,唐尧推选虞舜为继承人,舜继尧位,出现了"尧天舜日"的太平盛世。当时大学士鄂尔泰、张廷玉拟"重华宫"为殿额,可谓用心颇深,既喻示了乾隆皇帝有虞舜之德,又赞颂了当今的太平盛世。所以乾隆皇帝欣然同意"俞而称之"。殿内东室匾额为乾隆皇帝御笔"芝兰室",取自《孔子家语》:"与善人居,如入芝兰之室。"寓意君子品德如芝兰般高洁。西室是乾隆皇帝做皇子时的

崇敬殿内景／上
重华宫内景／下

洞房，靠北墙的楠木大柜是孝贤皇后当年的陪嫁，乾隆皇帝将祖父、父母所赐之物存放在这里，并命"后世子孙，随时检视，手泽口泽存焉"[1]。

重华宫左右配殿各三间，黄琉璃瓦硬山顶。东配殿为葆中殿，殿内匾为"古香斋"，这里曾贮有《钦定古今图书集成》。西配殿为浴德殿，殿内匾为"抑斋"，是乾隆皇帝的书室。

后殿翠云馆，面阔五间，进深一间，黄琉璃瓦硬山顶。殿内隔断装修以及宝座都是黑漆描金工艺，清新典雅。东室匾额为"长春书屋"，乾隆皇帝做皇子时，父亲曾赐其号为"长春居士"，所以，乾隆皇帝即位后，书房多以长春书屋为名。西室匾额为"墨池"，池水尽墨，是取勤于书之意。

重华宫的茶宴联句宴乐，是清代最负盛名的君臣雅集活动。自乾隆八年（1743）起至乾隆六十一年（1796），在重华宫举行的茶宴联句有四十七次之多，嘉庆时举行过十七次，道光时举行过七次。

皇帝与诸臣作诗联句，相传始于汉武帝。汉武帝在柏梁台与大臣共赋七言诗，世称"柏梁体"。康熙二十一年（1682）正月十四，康熙皇帝以三藩初定、海宇荡平，大宴群臣于乾清宫，仿柏梁体赋诗。这种饮宴联句的活动，雍正、乾隆皇帝都曾在乾清宫举行过。乾隆八年，饮宴联句的活动移至重华宫，在这里，这一风雅的君臣集会活动从乾隆、嘉庆一直到道光九年（1829），延续了八十多年，可谓盛极一时。

参加茶宴联句的诸臣，是由皇帝钦定的，通常在军机大臣、南书房词臣、大学士、尚书中选定。联句的人数自乾隆三十一年（1766）

---

1 《上谕档》乾隆六十年十月二十一。

定为二十八人，以符天上二十八星宿之数，但因重华宫东西厢房空间有限，也仅容十八人入宴，其余的仅参与联句。茶宴每年正月初二至初十择日在重华宫举行，届时，与宴的大臣于黎明前齐集乾清门等候，由奏事官员带领，从漱芳斋东旁门入重华宫，大臣在葆中殿入宴，王公在浴德殿。宴会上有乾隆皇帝自创的"三清茶"，即用松实、梅英、佛手以雪水烹制。乾隆皇帝在御制诗中写道："梅花色不妖，佛手香且洁，松实味芳腴，三品殊清绝……"[1]三清茶诗还被摹刻在茶碗上，宴会结束后，大臣可以怀之以归，以作纪念。乾隆皇帝这番别出心裁的创意，让饮宴联句的活动更加风雅起来。

茶宴联句的主题涉及政事农耕、胜景名帖、典籍著录甚至是爆竹、冰戏等，诗成后呈上御览，由皇帝钦定名次并皆有颁赏。清沈初《西清笔记·纪典故》中记载："岁首重华宫茶宴联句，先时上命题，御制句先成。诸臣排次连续成章进呈……颁赏如意、画轴、端砚、荷包等件……"臣子们常常将荷包挂于衣襟上，以昭示所获得的恩宠。清吴振棫《养吉斋丛录》上载："……与宴仅十八人，寓登瀛学士之意。诗成先后进览，不待汇呈。颁赏珍物，叩首祗谢，亲捧而出。赐物以小荷囊为最重，谢时悬之衣襟，昭恩宠也。"与宴联句后，皇帝还与诸臣一起至漱芳斋观看承应宴戏。曲终宴散，诗兴勃勃的乾隆皇帝常常是意犹未尽，重又展卷提笔，作律诗一二首，诗成后写成匾，悬挂于崇敬殿内檐四壁，至乾隆六十年（1795）已将殿内的四周都挂满了。

由于重华宫、建福宫区紧邻皇太后所居的慈宁宫，这里也成为乾隆皇帝奉母侍宴、赏花观剧的游幸之地。事实上，乾隆在《建福

---

1 《清高宗御制诗初集》卷三十六之《三清茶》。

乾隆御题三清茶青玉盖碗

宫题句》中明确表示，他营建建福宫花园的目的之一，就是"以备慈寿万年之后居此守制"[1]。意欲在母亲去世后以建福宫为倚庐，居此为母守孝。当然后因种种缘故，未能得偿此愿，成为他的一桩憾事。他曾在诗中细细记述道："后葺建福宫，以其地较养心殿稍觉清凉，构为邃宇，以备慈寿万年之后居此守制，然亦不忍宣之于口。前岁圣母大事，于畅春园九经三事殿安奉，本欲以无逸斋为倚庐，而王大臣敦请以居御园之九洲清晏，与养心殿无异，不得已而从之。予亦自揣春秋望七，实不能如初元之耐热，即欲居建福宫之初意亦未得遂，每为抱歉。"[2] 虽然死不能以尽哀思，但在母亲生前，乾隆皇帝确实恪尽了人子之孝。乾隆三十八年（1773）新正，乾隆皇帝在

1、2 《清高宗御制诗四集》卷六十一之《建福宫题句》。

漱芳斋风雅存小戏台／上
漱芳斋戏台／下

重华宫奉母侍宴，时年他六十三岁，母亲崇庆皇太后八十二岁，面对这旷古罕有的皇家盛景，感恩上苍庇佑的他动情地写下："上正令节迓初韶，家宴重华继颂椒。六十开三子皇帝，八十有二母东朝。翻遍古史曾谁比，实沐天体用是昭。不许外人知晓矣，万方同乐始宫寮。"[1]

重华宫的东配殿葆中殿东西各开一门，连通了重华宫和漱芳斋。漱芳斋是相对自成一体的院落，斋前有戏台一座，面阔、进深各三间，黄琉璃瓦重檐歇山式屋顶。戏台匾额为"升平叶庆"，两边的联匾为"日丽瑶台寰宇休明传鼓吹，风清玉漏万方欢乐入歌谣"。戏台是仿圆明园内同乐园戏台而建，构筑精丽，是内廷最早的戏台。

漱芳斋呈工字形，前殿与南房、东西配殿围成独立的院落。东西配殿各三间，有游廊与前殿相接。前殿面阔五间，进深三间，黄琉璃瓦歇山顶。前殿原匾为"正谊明道"，明间与次间以雕刻精致的金丝楠木落地花罩分隔。后殿匾为"金昭玉粹"，面阔五间，进深一间，明间有穿堂与前殿相连。这里是皇帝侍奉母后进膳的地方。东间为"高云情"，东次室为静憩轩，是乾隆皇帝做皇子时的书房，他即位后曾戏题此轩"舍是读书舍，人非读书人"以自嘲。西间有一座亭式的小戏台，木制仿竹纹，婉约别致。乾隆御笔题写匾额"风雅存"，两边的联匾是："自喜轩窗无俗韵，聊将山水寄清音。"

清代的"书福颁赐"之礼始自康熙皇帝。用一支名为"赐福苍生"的毛笔，在专用的朱红绢上书写"福""寿"字，颁赐给后妃、近侍、王公、大臣。雍正皇帝即位后曾就赐福之礼阐述道："……朕手书福字，赐内外大臣，诸臣奏谢，皆称受朕赐福之恩。此世俗之言，非正理也。

---

1 《清高宗御制诗四集》卷九之《御制新正重华宫侍皇太后宴即事成近体》。

朕何能以福赐诸臣哉？不但朕也，即上天亦岂能以福私与一人哉？《书》曰'惠迪吉，从逆凶'，又曰：'天道福善祸淫。'《诗》曰：'自求多福。'古圣人之垂训，深切著明如此。从来善恶之报，如影随形，福缘善庆，视乎其人自取，他人不能助纤毫之力也。且所谓福者，不在乎富贵贫贱之间。有富贵人之福，有贫贱人之福。或贫贱之人，循理守分，无患无忧，其心智安舒，四体畅适，转在富贵人之上，是人人各有其福也。朕之每年颁赐'福'字者，盖欲诸臣触目警心，时时存可以获福之心，行可以获福之事。如《诗》人之所言'自求多福'，则诸福集于其身矣。诸臣又尝言赖朕之福，此言也属非是。盖必诸臣皆有福，方为朕之福，是朕实赖诸臣之福也。又必天下百姓皆有福，是君与臣，皆赖百姓之福也，愿与诸臣共勉，修福之道可耳。"[1]皆曰雍正皇帝佛道双修，从这一赐福之礼的阐述就可见一斑。不过本来是一出君恩浩荡似阳春的赐福礼，生生让雍正皇帝演绎成了一场品德修养教育课。

乾隆皇帝即位后，恪守圣祖之典制，谨遵世宗之垂训，将"书福颁赐"着为成例，并选定每年腊月初一为书福吉日。书福之前，先由奏事处把受赐福字的王公大臣、内廷翰林等人的名单开列出来，由皇帝圈定若干人，分日颁赐。当日，内阁传集领赐福字的大臣，至乾清门阶下等候。皇帝写毕，受赐者进至御案前跪领。开笔书福的活动，先期于养心殿，后于漱芳斋，包括建福宫都曾作为书福之地，廷臣们皆以得到皇帝赏赐的福字为荣。《清稗类钞》上载，钱塘王文庄公（王际华）在宫内入值多年，每于除夕得赐福字，共得福字二十四张。他将这些福字悬于书房，并将书房命名为"二十四福堂"。

---

1 《大清世宗宪皇帝实录》卷五十一。

漱芳斋后殿

　　重华宫厨房沿袭了明代乾西三所的格局，只是根据厨房的实际使用功能，进行了内部的装修与设计，从档案中留下来的零星记载来看，即使是当日厨房的室内装修也相当雅丽，可惜的是，现内装修已全部移除，再无旧迹可循。

　　建福宫花园由乾西四所和五所合并而建，又兼将先期建成的建福宫纳入了这一区域的缘故，所以形成了建福宫花园现存的独特布局。它突破了皇家园林南北取直、东西对称的规整布局，成为一个刀把的形状。这让整个花园拥有了两条中轴线：一条从建福门开始，经由抚辰殿、建福宫、惠风亭、静怡轩至慧曜楼。另一条以延春阁为中心，南有积翠亭，北有敬胜斋，斋东部建有二层小楼吉云楼。

建福宫前的英石

延春阁南面是一处堆叠婉转的假山，曾遍植松柏佳木，山西部依内宫墙自南向北依次建有转角楼玉壶冰、凝晖堂、妙莲花室和碧琳馆。

建福门是花园的正门，为随墙琉璃门。门内第一进院为抚辰殿，面阔三间，进深一间，卷棚歇山顶，蓝琉璃瓦黄剪边。殿内乾隆御笔匾额为"敛福宜民"，对联为"生机对物观其妙，义府因心获所宁"。抚辰殿是皇帝办公与接受朝觐的地方。每年年底，乾隆皇帝在这里接见朝贡的蒙古、回部、番部王公并在此赐宴。抚辰殿后为建福宫，面阔三间，进深三间，卷棚歇山顶，黄琉璃瓦绿剪边。内有乾隆御笔额匾"不为物先"。东室联对为"交泰三阳肇羲象，敛时五福协箕畴"。西室联对为"香蔼绮疏，蕙圃敷荣滋湛露；风清钿砌，芝房擢秀映长春"。室内明间以隔扇分隔，隔扇为红漆描金花卉。正中设宝座，东间依后檐墙设炕。建福宫是皇帝的起居室，乾隆初年曾在此行书福礼。建福宫北为惠风亭，面阔、进深各三间，重檐攒尖顶，绛紫色琉璃瓦，孔雀蓝琉璃瓦剪边。亭下为白石须弥座，围以白石雕栏杆，亭四角各有一白石雕六角形花池，庭院内曾遍植花草。

惠风亭北为存性门，一殿一卷勾连搭式，绿琉璃瓦黄剪边。门内为静怡轩，三卷勾连搭式屋顶，绿琉璃瓦黄剪边，前檐出抱厦三间，左右有游廊与前矮垣相接，自成体系。轩内原有乾隆御笔额匾"与物皆春"，联对为"雨润湘帘，苑外青峦飞秀；风披锦幪，阶前红药翻香"。静怡轩西室原有匾额"四美具"。"四美"，原典语出晋代刘琨的《答卢谌》："音以赏奏，味以殊珍，文以明言，言以畅神。之子之往，四美不臻。"刘琨是晋代政治家、文学家、军事家和音乐家，他是卢谌的姨丈，卢谌曾作为刘琨的主簿与其一起共事，二人性情相投，才情相类，所以互相引为知己。两人分隔两地时常以诗词互寄，信笺留下得以传世。在这封书信里，刘琨将音乐、饮食、

延春阁

文章、语言并称为"四美",并表示因为知己的离开而致四美不存。三百多年后,唐代诗人王勃在他的传世名篇《滕王阁序》里援引四美之意写下了"四美具,二难并"的佳句,来赞美宴会上美食罗列、丝竹盈耳、言辞纷呈的至美盛况。

乾隆十一年(1746),乾隆皇帝将东晋顾恺之的《女史箴图》、宋李公麟的《蜀川图》《潇湘图》《九歌图》这四幅传世名画由御书房处移至静怡轩"四美具",以应"四美"之名,并在《女史箴图》上题跋云:"晋顾恺之善丹青,图写尤妙,迹其自言传神,正在阿堵间,则知非深入三昧不能到也。是卷女史箴图,流传千五六百年,而神采焕发,意态随出,非后人笔墨所可涯涘,董香光跋李伯时潇湘图云,顾中舍所藏名卷有四,以此为第一,信哉。是图向贮御书房,继得李(公麟)画蜀江、九歌、潇湘等图,适符董跋中名卷之数,遂移置建福宫西偏之室颜曰四美具,以志宝惜,千古神物,不期而会,此殆有天焉?予既甚爱斯画,而深幸遭遇之非偶也,率记数言于尾。乾隆丙寅夏至前五日。"[1]

静怡轩前原有梅树两株。乾隆皇帝本意是在母亲万年之后可以居此守孝,但是由于种种原因而未能实现"当年结构意",这多少让他留下了遗憾,所以曾发感慨说"孤矣不堪思",也曾说:"城市人烟庶倍常,宫庭缭绕围红墙。比较园居实觉热,只有静怡犹爽凉……"[2]表达出他对这座寝室的喜爱。也曾将酷暑的时光消磨在这里,以体验"意静身则怡"的意境。

静怡轩北为慧曜楼,是乾隆二十二年(1757)增建的一座佛楼,卷棚歇山顶,黄琉璃瓦绿剪边。楼进深仅一间,面阔七间,上下二层,

---

1 《石渠宝笈初编》卷八。
2 《清高宗御制诗三集》卷十四之《静怡轩作歌》。

楼梯设在西侧，供上下。宁寿宫区内梵华楼是仿此楼而建，包括室内供佛布置都一致相似。慧曜楼西侧的吉云楼也是佛楼，上下两层，面阔三间，卷棚歇山顶，黄琉璃瓦绿剪边。楼上曾有乾隆御笔联为"吉云垂大地，慈镜照诸天"。楼下额匾为"如是室"。联对为"华海澄明，性源离色相；法铃朗彻，觉地了声闻"。

吉云楼西为敬胜斋，卷棚硬山顶，绿琉璃瓦黄剪边。九开间，东五间为上下两层的结构，分隔成数间隔间，阁上额匾为"旰食宵衣"，联对为"看花生意蕊，听雨发言泉"。西四间内有小戏台一座，隔室额匾为"德日新"，两边联对为"牙签披古鉴，香篆引澄怀"。敬胜斋西南为碧琳馆，依内宫墙而建。因地制宜，随行就势，东向，二层，小巧玲珑，巧妙地化解了宫墙的压抑感。碧琳馆楼上曾有乾隆御笔"静中趣"，联对为："参得王蒙皴法，写将杜甫诗情。""与物皆春，花木四时呈丽景；抗心希古，图书万轴引清机。"馆前湖石环绕，种植竹子、桧树，乾隆皇帝曾有诗吟咏其"咫尺兰岯间，缥缈蓬壶趣"[1]。

碧琳馆南为妙莲花室，黄琉璃瓦绿剪边，和屋顶同样都是三卷勾连搭式的静怡轩遥相呼应，相映成趣。妙莲花室仅为一间，玲珑别致。室内原有乾隆御笔联对为："青莲法界本清净，白毫相光常满圆。""转谛在语言而外，悟机得真实之中。"

妙莲花室南为凝晖堂，坐西面东，三开间，黄琉璃瓦绿剪边，卷棚歇山式屋顶，是乾隆皇帝的书房。南室曾有乾隆御笔匾额"三友轩"，联对为："十二灵文传宝炬，三千净土荫慈云。""三友"语出《论语·季子》："益者三友，损者三友。友直、友谅、友多闻，

---

1 《清高宗御制诗二集》卷三十七之《碧琳馆三首》。

益矣。友便辟、友善柔、友便佞，损矣。"轩内以松、竹、梅岁寒三友为装修题材，以紫檀透雕松、竹、梅纹为窗棂，疏密相间，雕刻精细，与窗外玲珑的假山及翠竹、青松、红梅遥相呼应，达到了极致的和谐与统一。为使三友轩更加名副其实，乾隆十二年（1747），乾隆皇帝以旧藏的元曹知白《十八公图》，元人《君子林图》、元人梅花合卷贮藏轩中，以应岁寒三友之意，并御题"三友轩"额匾。三卷合储于楠木匣中，乾隆皇帝组织臣子一起赏鉴吟咏，并将诗作刻录于匣上："三友之名始宣尼，直谅多闻益德资。香山取譬琴诗酒，放达絜非予所师。独有玉局称正见，直号植物松竹梅。名称义元隐未发，我将触类引申之。苍松自具直之性，梅传春信谅也宜。摐金敲玉时多闻，妙喻舍竹其复谁……因苏溯孔志未逮，高山景仰深长思。"他认为白居易（号香山居士）用琴、诗、酒指代三友不太恰当，过于放达，觉得还是苏轼（曾任玉局观提举，故后世以玉局代称）的堪称正见，并进一步解释说松直、梅谅、竹多闻深合孔子"三益友"的本意。

花园中的主体建筑为延春阁，两层，面阔、进深各五间，黄琉璃瓦蓝剪边四角攒尖顶，中置琉璃宝顶。延春阁外观虽为两层，内实为三层，为明二暗三有夹层的楼阁式做法，其中底层隔间较多，而且真门假门分置其中，一旦身临其境，即令人虚实莫辨，因有"迷楼"之称。延春阁内南面曾有乾隆御笔额匾"惠如春"，联对为"瑶阶鹤绕三株树，玉宇鸾鸣九子铃"。二层楼上额匾为"澄怀神自适"，最上层额匾是"俯畅群生"。阁内原来还有乾隆皇帝题写的隔间额匾和联对多副，有"清华""朗润""芝田""兰畹""洁素履"等。

延春阁南面叠石为山，湖石玲珑，山体蜿蜒。山上有积翠亭与延春阁相对，亭为四角攒尖式，绿琉璃瓦黄剪边。亭西为转角楼玉

壶冰，黄琉璃瓦绿剪边。玉壶冰为佛楼，联对有："湘管摛新会，芸编发古香。""地学蓬壶心自远，身依泉石兴偏幽。"都曾为乾隆皇帝御笔。楼上曾供有观音大士像，联对为"智珠不断恒河界，明镜常悬兜率边"。

建福宫花园作为乾隆皇帝精心营建的休憩赏乐之地，收藏有大量古物珍玩，金玉、瓷器、青铜、书画，门类齐全，品种丰富。乾隆皇帝去世后，这一区域的文化活动渐趋衰减，重华宫的茶宴联句历经嘉庆、道光两朝，至道光九年（1829）后已绝迹。建福宫花园更是渐渐沦为了一座文物库房。在溥仪的小朝廷时代（1911—1924），由于皇帝的年幼和管理机构的松懈，宫中文物失窃现象频发。1923年溥仪进花园视察，发现每座殿内装满文物的箱子都摞到了天花顶，他命人打开一箱贴有嘉庆年间封条的箱子，取出一些文物回到养心殿赏玩。在此之前，他也隐约风闻京中地安门一带开了好多家古玩店，其中很多文物都疑似是从宫中流出的，怀疑太监们监守自盗，同时他也很好奇自己到底有多少宝贝，所以命令内务府开始进行各个宫殿的文物点查，并决定首先从建福宫花园开始。不料点查工作还未正式进行，民国十二年（1923）6月27日，一场大火就将花园焚毁殆尽，仅抚辰殿、建福宫、惠风亭劫后余生，所藏无数珍玩皆付之一炬。八十多年之后（2005年），故宫博物院严格按照清工部《工程做法》的古建营造法式，将建福宫花园复建完成，由此这座名园又得以重现乾隆时期的芳华风貌。

捌

青宫育德

紫禁城初始肇建时，以文华殿作为太子宫，嘉靖十五年（1536）将其改为皇帝与臣子研讲经史的经筵之地，并将太子宫迁至文华殿东面的清宁宫。嘉靖十七年（1538）又在清宁宫北部修建慈庆宫，本为太后所建，万历年间将清宁宫拆除，扩建修葺成为皇太子的居所。崇祯十五年（1642），更慈庆宫名为端本宫，太子朱慈烺大婚后居此。清代皇子主要居住在乾东、乾西五所，康熙十八年（1679）在奉先殿西侧修建毓庆宫为太子宫，乾隆十一年（1746），在慈庆宫原址上修建皇子居所，名为撷芳殿，因为此建筑群是由建制完全相同的三组院落组成，故又俗称为南三所。

慈庆宫

史籍中记载的慈庆宫，虽然只是一座由正殿和穿堂殿组成的工字殿，但是前庭广阔舒朗，气势非凡。正门徽音门为三座随墙琉璃门，门前是石桥三座，御河水流经此处。第二道门为麟趾门，正门与二门之间是数十丈之长的前庭，东为关雎左门，西为关雎右门。第三座门为慈庆门，门内即为慈庆宫。

明末有三大疑案，三件疑案都是围绕着泰昌皇帝朱常洛发生的。按发生的顺序是万历四十三年（1615）的"梃击案"和泰昌元年（1620）的"红丸案""移宫案"。其中"梃击案"就发生在慈庆宫。

泰昌皇帝朱常洛自幼随母亲居住在景阳宫，万历二十九年（1601）被正式册立为太子后搬到了慈庆宫居住。朱常洛的太子之位得来实属不易，是朝臣们与他的父亲万历皇帝坚持争夺十五年之久才取得的胜利，而胜利果实的维持也是一波三折。表面上储君之位已定，事实上争储的斗争一直暗潮汹涌，争储的另一方福王朱常洵和他的母亲郑贵妃被指从来没有放弃过。在万历三十一年（1603）又传出皇帝想要换立太子的谣言，而且谣言的源头直接指向郑贵妃。万历四十一年（1613），有言官进言说郑贵妃以及福王将要谋害皇太子，皇帝又将此当作流言，但为了解除福王朱常洵的嫌疑，下旨让他去

乾隆元年八月吉日

乾隆帝半身像

河南洛阳的藩地就藩，朱常洵被迫远离父母京城，远赴洛阳藩邸。然而流言终于成为事实发生了，万历四十三年（1615）五月初四，一名蓟州男子张差手持枣木棍，从东华门进入，毫无阻碍地进入了慈庆宫的正门徽音门，到了麟趾门，门岗是两名六七十岁的老宦官，根本没想到过有人会擅闯太子宫禁地，还未及有任何反应就被张差击倒在地。随后张差飞跑进太子寝宫准备行凶，幸运的是当时太子并不在宫中，随后张差被赶来的众宦官擒获。

严刑审讯后张差招认是受人指使的，言辞之间牵扯出郑贵妃的弟弟郑国泰，一时间朝野哗然。但是万历皇帝显然不准备彻查此事，也许仅仅是为了保护郑贵妃，数日后即下旨匆匆处决了张差。此事发生后，皇宫整肃城门守防，万历皇帝下旨，在每个城门设置一个枷形刑具，凡有"穿衣服及面生可疑之人不许放入，如有夹带凶刃即拿来奏"[1]，打一百棍之后，就地使用枷刑，示众警示。

毓庆宫

毓庆宫是康熙皇帝为太子胤礽而建，后乾隆和嘉庆年间陆续有添建。乾隆皇帝和嘉庆皇帝为皇子时曾经居住在此，同治、光绪皇帝即位时只有六岁和四岁，所以将此宫作为读书处。

毓庆宫前后共四进，正门为前星门，门内为第一进院落，有值房三座，西墙有阳曜门与斋宫相通。祥旭门内为第二进院落，正殿惇本殿，东西各有三间配殿。第三进院落东西两侧各有围房二十间。

---

1 《大明神宗显皇帝实录》卷五三二。

惇本殿

第四进院落正殿即是毓庆宫，为工字殿。前殿与后殿皆面阔五间，进深三间，黄琉璃瓦歇山顶。后檐明间接穿廊与后殿相通，后殿以隔断分成小室数间，真门假门穿插其中，有"小迷宫"之称。室内明间匾为"继德堂"，西次间有藏书室"宛委别藏"，东耳房为"味余书室"，东侧围房内是"知不足斋"。除"味余书室"为成亲王永瑆题写外，其余都是嘉庆皇帝御笔。毓庆宫后还有后罩房五间，黄琉璃瓦悬山顶。

清朝唯一公开建储的太子胤礽，是康熙皇帝的第二子，母亲孝诚仁皇后，是辅政大臣索尼的孙女，与康熙皇帝非常恩爱。康熙十三年（1674）生胤礽时难产而死。胤礽一岁半时就被册立为太子。六岁时，康熙皇帝为其建造了毓庆宫，供他居住和学习。成婚后，他依然住在毓庆宫，但他的女眷和宫女们住在撷芳殿，因此胤礽经常往来于毓庆宫和撷芳殿之间。

幼年的胤礽俊秀异常，且极为聪慧，深得康熙皇帝的钟爱。康熙皇帝对胤礽寄予了极大的希望，倾注了满腔心血来培养这位太子。胤礽六岁读书，康熙为他精心挑选了张英、熊赐履、汤斌等饱学之士做他的师傅，对他的功课也是亲加圈点和批改。十四岁起开始，在文华殿由皇帝钦点的讲官为其讲学。康熙皇帝每天上早朝前都要先听太子背书，然后再到乾清门御门听政，从不间断。如此倾力培育，连朝臣们也叹服不已："自古来帝王教太子之勤，未有如今日者也。"

年少的胤礽也确实深孚父皇所望，精于骑射，通满汉文字，奉命作诗也文采斐然。但随着年龄的增长，太子的性格暴躁、奢侈靡费等不端行止都渐露端倪。康熙二十九年（1690），清军与准噶尔的乌兰布通之战，康熙皇帝御驾亲征，但病倒在途中，不得已起驾回銮，并召皇太子胤礽前来迎接。而胤礽到达古鲁富尔坚嘉浑噶山

道光帝朝服像

行营后，看到圣体未宁、天颜清减的父皇时，竟然"略无忧戚之意见于词色"[1]。让康熙皇帝大为心寒，以"胤礽绝无忠爱君父之念，心甚不怿，令即先回京师"[2]。

康熙四十七年（1708）五月，康熙皇帝带领太子和众皇子巡幸塞外。途中，七岁的皇十八子胤祄突患急病，康熙皇帝很宠爱此子，怀抱着他忧心如焚。而来向父皇请安的胤礽见到生病的幼弟竟然毫无关切之色，联想起自己生病时胤礽的漠然，康熙皇帝确定这个太子毫无孝悌之心，再加上他听到的种种关于太子暴戾不仁、结党营私甚至觊觎皇位的传言，遂于当年八月在从热河返京的途中，做出了废太子的痛苦决定。他召集群臣至行帐中，令太子跪地听旨，一边垂泪，一边历数太子的种种逆行，指胤礽不法祖德、不遵朕训、暴戾淫乱；侮辱殴打亲王大臣；截留外藩贡品；穷奢极欲，任用奶妈之父为内务府大臣，以满足自己的取用无度；不念手足之情，毫无友爱之意；还有每晚从御帐的裂缝中窥视他的行为，实属居心叵测，令他昼夜戒慎不宁，生恐被其加害。最后说："似此之人，岂可付以祖宗宏业。且胤礽生而克母，古称不孝……若以此不孝不仁之人为君，其如祖业何？"[3]情绪激动的皇帝在宣告谕旨后，竟然"痛哭仆地"[4]。废掉太子后的几天里，康熙皇帝一直心绪难平，昼夜叹息。三十多年的精心栽培抚育，一朝付诸东流，让康熙皇帝心实有所不甘。他无法理解聪慧俊逸的太子如何变得行为悖乱，听说住在撷芳殿内女子动辄得病或死去的一些传闻，开始怀疑胤礽是否被鬼物缠身而患上了狂疾，于是诏谕大学士："胤礽宫人所居撷芳殿，其地阴暗不洁，居者辄多病亡。胤礽时往来其间，致中邪魅，不自知觉。

1、2 《大清圣祖仁皇帝实录》卷一四七。

3、4 《大清圣祖仁皇帝实录》卷二三四。

喜溢秋庭

道光帝喜溢秋庭图轴

以此观之，种种举动，皆有鬼物使然，大是异事。"[1]并下令侍卫挖掘胤礽的住处，果然找到十几件厌胜物（用于诅咒的字、画和假人）。康熙皇帝确信太子是在诅咒下迷失了善良的本性，经过一段时间的观察，于康熙四十八年（1709）三月又复立胤礽为皇太子。然而三年后，康熙皇帝对太子彻底失去了希望，以其"狂疾未除，大失人心"[2]为由，再次将胤礽废除，并下谕旨不再建储。

南三所

　　南三所正门面阔三间，进深一间，绿琉璃瓦歇山顶，门内是一狭长的小广场。广场内自东向西排列三所，每所皆为三进院，建筑形制完全相同。前殿面阔三间，中殿、后殿面阔五间，绿琉璃瓦硬山顶，殿左右都有东西配殿各三间。撷芳殿位于中所，康熙朝太子胤礽、嘉庆皇帝颙琰、道光皇帝旻宁、咸丰皇帝奕詝做皇子时都曾在此居住过。

　　道光皇帝旻宁于乾隆四十七年（1782）八月初十出生在撷芳殿，生母是嘉庆皇帝的第一任皇后喜塔腊氏，他也是清代唯一一位以嫡长子身份即位的皇帝。道光皇帝倡行节俭之风，在为皇子时日常生活可谓简陋，晚上经常是让太监出东华门买五个烧饼充作宵夜，他自己和嫡福晋钮祜禄氏各吃两个，皇长子奕纬吃一个。皇长子奕纬于嘉庆十三年（1808）出生，生母那拉氏原为服侍道光皇帝的侍女，生子后晋为侧福晋，道光皇帝即位后封为和嫔，后晋为和妃。嘉庆

1　《大清圣祖仁皇帝实录》卷二三四。
2　《大清圣祖仁皇帝实录》卷二五一。

皇帝对这第一位皇孙的诞生非常欢欣，亲自圈定了"纬"字为其名。但是这位皇长子资质平平，缺乏读书的天赋，教导的师傅难免经常劝诫，惹得奕纬很不高兴。一次师傅对着心不在焉的奕纬教导说："好好读书，将来好做皇帝。"奕纬不耐烦地说："我做了皇帝，先杀了你。"此话传到道光皇帝耳中，他非常震怒，召奕纬前来训话，不容奕纬分辩，抬脚踢向奕纬的下体。不想这一脚踢到了关键部位，又过于用力，奕纬被抬回撷芳殿后，连惊带吓的没多久就病故了，道光皇帝也深为痛悔。奕纬过世后不久，道光皇帝有一次路经武英殿旁的断虹桥，发现桥上一座石狮一爪抚头，一爪掩住下体，表情还非常痛苦，触动了他踢死奕纬的隐痛，心伤不已。他命人取来红绸将石狮掩盖起来，以免触景伤怀。此后，宫里就有传言，说皇长子是石狮子转世而来的。

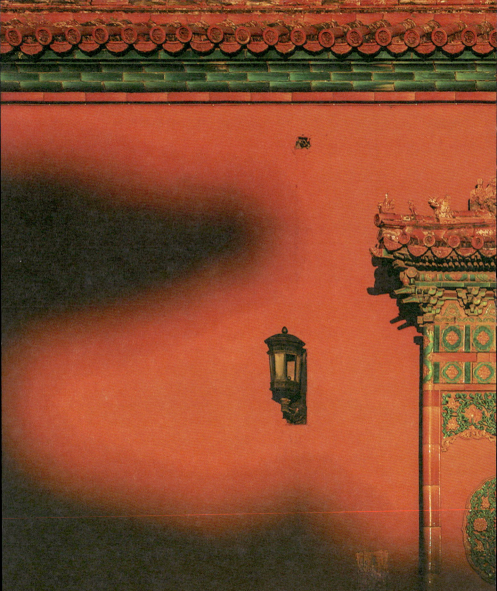

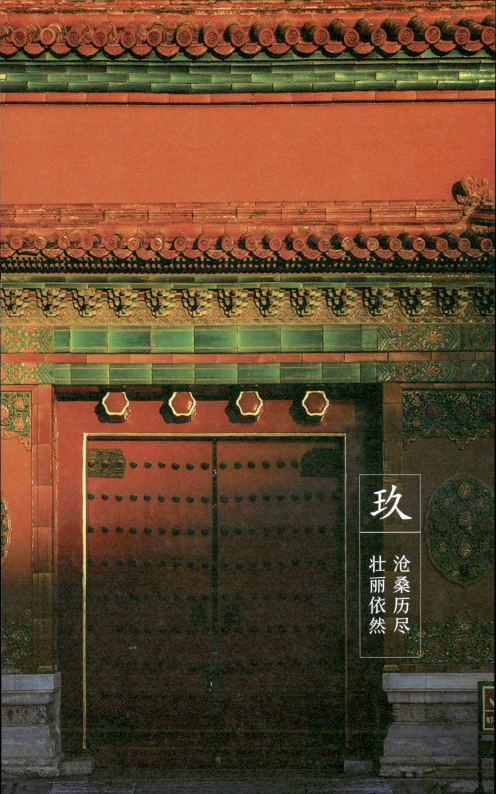

玖

沧桑历尽
壮丽依然

1911 年辛亥革命，清宣统帝退位，中国两千多年的封建帝制宣告结束。1912 年 2 月 13 日宣告的清帝退位诏书中写道："将统治权公诸全国，定为共和立宪国体……仍合满、汉、蒙、回、藏五族完全领土，为一大中华民国。"与退位诏书同时发布的还有《关于大清皇帝辞位之后优待条件》《优待皇室条件》。根据优待条件，溥仪等可以"暂居宫禁"，择机"移居颐和园"，并由政府每年拨付岁用白银四百万两。

　　当时的紫禁城是一个非常特别的存在，外朝包括三大殿、武英殿、文华殿归执政府北洋政府所有，执政府于 1914 年 2 月 4 日成立了古物陈列所，将沈阳故宫及热河行宫的二十余万件文物运抵京城，并于西华门内修建宝蕴楼作为文物库房，在外朝开辟展厅向公众开放。自乾清门以北还是溥仪小朝廷的时代，可以说一个禁城两重天。退位后暂居内廷的溥仪尊号仍存不废，小朝廷体制不变，所以生活水平并没有降低，锦衣玉食，依然过着养尊处优、奢侈无度的生活。而此时的北洋政府内外交困，入不敷出，根本无暇顾及这个小朝廷的存在，优待条件里的四百万两白银岁用也无法全部兑现。所以溥仪开始就地取材，通过变卖、抵押典当和赏赐等方式，将内廷大量的文物变现，来维持小朝廷的机构运转和其奢侈的宫廷生活。同时，围绕在年少溥仪身边的一群清朝遗老们，也一直殚精竭虑地试图拥立溥仪复位，恢复大清朝的统治。1923 年 6 月 26 日深夜，位于紫禁城西北部的建福宫花园突发大火，将花园的十余处建筑焚烧殆尽，包括园中所藏的无数珍品文玩。复辟、盗宝、火灾，让民众忧心和不安，并开始质疑溥仪小朝廷存在的意义。1924 年 10 月，冯玉祥发动北京政变，11 月 4 日，执政府黄郛内阁召开国务会议，决议修改清室优待条件，提出了废帝号、皇帝与百姓平等、移出紫禁城等条例。11 月 5 日，京畿警卫司令鹿钟麟、警卫总监张璧偕同国民代表李煜瀛等人进入紫禁城，执行《修正清室优待条件》，将溥仪等逐出宫禁。

　　11 月 7 日，临时执政府组织成立了"清室善后委员会"，接管了故宫，对宫内文物进行清点。经初步清点，清代宫廷遗留下来的文物，包括三代鼎彝、法书名画、玉器、陶瓷、珐琅、漆器、金银器、朕钦奉隆裕皇太后懿旨前因民军起事各省响应九夏沸腾生灵涂炭特命袁世凯遣员与民军代表讨论大局议开国会公决政体两月以来尚无确当办法南北暌隔彼此相持商辍于途士露于野徒以国体一日不决故民生一日不安今全国人民心理多倾向共和南中各省既倡议于前北方诸将亦主张于后人心所向天命可知予亦何忍因一姓之尊荣拂兆民之好恶是用外观大势内审舆情特率皇帝将统治权公诸全国定为共和立宪国体近慰海内厌乱望治之心远协古圣天下为公之义袁世凯前经资政院选举为总理大臣当兹新旧代谢之际宜有南北统一之方即由袁世凯以全权组织临时共和政府与民军协商统一办法总期人民安堵海宇乂安仍合满汉蒙回藏五族完全领土为一大中华民国予与皇帝得以退处宽闲优游岁月长受国民之优礼亲见郅治之告成岂不懿欤钦此

宣统三年十二月二十五日

内阁总理大臣臣袁世凯
署外务大臣臣胡惟德
民政大臣臣赵秉钧
署度支大臣臣绍英
学务大臣臣唐景崇
陆军大臣臣王士珍
海军大臣臣谭学衡
司法大臣臣沈家本
著农工商大臣臣熙彦
署邮传大臣臣梁士诒
理藩大臣臣达寿

清帝逊位诏书／上
溥仪与朱益藩（左）、陈宝琛（右）
在养性斋（约1920年）／下

溥仪与婉容（1925—1931）

竹木牙角匏、金铜宗教造像以及大量的帝后妃嫔服饰、衣料和家具等，共有一百一十七万余件，可谓珍奇荟萃，天地之精华尽聚于此。此外，还有大量的图书典籍、文献档案。

善后委员会在对文物进行清点造册的同时，积极地筹备成立故宫博物院。经过近一年的紧张筹备，于1925年10月10日下午，在紫禁城乾清门举行了隆重的建院典礼，并通电全国，宣告故宫博物院正式成立。开放的第一天，北京市内万人空巷，交通为之堵塞，人们皆以先睹这座神秘的皇宫及其宝藏为快。

1928年6月，国民革命军第二次北伐成功，接收了故宫博物院，由易培基出任院长，是为故宫博物院第一任院长。1928年10月8日，国民政府公布《故宫博物院理事会条例》，理事会职责为："故宫博物院议事及监督机关，决议及监督一切重要进行事项。"由李煜瀛任理事长，易培基任院长。理事包括李煜瀛、易培基、黄郛、鹿钟麟、于右任、蔡元培、汪精卫、江瀚、薛笃弼、庄蕴宽、吴敬恒、谭延闿、李烈钧、张静江、蒋介石、宋子文、冯玉祥、阎锡山、柯劭忞、何应钦、戴季陶、张继、马福祥、胡汉民、班禅额尔德尼、恩克巴图、赵戴文等二十七人。这一名单包括了党政军界首脑、宗教领袖、文化名人等各界精英，成为故宫博物院建院史上最强大的一届理事会。

自1928年至1931年，故宫博物院多次接受了国内外的各类捐助以促进修缮和改善展览条件，包括蒋介石夫妇、中华教育文化基金委员会、美国约翰·洛克菲勒、英国收藏家大维德爵士、美国柯洛齐将军夫妇，以及国内军政要员、民间团体和个人等的捐助。善款用于慈宁宫花园、四个角楼、城门马道等处修缮，修缮斋宫为玉器陈列室、咸福宫为乾隆珍赏物陈列室、景阳宫为瓷器陈列室、景

仁宫为铜器陈列室等，改善承乾宫瓷器陈列室、建福宫和抚辰殿家具陈列室。

　　第二次世界大战全面爆发前夕，日本帝国主义鲸吞了中国东北领土，并向华北步步紧逼，形势危急。为了保护故宫文物免遭战火的侵害，故宫博物院采取了文物避敌南迁之策。1933 年 1 月 31 日山海关失陷后，故宫博物院理事会决定将故宫部分文物分批运往上海。2 月 5 日夜，故宫博物院的第一批南运文物 2118 箱从神武门广场起运，至 5 月 15 日运走文物五批，共 13427 箱又 64 包。

　　1933 年 6 月，时任故宫博物院院长易培基因深陷"故宫盗宝案"而辞去院长职务。所谓"故宫盗宝案"实际上是一个捕风捉影的恶意构陷，起因是故宫博物院于 1931 年冬天处理了一批与文物无关的

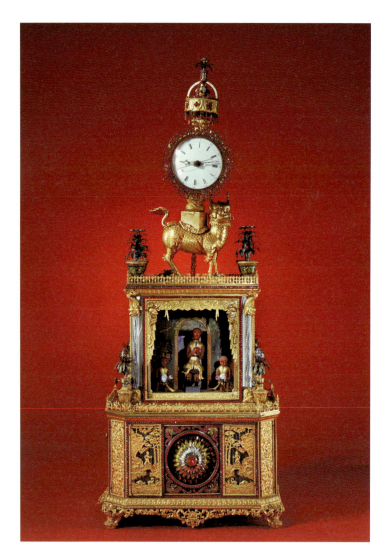

猿猴献寿钟

陈年药材、食品和年久的绸缎皮货等物品，这一决定是由当时的临时监察委员会商议做出的，目的是为故宫博物院筹措运转经费。国民政府司法院副院长张继为国民党元老，也是故宫博物院理事会的常务理事，本内定拟任故宫博物院副院长，后只以故宫文献馆馆长任职，此举引起他妻子崔震华的强烈不满。崔震华也不是等闲之辈，燕赵崔震华和江浙秋瑾、两广徐宗汉并称为国民党著名的三位女杰，崔震华时任国民党中央监察委员会委员、国民参政会参政员。张继以怕老婆而出名，唯妻子马首是瞻。崔震华来购买处理物品时和门卫发生冲突，诉诸时任秘书长的李宗侗（易培基的女婿），李宗侗对这位河东狮吼的馆长夫人本没什么好感，所以懒得敷衍她，令崔震华怀怨在心。同时，由于故宫处理这批物品时推出了促销的折扣规定，李宗侗先购买了几百元的皮货，后又买了两千五百多元的物品，符合七五折的规定，当时有人建议，不如再购两百，加上上次购买的金额就超过三千元，可以按七折计算。李宗侗听取了这显然更为合算的建议，这本来也无可厚非，但在崔震华眼里就成为了枉法营私的证据把柄。在文物南迁之时，理事会通过了六万元迁移费预算以及文献馆由张继主持迁往西安、迁移费的三分之一由他支配的提议。但是，当时的代理行政院长宋子文否决了文物迁往西安的提议，要求所有文物都迁往上海租界。因为去南京报备理事会提议的是李宗侗，由此张继夫妇认定这又是李宗侗在其中作梗。种种积怨累积，崔震华两人指使由张继一手提拔的最高法院检察署署长郑烈，多方串联、贿买人证，先是指控易培基、李宗侗利用故宫处理物品时舞弊贪污，后又升级到诉讼易培基等人借文物南迁之机，以赝品调换文物，监守自盗，最后将此演绎成一桩惊天盗宝案。易培基院长在1937年9月含冤而逝，这一案件也最终因查无实据而不了了之。

1933 年 7 月，由故宫博物院古物馆副馆长马衡代理院长。8 月，国民党中央政治会议决议，故宫博物院及其理事会改隶国民政府行政院。1934 年 2 月，国民政府公布《国立故宫博物院暂行组织条例》，规定院组织机构设古物馆、图书馆、文献馆、总务处及驻南京与上海办事处。4 月，故宫博物院理事会改选，蔡元培任理事长，经理事会提议，马衡实授院长。

1934 年 5 月 8 日，故宫博物院理事会通过修建南京分院保存库作为文物保管使用的决议。9 月 26 日保存库落成，12 月 8 日至 21 日，在上海的文物分五批迁移至南京库房。1937 年 1 月，故宫博物院南京分院正式成立，但是仅仅半年之后，"七七事变"和"八一三事变"相继发生，迫于战事危急，南京库房的文物开始分南路、中路、北路三路西迁。

第一批南路，文物共 80 箱，1937 年 8 月由南京经汉口迁至长沙，后又转移至贵阳、安顺，1944 年 12 月到达四川巴县。因为开始是向南转移，故称为南路。第二批中路，文物 9331 箱（包括古物陈列所、颐和园等处文物精品），分两次运出，从 1937 年 11 月开始，经汉口、宜昌、重庆、宜宾，1939 年 9 月运抵四川乐山县。这批文物因是沿长江而上到重庆的，所以称中路。第三批北路，文物 7287 箱，1937 年 11 月开始，分三次运往陕西宝鸡，后又经汉中、成都，1939 年 6 月全部到达四川峨眉县。由于这批文物是从南京向北经陇海路转运到陕西的，所以称北路。文物西迁后，在重庆设立了总办事处，由马衡院长主持，进行统一的调度与安排。

故宫博物院文物在上海和安顺期间，还多次举办了国内外文物展览。1935 年，从存上海文物中选择铜器、书画、漆器、织绣、玉器、景泰蓝等各类文物七百三十五件，赴英国伦敦参加"中国艺术国际

展览会"，这是中国历史文物也是故宫博物院文物的首次出国展览。1939年，从安顺库房挑选出绘画、织绣、玉器、铜器一百件文物，参加莫斯科"中国艺术展览会"展出。抗战前和抗战期间，在国内也曾多次举办故宫博物院文物展览。1937年3月参加在南京举办的第二届全国美术展览会，1943年12月在重庆中央图书馆举办书画展览，1946年4月在贵阳贵州艺术馆举办书画展等。这一系列展览活动正如马衡院长所说："结果不独在阐扬学术与国际声誉方面，已有相当收获，即于启发民智、增进一般民族意识，亦已有影响，成效颇彰。"抗战胜利后，自1946年1月起，四川三地所藏的故宫文物分头集中到重庆，于1947年年底全部运回南京分院。

　　1948年9月下旬，中国人民解放军发动辽沈战役，东北全境即将解放，全国战局发生根本变化，南京国民政府准备避走台湾。

1948 年 12 月 5 日，时任故宫博物院理事长翁文灏（行政院长）、理事王世杰、朱家骅（教育部长）、傅斯年等在南京开会，决定将故宫博物院南迁的文物运往台湾。行政院又函电马衡院长启程赴南京，让其选择北平故宫博物院的文物菁华装箱分批空运南京，与南京分院的文物一同迁往台湾。文物运台工作从 1948 年 12 月 21 日首批起运，到 1949 年 1 月 29 日期间，共运走文物三批，2972 箱。北平本院的文物迁运工作，因马衡院长在职工警联谊会和高层职工的支持与配合下一再拖延，直到北平和平解放，故宫博物院文物一箱也未运出。

1949 年 1 月 31 日，北平和平解放。中国人民解放军北平军事管制委员会派王冶秋等来到故宫博物院办理接管事宜。在 3 月 6 日召开的全院职工大会上，宣布了接管决定，马衡仍继续担任故宫博物院院长，全体职工仍原职原薪留用。3 月 9 日，故宫博物院恢复售票开放。1950 年后，留在南京分院的文物陆续运回故宫博物院 10000 余箱，现仍有 2221 箱封存于南京库房，由南京博物院代为保管。

长期的内忧外患，使故宫博物院历尽沧桑，解放前夕的故宫，宫殿年久失修，油漆彩画剥脱。中华人民共和国成立后，党和政府给予故宫极大的关怀和重视，每年都拨专款进行维护。故宫博物院制定了"着重保护、重点修缮、全面规划、逐步实施"的古建维修方针，使故宫得到了全面而完善的保护。这座曾一度衰败不堪的紫禁城，又重现了它往日的壮丽与辉煌。

故宫博物院是在明清两代皇宫旧址及皇家收藏的基础上建立起来的大型博物院，现在已形成了宫廷史迹与古代艺术两大陈列体系。作为中国古代文明的伟大载体，故宫在中外文化交流上起着举足轻重的作用，每年都要接待数以千百万计的来自世界各地的参观者，许多国家元首和政府首脑参观后都对故宫给予了高度的评价。1987年，故宫被联合国教科文组织列为世界文化遗产。故宫不仅是中国的，也是世界的，是我们人类文明的骄傲。

当所有的诗歌和音乐都已经缄默，只有建筑还在诉说，当所有的风流散尽、史事沉寂，只有它还见证着曾经的升平叶庆、盛世繁华。

图书在版编目（CIP）数据

闲闲慢慢行故宫.重扉玉砌/寒布著. -- 北京：作家出版社，2022.1

ISBN 978-7-5212-1378-2

Ⅰ. ①闲… Ⅱ. ①寒… Ⅲ. ①故宫－北京－通俗读物 Ⅳ. ①K928.74-49

中国版本图书馆CIP数据核字（2021）第049966号

本书图片提供

故宫出版社、郑欣淼、史宁昌、高欣、窦海军

闲闲慢慢行故宫：重扉玉砌

作　　者：寒　布

责任编辑：苏红雨　杨新月

装帧设计：孙惟静

出版发行：作家出版社有限公司　故宫出版社

社　　址：北京农展馆南里10号　　邮　　编：100125

电话传真：86-10-65067186（发行中心及邮购部）

　　　　　86-10-65004079（总编室）

E-mail:zuojia@zuojia.net.cn

http://www.zuojiachubanshe.com

印　　刷：北京雅昌艺术印刷有限公司

成品尺寸：142×210

字　　数：202千

印　　张：7.75

版　　次：2022年1月第1版

印　　次：2022年1月第1次印刷

ISBN　978-7-5212-1378-2

定　　价：118.00元（全二册）